같이 가면 길이 된다

이상헌 지음

같이 가면 길이 된다

생각의힘

희망이란

본래 있다고도 할 수 없고

없다고도 할 수 없다.

그것은 마치 땅 위의 길과 같은 것이다.

본래 땅 위에는 길이 없었다.

걸어가는 사람들이 많아지면

그게 곧 길이 되는 것이다.

—루쉰, 〈고향〉(1921년 1월)

'옳음'을 말하는 우리가

실상

길을 막고 서 있다.

—본문에서

차례

일러두기

이 책에 실린 원고는 대부분 신문과 잡지에 발표된 바 있다.
가능하면 원문을 유지하려고 했으나 필요에 따라 제한적으로
글을 수정했다. 책 전체의 일관된 흐름을 유지하기 위해 제목을
바꾼 경우도 적지 않다. 6부에 실린 글들이 특히 그렇다. 내용도
조정된 글이 많다. 글을 쓴 이후 상황이 바뀐 부분도 현 상황에
비춰 수정했고, 연도를 표기한 부분은 2023년 초를 기점으로
해서 조정했다. 글의 뜻을 분명하게 하기 위해 첨삭을 한 부분도
있다. 어떤 경우에도 원문의 취지와 구조를 바꾸지는 않았다.

들어가며

나이가 들면 단단한 여유가 생기는 줄 알았다. 세월과 함께 피부에서 물기가 빠져나가듯이 내 몸에서 헛되거나 들뜬 것들이 쫓겨나고, 눈앞의 저 바깥은 여전히 멀더라도 명징할 줄 알았다. 제대로 묻는 것만으로도 온갖 것이 용서되는 시절을 건너, 그 물음에 차분히 답할 수 있을 줄 알았다.

이제는 안다. 시간의 힘을 믿는 것은 그저 미망일 뿐이다. 시간이 당신을 숙성시키지 않는다. 그래서 나는 시간을 숙성시켜서 글로 썼고 여기저기에 흔적을 남겼다. 그 흔적들을 다시 모아서 이렇게 책으로 낸다. 부끄럽다, 부족하다는 말은 하지 않겠다. 누군가 그랬다. 부끄럽고 부족하다면서 왜 굳이 그 일을 하냐고. 옳다. 글로 말한 만큼 감당하고 책임지면 된다.

조지 버나드 쇼가 이런 말을 했다. "인간이 사자를 죽이면 그걸 스포츠라고 부른다. 하지만 사자가 인간을 죽이면 그걸 포악함이라 한다. 범죄와 정의의 차이라는 것도 이와 별반 다르지 않다."《혁명가를 위한 격언Maxims for a Revolutionary》이라는 책에 실려 있는 구절인데, 처음 읽었을 때는 무심하게 넘겼다. "혁명가"의 치기 정도로 생각했다. 하지만 요즘은 이 구절이 부쩍 새롭다. 혁명의 계절이 가고 없는데 말이다.

가끔, 나는 '노동자'는 '인간'이 아니라 '사자'라는 생각을 한다. 원형 경기장에서 가망 없는 싸움을 벌이면서도 삶의 희망을 결코 포기하지 않는 사자, 생산이라는 거대한 경기에서 피 흘리며 죽어나가는 슬픈 운명에 처한 사자, 살인 같은 죽음에 '범죄'를 따질 수 없는 사자, 죽음 판을 벌인 인간에 대항하여 온몸으로 맞서 싸우면 포악하다고 불리는 사자, 인간이 싸우라고 만든 경기장에서 그에 따라 치열하게 싸우면 형벌을 받는 사자. 죽음, 박봉, 과로, 해고는 경제성장이라는 거대한 게임에 필연적으로 따르는 법칙이고, 거친 바닥에 무뎌진 발톱을 내보이면 당장 포악함의 죄를 물어 갇히거나 칼을 받게 된다. 더러 있지 않았나. 기업이 노동을 죽이는 것은 불가피함이고, 노동이 기업에 죽을 듯 달려드는 것은 곧 범죄다.

어그러진 현실을 정당화하는 것은 늘 언어다. 언어 뒤에 숨은 권력이다. '자유'라는 말을 보라. 독재 시대를 거치면서 이 말은 치유 불능의 상태에 이를 정도로 오용되었으나, 요즘 들어 그 뜻은 더욱 현란하게 변하고 있다. 오늘날, 자유란 각자도생의 다른 이름이다. 삶이 부박하고 어려운 사람들은 오로지 제힘으로 살아야 한다. 사회의 도움을 기대해서는 안 된다. 그래서 자유롭다. 삶이 넘칠 정도로 부유하고 힘 있는 사람들은 오로지 제 뜻대로 거침없이 살아야 한다. 모든 사회가 그 뜻에 복종해야 한다. 그래서 자유롭다. 이런 이중적 자유는 현실에 은밀하고 치밀하게 적용된다. '노동의 자유'를 내세우며 목소리를 높이고 행동하면 타인의 자유를 억압한다는 이유로 금지한다. 하지만 기업의 잘못을 바로잡으려 하면 '기업의 자유'를 억압한다는 이유로 금지한다.

정의와 범죄 간의 차이는 과연 멀지 않고, 우린 여전히 로마 원형 경기장에서 벗어나지 못했다. 오로지 몸으로만 싸우는 사자가 칼날에 휘청거릴 때, 경기장에 빽빽이 들어선 인간은 환호한다. 죽여라, 죽여라. 그렇게 죽은 사자에게 인간은 잠시 미안해할 뿐, 곧 다음 사자를 찾아 나선다.

이 모든 것에도 불구하고, 나는 사자가 무리를 지어 경기장을 무너뜨리고 나오길 꿈꾼다. 경기장 안에 길을 열고 바깥길도 내는 방법을 고민한다. 거친 발톱끼리 손잡는 기적을 기다린다. 공감과 연대의 힘도 믿는다. 인간과의 연대도 기대한다. 여럿이 같이 가면 길이 된다, 그렇게 믿는다. 그런 믿음으로 글을 썼고, 그 글들을 이 책에 모아두었다.

희망, 같이 가면 길이 된다

"그녀를 만나러 가겠네, 서른 살이 되면."[1] 성석제의 소설 〈황금의 나날〉을 여는 첫 문장이다. 해가 능청스럽게 바뀔 때마다 나는 이 구절을 애써 떠올린다.

해가 바뀐다는 것이 별일인가? 지난해라는 시간은 늘 뜻대로 되지 않은 것이 가득 적힌, 그래서 구겨져 바닥에 뒹구는 낡은 종이 한 장 같다. 게다가 켜켜이 쌓인 인간의 잔인함은 좀체 변하지 않는다. 시간이 바뀌는데 인간은 꿈쩍도 하질 않으니, 이게 다 무슨 소용인가 싶은 것이다. 그런 까닭에 나는 새해 첫날이 되면 시큰둥해진다. 날짜 하나 바뀌는 것일 뿐인데 왜 이리 번거로운 성화냐면서 투덜대기도 한다.

"그녀를 만나러 가겠네, 서른 살이 되면." 기괴한 냉소와 자기 연민이 똬리를 틀게 될 즈음이면, 나는 이런 가슴 떨리는 문장을 되뇐다. '서른'이라는 새로운 시간을 기다리는 설렘과 '그녀'라는 목표를 향한 떨리는 희망이 응축된 문장을 읽으면 이제는 서른을 한참 넘겨버린 나에게도 마치 서른이 곧 돌아올 것처럼 힘이 난다. 그런 단단한 힘 덕분에 당장 내 손마디 끝에서 단단한 현실이 빚어 나올 것 같은 착각마저 든다. '그녀'는 곧 희망이고 행복이며 '서른'은 늘 찾아오는 새로운 시간이다.

그래서 나는 새해 첫날마다 비뚤어지는 마음을 다독거리며 행복과 희망을 마주 보려 한다. 하지만 쌓이는 시간이 지혜와 용기를 가져다주는 것은 아닌가 보다. 나는 아직 나의 행복과 희망을 들여다볼 자신은 없다. 대신 이 두 가지 주제를 평생의 화두로 두고 씨름한 인물을 생각해 낸다. 제러미 벤담과 루쉰(노신)이다.

벤담은 그야말로 국민의 행복을 국가의 정책 대상으로 끌어들인 인물이다. 18세기 말, 정치인들이 정의·선악·의무·도덕 등을 숨쉬듯 말하면서 정작 정책은 정반대로 펴는 것을 보고 벤담은 신물이 났다. 법률을 공부한 그는 누구보다도 독해 불가한 법률과 그들만의 해석이 지배하는 법률 체계에 비판적이었다. 그래서 '최대 다수의 최대 행복'으로 널리 알려진 원리를 통해, 국민의 행복을 정책의 최종 목표로 삼자는 과격한 주장을 했다. 서민들의 관심사인 행복을 끌어들여 기존 정치세력을 뒤엎으려는, 일종의 '언어를 통한 전복'이었다.

행복이라는 원리에서 시작하다 보니 그의 정치적 견해도 상당히 과격적이었다. 언론과 발언의 자유를 옹호했고, 노예제와 사형제의 폐지를 주장했다. 모든 육체적 체벌에 반대했으며, 동물의 권리에도 관심이 컸다. 당시 폭발성이 높았던 주제인 성적 자유와 결혼의 자유에 대해서도 거침없이 발언했고, 양성평등 원리를 주창했다. 따라서 공상적 사회주의자인 로버트 오언Robert Owen이 벤담의 제자였다는 것은 그다지 놀랍지 않다. 그의 공상적 사회주의는 기실 최대 다수의 최대 행복을 달성하는 제도였다.

하지만 세상의 행복이 다 그러하듯이, 벤담의 행복론도 빈틈투성이였다. 그가 생각한 행복이란 고통을 줄이고 즐거움을 늘리는 것인데, 사회 전체의 행복을 극대화하려면 보상과 처벌의 체계가 필요하다고 믿었다. 벤담의 생각은 여기서 묘하게 어긋장이 난다. 그는 자유시장 체계가 보상을 통한 행복 추구를 보장해 줄 것이라 믿었다. 시장이 각자의 행복을 조화롭게 추구하는 곳이라는 것인데, 이 점은 물론 그의 친구인 애덤 스미스의 생각과 닿아 있다.

결국 국가에 남겨진 역할은 처벌뿐이다. 허울 좋은 추상적인 언어 체계에서 벗어나 실질적인 처벌 체계를 꼼꼼히 구성하여 타인의 행복을 저해하는 행위를 극소화하자는 생각이다. 여기에 매진하다 보니, 그는 팬옵티콘panopticon이라 불리는 원형 감옥 체계를 디자인하기도 했다.

원래 취지는 한 사람 정도의 최소 인력으로 모든 수감인을 감시하는 '최적화 감옥'이었지만, 훗날 철학자 미셸 푸코는 여기서 현대 '감시사회'의 원형을 발견했다. 개인의 행복과 자유를 줄기차게 주장한 벤담이 졸지에 개인의 자유를 억압하는 기제의 진원지가 되어버렸다. 그로서는 억울한 일이겠지만, 세상의 이치를 빨리 깨우치고 바꾸어 보려 한 자들이 흔히 겪는 운명이기도 하다.

벤담의 행복론은 현대 경제학의 문을 활짝 열어젖혔다. 정치인을 신뢰하지 못한 그는 개인의 행복을 국가의 목표로 삼는 데 만족하지 않았다. 정치적 조작과 오용을 막기 위해 행복도 측정돼야 한다고 믿었다. 그가 내세운 것은 즐거울 때 뛰는 '맥박'과 개인적 만족을 위해 기꺼이 지불하려는 '금전'이었다.

맥박을 믿지 않는 경제학은 손쉽게 금전에 집중했다. 오늘날 경제학의 기본 개념인 '효용'이니 '선호'니 하는 개념은 여기서 나왔다. 정교한 수학 체계가 만들어지기 시작했고, 그렇게 얻은 자신감으로 경제학은 더 이상 도덕적이거나 정치적인 학문이 아니라 과학이라는 인식도 싹텄다.

역설적이게도 이런 전환이 완성되자 경제학은 더는 행복을 언급하지 않게 되었다. 행복을 측정하려는 수단으로 효용이라는 개념이 나왔으나, 효용은 주인이 되고 행복은 거세됐다. 100년의 세월이 흘러서 새천년을 구가하는 21세기에 들어 경제학은 이제야 행복을 다시 불러들이고 '행복 경제학'이라는 이름을 붙였다. 그 핵심 주장은 "행복은 돈으로만 살 수는 없잖아요"인데, 이런 얘기를 이미 한 벤담은 더는 하소연할 길이 없다.

벤담의 행복론은 실용적이다. 플라토닉한 사랑에 행복을 걸어두지 않았다. 그는 행복의 이름으로 에로스를 지키려 했고 당연히 연애, 결혼 그리고 성적 결합의 자유를 열렬히 옹호했다. 정연한 논리와 풍부한 사례를 통해 따졌고, 이를 애써 무시하는 '근엄한' 자들의 위선을 고발했다.

하지만 이런 기준으로 보자면 그는 행복하지 못했다. 여든이 넘도록 결혼하지 못했다. 젊은 시절 결혼하고 싶은 여인이 있었으나 돈과 권력만이 행복이라고 믿는 아버지는 가난한 여자를 받아들이지 못했다. 늘 아버지 뜻대로 살아온 '파파보이' 벤담은 차마 대들지 못했다.

한번 어긋난 사랑은 평생 그의 족쇄가 되었다. 아버지가 죽고 나서는 총명하고 급진적인 여인을 만나 열렬한 사랑을 나누었다. 그는 그녀와 침대에서 나눈 사랑을 세세히 기록해 두었다. 하지만 '근엄한' 스승을 원했던 제자들은 이런 사실을 부인했다. 벤담의 수제자인 존 스튜어트 밀은 "벤담에게 성적 열정은 전혀 없었다"고 공언했고, 섹스에 대한 벤담의 원고들은 꼭꼭 숨겨졌다. 그가 죽고 무려 150년이 지난 1980년대에 들어서야 원고는 공개됐다. 말하자면 벤담은 행복을 말했으나 얻지 못했고, 얻었던 행복마저도 타인에 의해 부정당했다.

그러면 루쉰은 어떤가. 20세기 초, 암울했던 중국에서 루쉰은 평생 희망과 사투를 벌였다. 그는 1월 1일을 맞으면 희망에 관한 글을 곧잘 썼다. 그의 유명한 글 〈고향〉도 새해에 발표됐다.

그러던 어느 날, 루쉰이 20년 만에 고향을 찾는다. 고향 살림을 정리하기 위해서였다. 제법 부유한 집안에서 자란 루쉰은 집안일을 도와주는 동갑내기 사내아이와 친하게 지냈다. 그 나이에 할 법한 장난질을 몰래 같이하던 '은밀한 공범'이었다. 하지만 오랜만에 마주한 친구는 삶에 피폐해지고 세상의 질서에 익숙해져 이제 루쉰에게 말을 높였다.

그는 오로지 루쉰이 남겨둘 세간에만 관심을 가졌다. 팍팍한 살림인데도 향로와 촛대에 욕심을 내는 친구의 허허한 욕심이 우상 숭배와 뭐가 다르며, 자신이 고향에 오며 품었던 희망이라는 것도 스스로 키워온 우상이 아닌가. 그래도 루쉰은 자신을 다독거리다 그 유명한 구절로 글을 맺는다.

"나는 생각했다. 희망이란 본래 있다고도 할 수 없고 없다고도 할 수 없다. 그것은 마치 땅 위의 길과 같은 것이다. 본래 땅 위에는 길이 없었다. 걸어가는 사람들이 많아지면 그게 곧 길이 되는 것이다."

루쉰은 이 글을 40세가 되던 해인 1921년에 썼다. 하지만 이후로도 그는 '희망'이라는 말 앞에 서성거렸다. 피와 복수가 난무하던 시절이었다. 그의 가슴은 텅텅 비어갔다. 그럴수록 그는 "때로는 일부러 자기를 속이는 덧없는 희망으로 그 텅 빈 자리를 메우려 했다. 희망, 이 희망이란 방패로 습격해 텅 빈 어두운 밤을 메우려 했다".[2] 하지만 어느 순간 그렇게 희망의 방패만 앞세우고 청춘은 흘러갔고, 쓸쓸해졌고, 그리고 절망했다. 1925년

〈희망〉이라는 글에서 그가 쏟아낸 말은 차라리 처참하다. "절망이란 희망처럼 허망한 것이리라."

젊은 시절 루쉰은 의학에서 중국의 희망을 찾았다. 일본 유학을 나선 것도 그 때문이다. 러일전쟁이 한창이었다. 관련 홍보 영화도 많았다. 운명적으로 영화 한 장면을 보게 된다. 중국인 한 사람이 일본군에 잡혀 목이 잘리는 순간인데, 주위에 중국인들이 우르르 몰려와서 "얼빠진 표정으로" 구경하는 장면이었다. 루쉰은 거기서 몸의 병을 치료하는 의학을 버리고, 중국인의 마음과 의식과 싸울 작정을 했다. 글을 쓰기로 하고, 중국으로 돌아왔다.

루쉰은 열정적이었지만 치밀하진 못했다. 잡지를 발간하려는 계획은 번번이 실패했고 살림은 기울었다. 그는 허름한 집에 몸을 누이고 칩거했다. 어느 날 친구가 찾아와 글쓰기를 권했다. 세상에 싫증이 난 루쉰은 친구를 날카롭게 쏘아붙였다.

"가령 창문이 하나도 없고 무너뜨리기 어려운 무쇠로 지은 방이 있다고 하세. 만일 그 방에서 많은 사람이 잠이 들었다면 얼마 지나지 않아 숨이 막혀 죽을 게 아닌가. 그런데 이렇게 혼수상태에 빠져 있다가 죽는다면 죽음의 슬픔을 느끼지 않을 거네. 지금 자네가 큰소리를 쳐서 잠이 깊이 들지 않은 몇몇 사람을 깨워 그 불행한 사람들에게 임종의 괴로움을 맛보인다면 오히려 더 미안하지 않은가."

그럴듯한 말에 친구는 차분하게 답했다. "하지만 몇몇 사람이 일어난 이상 이 무쇠 방을 무너뜨릴 희망이 전혀 없다고 말할 수 없지 않은가." 그리고 루쉰은 글을 쓰기 시작했고, 그 첫 작품이 《광인일기》다. 미친 세상을 '미친 사람'의 입을 통해 까발렸다.

나는 벤담의 공리주의자는 아니다. 하지만 고색창연한 도덕이나 설익은 정의를 외치기보다는 개인의 구체적인 행복을 말하는 것이 정치의 도리라는 데는 동의한다. 행복이 추상적이면 권력자의 도덕이나 정의 타령과 다를 바 없다. 행복은 벤담의 '침대의 기록'만큼 구체적이고 물질적이어야 한다.

그리고 루쉰의 희망은 그 자체로 정의되지 않는다. 절망과의 끊임없는 싸움일 뿐이다. 따라서 희망이란 싸우는 자만이 내뱉을 수 있는 말이다. 새해가 오면 늘 희망을 말하는 이유는 또 다른 싸움의 시간이 우리에게 다가오고 있기 때문일 것이다.

또 희망은 홀로 키우기 어렵다. 러시아 태생의 프랑스 작가 로맹 가리는 제2차 세계대전에 참전하면서 생사를 넘나드는 시절을 보냈다. 그때 그가 실낱같은 삶의 희망을 키우게 된 것은 그의 어머니가 어렵게 전해온 편지 덕분이었다. 드물지만 꾸준히 도착하는 어머니의 편지를 읽으며 새삼 삶의 의미를 되새겼다.

전쟁이 끝날 무렵, 그는 마침내 프랑스 니스에 있는 어머니를 찾아볼 기회를 얻었다. 그러나 어머니는 없었다. 이미 3년 전에 세상을 떠났던 것이다. 어머니는 죽기 전에 아들을 위해 무려 200여 통에 달하는 편지를 미리 써두고, 틈틈이 한 통씩 아들에게 보내달라고 친구에게 부탁했다. 탯줄의 인연이 끊어지면 아들의 삶의 의지도 약해질 것을 두려워한 어머니의 마지막 부탁이었다. 희망은 같이 키우는 법이다.

늘 서성거리기만 하는 희망, 그놈을 만나러 간다.

1부

우리 시대 식인의 풍습:
일터의 죽음

루쉰이 말한 "창문이 하나도 없고 무너뜨리기 어려운 무쇠로 지은 방"이 오늘날 한국에 있다고 한다면, 나는 단연코 죽음의 일터라고 할 것이다. 풍족한 살림, 부유한 경제, 만개하는 민주주의를 구가하는 가운데서 좀체 지워지지 않는 이 시대의 붉은 그림자다.

살려고 일하는 것인데 일하다가 죽는 게 말이 되냐고 항변하면, 아직 때가 아니라는 답변을 숱하게 들었다. 조금 더 잘 살게 되면, 조금 더 기업 형편이 좋아지면 그때 일터의 안전도 자연스레 확보된다는 얘기. 그런데 국민소득 4만 불 시대라며 모두가 호쾌하게 외치는 오늘날에도 "지금이 그때야!"라는 소식은 들리지 않는다. 지금도 틈만 나면 "위험을 감수하고" 더 일해서 기업을 살리고 경제를 살리자고 한다. 그래야 우리가 "먹고산다"고 한다.

나는 그래서 의심한다. 일터의 죽음은 사회의 집단적 '음모'다. 일하다가 죽을 위험이 거의 없는 자들이 공모하여 일터의 죽음을 어두운 산자락 밑에 묻어두고, 누가 "여기 사람이 죽어요" 소리치면 "어, 몰랐는데" 하며 모르쇠다. 몰랐다고 하는 판에 진지한 대책이 나올 리가 없다. 한바탕 시끌벅적하다가 전 국민의 관심사인 대통령 사생활이나 부동산 얘기로 옮겨가면 그만이다. 나는 이것이 '집단적 테러'와 다를 바 없으며, 우리 시대의 '식인풍습'이라 생각한다. 표현이 거칠다는 것은 인정하지만, 달리 점잖게 표현할 방법을 찾지 못했다.

일터의 죽음은 나의 지극히 사소한 삶에서도 중요했다. 내 삶에 짙게 밴 냄새이기도 하다. 그래서 나는 늘 내게 묻게 된다. 넌 거기서 무얼 했느냐고.

이모 집의
냄새

큰이모 집에서는 늘 냄새가 났다. 다들 고만고만한 살림이었고 너도나도 산복도로 언저리에 숨어들어 살았을 때지만, 이모 집을 찾기는 유독 어려웠다. 어지러운 미로의 극점에 있었다. 어렵사리 찾은 이모 집에서는 입구부터 정체를 알 수 없는 역겨운 냄새가 났다. 연방 구역질이 치고 올라오는데, 이모는 퀴퀴한 김치, 시꺼먼 밥, 뿌연 국을 내놓았다. 환하게 웃는 것만으로도 사라질 것같이 여위었던 이모는 음식을 연신 내게로 밀었다. 철부지 10살이었던 나는 싫다고 하고, 이모는 그것도 귀엽다고 힘들게 웃었다. 어머니는 이모를 보고 계속 울기만 했다.

나는 이 냄새를 오랫동안 잊고 있다가 조지 오웰의《위건 부두로 가는 길》을 읽으면서 다시 기억해 냈다. "하층계급에게는 냄새가 난다." 오웰은 기득권층이 이 세 마디 무시무시한 단어로 하위계층을 제압한다고 했다. 진보를 자처하는 자들은 이 '냄새'

를 진정한 노동자의 '향기'로 이상화하면서도, 실제로 그런 냄새 속에서 살아가지 못한다고 꼬집었다. 나는 잠시 머뭇하다가 붉은 펜으로 독서의 흔적을 남기고 책을 덮었다. 더 읽을 수 없었다.

이모부는 뱃사람이었다. 일이 거칠었던 만큼 말과 행동도 거칠었다. 술잔도 거침없었다. 그래도 가장 노릇을 한다고 바다에는 부지런히 일하러 나갔다. 그렇게 나가서 돈을 벌어 오는 날도 많았지만, 몸만 망가져서 오는 날도 적지 않았다. 머리가 부서지고, 다리가 부러지고, 그물에 끼이고, 갑판에서 떨어졌다. 몇 달을 쉬어야 했고, 그렇게 한 해를 훌쩍 넘기는 경우도 있었다. 산업재해니 보험이니 하는 것은 노동법전 구석 어딘가에 찌그러져 있을 때였으니, 회사나 나라에서 돕는 일도 없었다. 이모가 온전히 살림을 맡았다. 아이 둘은 이모의 살림처럼 떠돌았다. 이모 집의 '냄새'도 짙어갔다.

다시 해보겠노라고 일터에 나갔던 이모부는 걸어서 집에 돌아오질 못했다. 병원에 실려가서 온몸의 상처와 고통과 질기게 싸웠다. 이모 집으로 가는 길은 미로였지만 병원을 찾기는 쉬웠다. 약 냄새로 어지러운 병원에서 이모는 내게 박카스 한 병을 내놓았다. 나는 단번에 마셨다. "니 이모부, 힘들 기다"라면서 이모는 그때처럼 힘들게 웃었다. 어머니는 다시 울기만 했다. 이모부는 며칠 후 떠났다. "이 썩을 세상에 만정을 떼고 갔을 기다"라면서 이모는 울지 않으셨다. 문상 온 사람들에게 냄새 안 나는 김치와 밥, 국을 대접했다.

더 이상의 내리막길이 있을까 했지만, 이모부가 죽자 이모의 삶은 또 다른 나락이었다. 보상도 없고 보조도 없었다. 누구도 책임지지 않으니 모든 책임은 이모에게 돌아갔다. 아이들도 지쳐서 떠나고, 필요할 때 가끔 찾아왔다. 그럴 때마다 이모가 감당해야 할 몫은 늘었다. 이모는 생계를 위해 몸을 던져 일했고, 그런 만큼 건강은 나빠졌다. 이제 이모는 허리 굽은 병든 노인네다. '냄새'는 여전하다. 그나마 건강보험과 기초생활보장이 유일한 생명끈이다.

2019년 11월 〈경향신문〉이 그해 산업재해로 사망한 분들 1,200명을 모두 호명해 내었다. 40~50대가 50퍼센트를 넘고, 대부분 50인 이하 사업장에서 일하셨다. 우리 이모부 같은 사람들이다. 나는 저 많은 분들이 세상에 남겨둔 가족들이 궁금했다. 그들이 견디어 냈을 팍팍한 삶이 그들의 이름 밑에서 훌쩍거리고 있을 것 같았다.

일터에서 죽고 다치는 것은 단지 해당 기업과 노동자만의 문제가 아니다. 걷잡을 수 없이 퍼져가는 파문처럼 가족을 지탱하고 있던 것을 하나씩 무너뜨린다. 산업재해의 비용은 우리가 한가롭게 계산하는 것보다 크고 장기적이다. 가족이 감당하지 못하면 사회가 어떤 식으로든지 부담을 나눈다. 내 이모부를 그나마 돕고 내 이모를 지켜준 것은 의료보험이고 사회복지였다. 기업과 정부가 책임지고 산업안전보건법이 맡아야 할 일을 사회가 떠맡은 것이다.

노동자는 상품이 아니다. 하지만 아직도 내 이모부처럼 저렇게 수없이 죽어가는 사람을 보면, 제발 노동자를 상품처럼만이라도 취급해 달라고 하고 싶다. 행여 깨어지고 부서질까 조심스레 포장된 택배 상품처럼만이라도.

생각해 보니 이모 집의 '냄새'를 다른 곳에서 맡은 적이 있다. 산복도로의 맨 꼭대기에 살던 고등학교 친구 집에서였다. '김용균'의 나이였던 그가 바다에서 일하다가 어이없게도 죽고 나서 나는 그의 어머니를 찾았다. 병들어 누워 있던 그녀의 침대에서 바로 그 '냄새'가 났다.

광인일기,
식인의 풍습을 보았다

괴상한 일기를 읽었다. 연대기 같기도 한데, 필시 미친놈이 쓴 것이다. 너무나 해괴하여 여기 옮겨둔다.

(날짜 불명) 사람이 어찌 사람을 먹겠는가. 엉망진창인 문명일지라도 온갖 힘으로 지키려는 금도가 있다. 그래서 또는 역설적으로 우리는 식인의 소문에 민감하고 궁금해하며, 그런 소문은 기이하게도 모두 바깥바람을 타고 온다. 누구도 본 적이 없지만 다들 존재하거나 존재했던 것으로 믿는다. 그리고 거기에 '야만'의 선을 긋는다. 야만은 그렇게 늘 바깥의 일이다.

(15세기 어느 날) 식인의 소문으로 따지자면, 콜럼버스가 역대급이다. 그는 신대륙만 발견한 것이 아니다. 식인의 풍문을 유럽으로 옮겨와 아메리카 땅덩어리 같은 물질적 진실로 만들었다. 정작 그는 그런 '야만인'을 본 적이 없다. 제 할 말만 나누었던 원주민과의 대화에서 그는 지레짐작하여 식인에 대해 쓴 편지를

유럽으로 보냈다. 곧 스스로 의심스러워했으나 이는 일기장에 적어두었다. 진실은 일기장에 묻히고, 소문은 신대륙 소식과 함께 소란스럽게 퍼졌다. 게다가 그는 얼마나 영악했던가. 신대륙에서 식인의 풍습을 없애는 '성전'을 이유로 콜럼버스는 스페인 국왕에게 병력과 정치적 지원을 요청했다. 이에 국왕은 가톨릭의 이름으로 응했고, 그 후로 수많은 노예가 유럽으로 끌려갔다. 유럽의 '야만'이었다. 존재하지 않는 야만에는 총칼을 휘두르며 분개했지만, 눈에 또렷한 야만에는 모른 체했다.

(16세기 끝 무렵) 프랑스 철학자 몽테뉴는 《수상록》에서 눈앞의 야만을 볼 것을 따졌다. "고문과 고형으로 찢고 조금씩 불에 굽고, 개와 돼지에게 물어뜯어 (죽이게 해)" "산 사람을 잡아먹는 일이, 사람을 죽여서 먹는 것보다 더 야만"적이다. 또 '식인'으로 오해받은 이들은 우리에게 되레 물을 것이다. 한쪽에는 풍요가 넘치는데 다른 한쪽은 문 앞에서 구걸하고 굶어 죽어가는 불평등을 어찌 용인하는가. 죽어가는 자가 홀로 누리는 자의 목이라도 따야 하는 것 아니냐고. 몽테뉴는 식인의 풍습이 저 바깥에 있는 것이 아니라 바로 여기 발밑에 있다고 고발했다. 고발의 대가는 컸다. 그는 테러당하고 투옥되었다.

(19세기 뒷날) 고래만 한 고래를 찾아 나선 얘기인 미국 소설 《모비딕》에는 요상한 구절이 있다. 어쩔 수 없이 누군가와 침대를 나누어야 한다면 "술 취한 기독교인보다는 멀쩡한 식인종과 자는 것이 낫다"고 했다. 틀림없이 콜럼버스의 은밀한 내막을 알

고 몽테뉴가 적어둔 유럽의 '야만'을 전해 듣고 쓴 소설이다. 다행히, 작가는 온전했다. 그가 죽고 나서야 사람들이 이 소설을 읽기 시작했기 때문이다.

(20세기 가운데 날) 중국의 괴팍한 사내 루쉰도 뭔가를 발견하고 《광인일기》라는 소설을 썼다. 유교가 창궐한 역사책을 보면 온통 '인의도덕'에 관한 것인데, 그 틈새에는 "사람을 먹는다는 의미의 '홀인'이란 두 글자가 적혀" 있더란다. 얼마 전 소작인이 소작료를 감해달라고 했을 때 형의 얼굴에서 식인의 그림자를 보았다. 그래서 사람을 잡아먹어서는 안 된다고 했더니, 다들 나를 되레 미친 사람(광인)으로 취급했단다. 억울해서 더 생각해 보니, 식인의 풍습은 4,000년 동안 만연했으니 나도 사람의 살을 먹었을 것이다. 그리하여 광인은 "사람을 먹어보지 않은 아이들"을 구하러 나섰는데, 그나저나 성공했는지 모르겠다.

(21세기 가을날) 가을빛이 찬란하게 핏빛이기 때문일까. 사람들이 자꾸 죽는다. 하늘을 거슬러 높이 지어 올리려다 떨어져 죽는 것이야 세상에 단풍이 들기 시작한 이래로 늘 보았던 일이지만, 석탄이니 쇠붙이 같은 원료를 집어넣는 곳에 사람들이 빨려 들어간다. 원대한 기술 덕분에 피 한 방울도 남기지도 않고 인육의 흔적도 남기지 않는다. 바다에서는 그물을 끌어올리는 곳에 물고기 대신 사람이 걸려 들어간다. 당최 하늘이고 땅이고 바다를 가리지 않는다. 마치 세상의 음습한 구석에 거대한 용광로가 하나 있어 거기에 사람이 하나둘 떨어지는 것 같다. 살아

있는 자들은 낙엽에 감탄하고 부러 찾아 나서지만, 육신의 낙엽에는 말없이 한숨만 딱 한 번 쉰다. 식인의 풍습에도 계절이 있어 가을이 왔다.

(며칠 후) 숨바꼭질이 국민체조가 되어 다들 꼭꼭 숨어 산다. 코로나바이러스라고 불리는 자가 술래다. 아무리 술래라지만 행패가 영 볼썽사납다. 잡히면 감당해야 할 고생이 만만치 않다. 그렇다고 숨는 일이 쉽지도 않다. 숨어서도 먹고살아야 하기 때문이다. 하여, 숨어 있는 사람은 숨지 못하는 사람을 불러댄다. 그런 사람을 여기서는 택배노동자라 하는데, 루쉰에게 몇 자락 배운 한자 실력으로 따져보자면, '택'은 남의 집을 높여 부르는 것이요, '배'는 가져다준다는 뜻이다. 남들이 다 숨을 때 숨지 못하는 사정은 이름만으로도 익히 짐작된다. 그리하여 내가 루쉰을 흉내 내 '4차혁명'의 틈새를 살펴보았더니, 새로운 경제라는 것이 주문만 디지털 최첨단으로 하는 것이고 물품은 죄다 사람들이 몸으로 끌고 지고 나른다. 그 옛날에도 보았다. 무슨 혁명이라 하여 흰 연기만 뿜어대는 증기선이 나왔는데 강가에 들어서는 배를 여린 유부녀들이 끌었다. 사람이 석탄이나 말보다 쌌기 때문이다. 아, 멋진 신세계! 개가 짖고, 돼지가 울어댄다.

(또 며칠 후) 콜럼버스의 노예에게도 자는 시간은 있었다는데 택배 노동자는 잠들지 못한다. 새벽에 나와 배달할 물건을 정리하고 챙기고 새벽까지 배달한다. 그러다가 그냥 죽는다. 그냥 죽지 못하면, 스스로 죽는다. "저 너무 힘들어요" 하소연한 후에 죽

고, "억울합니다 … 이것저것 빼고 나면 한 달에 200만 원도 벌지 못한다"고 적고 죽는다. 숨은 자는 한숨을 두어 번 쉬고 나서 답한다. 힘들어서 죽은 자는 평소에 건강하지 못해서 죽은 것이요, 스스로 죽은 자는 뭔가 오해하고 죽은 것이다. 몽테뉴가 이미 보았던 세상인데, 지금 힘을 가진 이들은 하나님이나 공자를 찾지 않고 어두운 룸살롱에서 영혼의 안식을 구한다. 그 안식을 위해 택배는 오늘도 분주하고, 사람들은 저곳의 사정을 더 궁금해한다. 간단한 죽음의 사연도 알아내지 못하던 사람들이 저 캄캄한 비밀을 신출귀몰하게 찾아낸다. 어찌 야만의 진풍경이라 하지 않을쏘냐.

(다시 날짜 불명) 이 모든 것들이 참으로 기괴하여 내 한번 따지려 하니, 나도 숨어 있는 자요, 저 죽음에 기대어 사는 자다. 나도 저 당당한 식인의 풍습에서 평온한 것이다. 그래서 콜럼버스처럼, 나도 편지에 적어 알리지 않고 여기에 홀로 적어둔다. 설마 사람이 사람을 잡아먹겠는가.

"죽을 각오"를
권하는 사회

　지금도 나라 걱정에 노심초사 서울 광화문 앞을 지키고 있
는 '구국의 명장' 이순신에게는 참으로 미안한 말이지만, 나는
그에게 딱 한 가지 불만이 있다. 정좌하고 《난중일기》를 읽었는
데 술 먹고 토사곽란한 '너무나 인간적인' 얘기가 많아서가 아
니다. 마치 내가 그와 술이라도 나눠 마신 것처럼 내 속도 쓰렸
다는 얘기를 하자는 게 아니다. 그 유명한 구절 "살고자 하면 죽
을 것이고, 죽고자 하면 살 것이다('생즉사 사즉생')" 때문이다.

　모함에 빠져 고초를 겪은 뒤 다시 삼도수군통제사가 되어
벼랑 끝 전투를 하러 가던 길에 그는 백성의 비참한 처지에 가
슴 아파했고, 이에 아랑곳하지 않고 도망칠 궁리만 하는 군대에
분개했다. "신에게는 아직 열두 척의 배가 남아 있습니다"라며
왕에게 알렸으나, 수백 척의 적군 앞에서 부하들은 싸울 생각이
없었다. 그래서 그는 병사에게 소리친다. "살고자 하면 죽을 것

이고, 죽고자 하면 살 것이다"라는 오자병법의 구절을 인용했다. 도망치면 죽음으로 다스리겠다는 뜻이었다. 별 소용은 없었다. 다음 날 적군의 침입 소식을 듣고 나가보니 "여러 장수들은 양쪽의 수를 헤아려 보고는 모두 도망하려는 꾀만 내고 있었다". 그가 먼저 나서 싸우고 협박하고 달래고 나서야 우리 수군들이 모여들었다. 명량해전의 시작은 이렇게 울퉁불퉁했으나 그 끝은 역사에 길이 빛나는 승리였으니, 그가 포효했던 "죽을 각오"만 역사의 기록에 깊이 남았다.

그 이후로 우리는 뭘 해도 '죽을 각오'를 한다. 내가 하지 않아도 남들에게 '죽을 각오'를 하라고 안달복달한다. 전쟁 중에는 그렇다 하더라도 총칼을 쥐지 않는 일상에서도 "사즉생"이다.

어느 전직 대통령은 세계 금융위기가 닥치자 장관들을 불러놓고 이순신처럼 말했다. "국가에 마지막으로 봉사한다는 자세로 위기 극복에 임해달라 … '생즉사 사즉생' 각오가 필요한 때다." 그렇게 비장하게 임한 경제 전쟁의 성과가 어떠했는지는 여전히 논란이 분분하지만 '죽을 각오'로 일한 그분들은 안녕했다. 다만, '봉사' 대신에 제 실속 챙기는 일이 많았을 뿐이다. 경제위기 속에서 '사즉생'을 주문했던 대통령은 350억 원이 넘는 돈을 횡령했다. 옛적에도 그랬다. 전쟁통에도 피난민의 소 두 마리를 훔쳐와서 잡아먹으려고 왜적이 왔다고 거짓을 말한 사람도 있었다. '생즉사'를 말했던 이순신은 그들의 "목을 잘라 매달아 널리 보이게 하였다"고 한다. '죽을 각오'의 엄정함은 사라지고,

지금은 세월에 윤색된 말만 남았다.

　그 이후로 '죽을 각오'는 넘쳤다. 어느 지자체 선거에 출마한 후보는 그 지역의 "경제를 위해 죽을 각오"라고 선언했고, 다른 지자체 후보는 새벽 4시에 '이름 없는 노동자'를 태우고 가는 6411번 버스를 타고 "서민의 삶을 위해 죽을힘을 다하겠다"고 했다. 또 어느 당 대표에 도전한 후보는 "죽을 각오를 다해서 이길" 것이라고 했다. 어느 청문회에서 후보자는 "죽을 각오로 일하겠다"고 엄숙하게 다짐했고, 어느 현직 시장은 "죽을힘을 다해 빈부격차를 해소"하겠다고 공언했다. 어떤 이들은 서둘러 "죽는 한이 있어도" 자신이 지지하는 대통령을 지킬 것이라며 주먹을 불끈 쥔다.

　'죽을 각오'가 정치적 언사만은 아니다. 사회적으로 알려진 사람들이 자신의 진심을 믿게 하려고 쉴 새 없이 사용한다. 유명 연예인들은 '죽을 각오로' 살을 뺀다고 할 정도다. 15년 전인가 어느 가수이자 화가는 책을 내면서 "맞아 죽을 각오로 쓴 친일 선언"이라고 소개했다. 다행히 그가 맞았다는 얘기는 듣지 못했다.

　너나없이 '죽을 각오'를 하니, 이제 사회는 '죽을 각오'를 권한다. 그래서 국가대표는 항상 '죽을힘'을 다해 뛰어야 한다. 어슬렁거리며 필드를 뛰어다니는 것은 호랑이에게나 허용된 일이지, 태극마크를 가슴에 단 순간 호랑이의 눈을 피해 필사적으로 뛰어다니는 사슴이 되어야 한다. 국가대표가 아니라 '태극전사'이기 때문이다. 그러다 보니 나라를 대표하는 산업은행의 대표는 사정이 어려워진 어느 기업에 "죽을 각오로 임하라"고 호통친다.

'죽을 각오'는 일터에서 가장 드라마틱하게 적용된다. '죽을 각오'로 공부하란 말을 '죽을 만큼' 듣고 겨우 고만고만한 직장을 얻은 뒤 앞일이 걱정되어 인생 지침서를 찾아보면 한결같이 말한다. "서른이면 죽을 각오로 일하라." 직장에 "뼈를 묻는다는 각오"로 일하라고 하니까 논리적으로 보면 '죽을 각오'가 우선이긴 하겠다. 그러니까 뭔가 제대로 일한다는 것은 죽을 만큼 일하는 것이다. 일본의 유명한 이자카야 창업자는 한발 더 나아가 "365일, 24시간 죽을 때까지 일하라"고 했다. 이 때문에 노동자가 과로로 죽자, 오랜 논란 끝에 책임을 인정했다. 자신의 '경영 이념' 때문에 이런 불행한 일이 생겼다고 했는데, 사람들은 '죽을 때까지 일하는 것'이 경영이념일 수 있다는 것을 그때서야 알았다. 물 건너 남의 일만은 아니다.

'죽을 각오'는 수사나 말장난이 아니다. 온몸의 기운을 다 빼낼 만큼, 영혼까지 끌어내야 제대로 일한 것이라는 뜻이다. 또 그런 만큼 '자신의 노력 탓'의 공간이 늘어난다. '죽을힘'에서 멀어질수록 네 처지는 점점 궁색해진다는 것이다. 지금 일하면서 불행하다면, 그것은 당신의 부드러운 숨쉬기와 매끈한 이마 때문이다. 모름지기 일한다는 사람은 진이 빠지도록 밤새워 일하고, 일터의 위험도 기꺼이 감수해야 한다. 이렇게 일터의 '사즉생'은 장시간 노동과 산업재해를 온전히 일하는 자의 몫으로 내재화시킨다.

따라서 죽을 각오는 비대칭적이다. 죽을 각오를 하거나 권하는 사람 중 죽은 사람은 드물고, 그런 각오의 압력 속에 선택의 여지 없이 묵묵히 '살려고' 하는 사람들은 죽는다. 죽을 각오로 일하라고 해서 '죽을 만큼' 일하면 소리 내기도 힘들기 때문에 소리 없이 죽는다.

번쩍거리는 21세기 최첨단 기술과 경영으로 주식시장을 열광시켰던 어느 기업은 노동자들이 '죽을 각오'로 일하도록 시스템을 짰다. 그리고 죽는다. 말만 들어도 가슴 뛰게 하는 '플랫폼'에는 안전벨트가 없었다. 물류센터에 불이 나고, 20세기 방식으로 소방관들이 몸으로 불을 끈다. 그리고 소방관이 죽는다. 그날, 이 찬란한 기업의 대표는 책임을 지는 것이 아니라 책임을 피하려 사퇴했다. '사즉생'의 요란한 복귀다. 그 순간, 길 바깥에 아들 이선호를 잃은 아버지는 "내 아들 이름 석 자를 대한민국에다 각인시키기 위해 … 길거리에서 죽을 각오로 끝까지 싸울 것"이라고 했다.

명량해전에서 시퍼런 칼날을 세우던 "사즉생"은 오늘날 시뻘건 탐욕과 뻔뻔한 무책임을 감추는 방패가 되었다. 하릴없이 충무공에게 불평한다.

죽음이 또 다른 죽음으로
잊히는 사회

문득 삶이 무료해지거나 세상이 너무 뻔하다는 생각이 들면 한국산업안전보건공단 누리집³에 서둘러 가보길 바란다. 눈이 번쩍 뜨이고 자세를 고쳐 앉게 될 것이다.

"근로자가 안전하고 건강하게 일할 수 있도록 하는 것"을 목표로 하는 공단은 누리집 가운데에 큼직한 건물 전경을 펼쳐두고, 그 위에 빨간색으로 선명한 뉴스 속보를 배치했다. 마치 변화무쌍한 실시간 주식정보처럼, 일주일 남짓한 기간 동안 벌어진 '사망사고 속보'가 띠를 이루어 길게 이어진다. 날짜와 장소, 그리고 죽음의 장면까지.

2022년 새해 첫 달이었다. "[1/19, 청주] 3층 창문 발코니에서 떨어짐, [1/17, 인천] 비계에서 떨어짐, [1/19, 군산] 철거물에 깔림, [1/18, 서울] 엘리베이터 개구부 내 지지대 설치작업 중 떨어짐, [1/17, 울산] 수문개폐장치 수리 잠수작업 중 익사, [1/15, 남양주]

화물용 승강기에 끼임, [1/15, 대구] 크레인 거더에 깔림, [1/15, 인천] 고정되지 않은 개구부 덮개를 밟고 떨어짐, [1/14, 횡성] 벌목 작업 중 나무에 맞음, [1/14, 화성] 콘크리트 양생작업 중 일산화탄소 중독, [1/12, 천안] 화물차량에 깔림, [1/12, 인천] PRD 케이싱이 넘어지면서 작업자와 충돌."

이 길고 긴 속보의 벨트에는 우리가 얼마 전 분개했던 사건들은 이미 없었다. 기억하시는가. 고압선에 타 죽은 젊은 남자, 한전의 하청업체 노동자. 안전을 보장하는 활선차가 하청업체에 있었지만 그는 조그마한 트럭을 몰고 갔다. 활선차가 없었으니 전봇대를 타고 올라갔다. 둘이서 같이 해야 할 일을 혼자 했고, 그것도 면장갑을 끼고 일했다. 21세기 장비와 작업 매뉴얼이 있었는데 굳이 맨손 작업을 한 이유에 대해 회사는 짧고 명쾌하게 답했다. "13만 5,000원짜리의 단순공사"였기 때문. 공사나 일거리가 싸구려이면 일하는 사람의 안전도 싸구려 취급을 받는다는 것. 우리는 그저 잠시 놀라고 약간 분개하고 조금 더 짜증 내다가 잊으면 그만이다.

그러니 지난 2021년 봄, 평택항 젊은 노동자의 사망사고는 말해서 뭐 할까. 아득한 선사시대로 사라진 지 오래다. 아마 그때는 공단 누리집에 "[4/22, 평택] 컨테이너 청소작업 중 깔림"이라는 속보가 떴을 것이다. 또 그 뒤로 다른 죽음의 속보가 따라왔을 것이다. 그렇게 속보 코너에서 사라지고 잊혔을 것이다.

2021년에 일하다가 죽은 사람이 828명이다. 하루에 2.3명이고 일주일에 15.9명이다. 한 달치 속보를 다 모아두려면 주식시장 시세 현황판 정도의 대형 전광판이 필요할 지경이다. 사망자 수도 별반 차이가 없다. 2019년에 855명, 2020년에 882명이다. 일터의 죽음에 경악하고 전후 사정을 따지며 경건하게 슬퍼할 시간도 없다. 또 다른 죽음이 밀려들기 때문이다. 죽음의 컨베이어 벨트이고 〈모던 타임즈〉다.

고압선 위의 죽음을 채 수습하기도 전에 광주에서 아파트가 무너졌다. 백화점이 무너지고 다리가 무너지면 우리는 실종된 시민들을 찾느라 밤새 불을 밝힌다. 방송 차량도 총동원되어 밤낮으로 소식을 알린다. 하지만 노동자의 실종에는 관심도 실종이다. 대신 입주가 늦어지는 것을 걱정하고 아파트 가격을 걱정한다. 건설사도 그런 비난이 더 두렵다. 저 어딘가에 묻혀 있을 노동자를 당장 찾아내라고 하는 소리는 콘크리트 더미에 같이 묻혔다. 실종 노동자들의 가족만 발을 동동 구른다. 노동자가 잠깐 불려 나올 때도 있다. 부실의 원인을 떠넘기고 싶을 때는 외국인 노동자를 불러들인다. 저런 놈들을 데려와 일을 시켜 이 사달이 났단다. 노동자는 죽으면 잊히고, 살아 있으면 편리한 손가락질의 대상이다.

언론에 한 줄이라도 나오면 그나마 다행이다. 언론은 젊은 죽음에 잠시 떠들썩하다. '꽃다운 젊음', '결혼을 앞둔', '어린아이를 두고' 같은 수식어가 헤드라인을 장식하고 일터의 죽음은 국민 '드라마'가 된다. 죽음의 구조적 이유와 책임 소재를 따지는 것은 부차적이다. 드라마적 소재가 사라지면 관심도 사라진다.

소리 소문 없이 죽어가는 노동자들은 훨씬 더 많다. 일터에서 죽은 사람들의 40퍼센트 이상은 60세 이상이다. 50대도 30퍼센트 가까이 된다. 아무도 알지 못하는, 아무도 슬퍼하지 않는 죽음이다. 저 속보판에만 잠시 나타났다가 사라지고 딱딱한 행정기록에만 남은 사람들. 그들 죽음의 존재를 알지 못하니 우리는 죽음의 이유를 따지지도 않는다.

중대재해처벌법이 시행되어 조금은 좋아지겠지만 크게 바뀌지는 않을 것이다. 일하다가 죽은 사람들의 38퍼센트는 5인 미만 사업장에서 일했다. 이런 소규모 사업장에는 이 '시끌벅적한' 법이 적용되지 않는다. 또 42퍼센트는 5~49인 규모 사업장에서 일했다. 중대재해처벌법의 적용이 유예된 사업장들이다. 따라서 이 '요란했던' 법은 산업재해 사망의 80퍼센트에 침방울 하나만큼의 영향도 미칠 수 없다. 지금 추세라면 700명 정도는 이런 작은 일터에서 죽을 것이고 중대재해처벌법은 너무나 '중대'해서 이런 '작은' 죽음에 신경 쓸 여력이 없을 것이다.

다시 사망사고 속보를 확인했다. 새로운 소식이 보태지고, 일주일 지난 속보는 벌써 사라졌다. "[1/19, 양주] 회전 중인 스크루에 끼임, [1/20, 포항] 작업 중 끼임, [1/18, 해남] 작업 중 정화조에 떨어짐, [1/19, 영암] 선박 내 이동 중 떨어짐."

"[1/20, 포항] 작업 중 끼임"이라고 건조하게 적힌 사고 현장은 '다시 한번' 포스코다. 그리고 '다시 한번' 용역업체 노동자다.

지난 4년 동안 포스코에서는 24명이 죽었다. 사망사고에 대해서 고용노동부는 매번 "철저히 조사하고 엄중 조치"하겠다고 했고, 회사도 "무거운 책임감"으로 "재발 방지와 보상"을 약속했다. 그런데 또 죽었다. 다시 한번 엄중 조치하고 재발 방지를 약속하면 되겠다. 곧이어 다른 죽음이 따라오고, 긴 망각의 시간이 축복처럼 찾아올 것이다.

이 모든 것이 짜증스럽다면 보지 않으면 그만이다. 한국산업 안전보건공단 누리집의 속보 코너에는 '접기' 기능이 있다. 누르면 사망사고 소식은 기적적으로 사라지고, 세상은 평화로이 선거 구호로 떠들썩할 것이다. 그저 한 죽음이 다른 죽음으로 잊힐 것이다.

거대한 공동의
묵인

몇 년 전에 찾았던 부산 해운대 엘시티 건물은 고압적이었다. 굳이 한 층을 더해 101층을 만들겠다는 집착, 그리고 초대형 비리 사건을 뚫고 기어이 쌓아 올리는 집념이 늦여름 후덥지근한 빗방울로 뚝뚝 떨어졌다. 저렇게 높이 올리는 인간의 능력과 그곳에서 행복하겠다는 사람들의 용기가 새삼 경이로웠다.

이 모든 것의 이면에는 과학이 있었다고 한다. 풍속 70m/s 의 강풍과 지진 진도 7.0에서 버틸 수 있도록 '아웃리거 벨트 월outrigger beltwall' 시스템을 적용했고, 힘이 센 초고강도 강재 'HSA800강'도 사용했단다. 분야별 최고 전문가를 수백 명 동원하여 "안전과 품질"을 최우선으로 하고 "가능한 모든 변수를 사전에 예측해 대응한다"고 했다.

이런 초정밀 과학에 '일하는 사람'은 빠져 있었다. 과학적인 공사장에서 이미 노동자 4명이 사고로 죽었다. 바람과 지진에 이긴다는 초강재와 최첨단 기술 현장에서 간단한 구조물 고정 장치가 빠져버렸다. 그 책임을 물어 안전 관련 책임자 3명을 구속하려 했으나 구속영장은 기각되었다. 입주민을 위해 공사는 재개되었고, 그 근처에서는 '일터의 죽음'이 계속되었다. 엘리베이터를 설치하다가 죽고, 아파트를 짓다가 죽었다. 오페라하우스 공사장에서도 크레인이 기사와 함께 무너졌다.

거기서 조금 더 올라가면 울산이다. 어느 조선소는 위기 극복 대책으로 수조 원에 이르는 연구개발R&D 투자를 하겠다고 선언했다. 기술 경쟁력 강화와 핵심 인재 육성이 중심이라고 새삼스레 강조했다. 세계 최고만이 살길이라고 외치는 기업정책에 노동자는 역시 빠져 있다. 노동자가 탱크 절단 작업을 하다가 절단된 철판에 끼여 죽은 적도 있다. 기술은 21세기 유토피아에, 안전은 철기시대에 머물렀다. 이런 부조리한 공존이 가능한 것은 죽은 자가 하청노동자이기 때문이다.

'죽음의 일터'는 빈틈을 남겨두질 않는다. 청소년에게 '밝은' 일자리의 미래를 만들어 준다는 특성화고에 간 아이들은 일하다가 죽어간다. 너무나 위험한데도, 부모는 "쓰러져도 회사에 가서 쓰러지라"고 하고, 선생님은 "학교 이미지가 안 좋아지니까 참으라"고 한다. "어른들 말은 들으면 좋지만 안 듣는 게 좋을 때가 있는 것 같아요" 하는 아이들도 이때만은 어른들 말을 듣고 일을 계속한다. "위험해도 이거밖에 없다고 생각"하기 때문이다.[4]

사실상 우리는 죽음의 그림자가 내게는 절대 오지 않으리라는 필사적 믿음을 내세우며 묵인하고 공모한다. 그래서 일터의 위험은 쉽게 과소평가된다. 이를 이용해 위험스러운 장사판을 벌이려는 사람들도 넘친다. 그 결과는 익숙한 사고의 반복이다. 우리는 잠시 화내거나 슬퍼한 뒤 다시 거대한 묵인의 세계로 같이 숨어든다. 남는 것은 그들의 죽음을 기록한 숫자일 뿐이다. 김훈 작가의 말은 그래서 아프다. "죽음은 무의미한 통계 숫자처럼 일상화되어서 아무런 충격이나 반성의 자료가 되지"[5] 못한다.

대통령은 너나없이 산재 사망자 수를 절반으로 줄이겠다고 한다. 하지만 사망자 수는 거의 줄지 않았다. "우리가 김용균이다"라고 목소리를 높였으나, 지금도 매일 3명의 김용균을 저세상으로 보내고 있다. 우리는 여전히 안녕하다. 목표 달성은 난망하다.

묘책이 없다고도 한다. 당연하다. 가진 것을 모두 쥐고 있으면서 '죽음의 일터'를 막을 묘책은 없다. 일터의 안전은 경제적 손실을 감수해야 한다. 사실 손실도 아니다. 위험을 저당 잡고 누리는 잘못된 이익을 바로잡는 일이다. 따라서 정부는 과감해야 한다. '경제 기여'라는 자의적 잣대로 기업에 관대해져서는 안 된다. 산업안전에 대한 투자는 기술투자만큼 중요하다. 정부가 장려하고, 필요하다면 강제할 일이다.

정부만의 일도 아니다. 동료의 안전을 위해 나서자. 일터가 잠시 중단되는 불편도 마다하지 말자. 혼자 하기 힘든 이런 일, 같이 하자고 만든 것이 노조다. 선연한 핏방울 앞에서 작업복 색

깔의 차이를 내세울 수는 없다. 소비자도 할 일이 많다. 내 아파트에 안전사고가 생기면 건설사에 항의하자. 나의 보금자리에 억울한 원혼이 떠돌지 않길 바라는 마음으로, 마구 거칠게 따지자. 그리고 그 못난 '신성한 노동'을 내세워 학생들을 사지에 내몰지 말자. 죽을 위험을 감수하고 묵묵히 일하는 것이 어찌 어른이 되는 길인가. 거대한 공동의 묵인을 끝낼 때다.

30년의 다짐,
넌 무얼 했느냐

온갖 젊은 것들이 피어나는 5월 이른 날에 사진 한 장을 본다. '고故 이선호 군 산재 사망사고 진상 규명 촉구 기자회견'이라고 쓰인 플래카드 뒤로 젊은 친구들이 나란히 섰다. 학비와 생활비를 벌어보겠다던 친구는 '함께 여행 가자'는 다른 친구들과의 살뜰한 약속을 지키지 못하고 싸늘하게 죽어 돌아왔다. 남은 친구들은 길거리에 서서 "죽음의 사업장 동방"을 하얀 만장輓章처럼 펼쳐 올렸다. 대학교 3학년, 23살.

그때가 생각났다. 우리가 그만큼의 나이를 먹었을 때, 88년 올림픽의 찬가가 넘실거릴 때, 친구가 죽었다. 홀어머니가 꾸리는 어려운 살림이라 대학 진학은 접고 일찌감치 배 타고 돈을 벌겠다는, 무심한 듯 살가운 친구였다. 그렇게 시작한 첫 항해길에, 필리핀 어디선가 배는 침몰하고 그는 실종되었다. 바다에서 실종은 사망의 유예된 이름일 뿐이다. 살았으리라는 희망을 말하면서 누구도 그 희망을 믿지 않는 시간이 이어졌다.

조문하고 위로하러 친구들이 찾아갔다. 거기서 배가 침몰한 이유를 조금씩 알게 되었다. 만신창이 고철 덩어리 같은 배를 이리저리 기워서 바다로 내보냈다. 선원들의 걱정과 항의는 그저 뱃전을 때리는 파도 소리에 불과했다. 배는 예정된 운명을 맞으러 바다로 나갔다. 울며 붉어진 친구들의 눈은 불타올랐다. 인간이 어찌할 수 없는 바다가 저지른 '횡포'가 아니라, 인간이 인간에게 저지른 '범죄'였기 때문이다. 적어도 우리의 눈에는 그리 보였다. '산업재해'라는 말을 알지 못했거나 그 뜻을 헤아리지 못했던 우리는 몸을 보챘다. 사무실 서류를 뒤지고, 전문가를 만나고, 광목을 끊어다가 플래카드를 내걸었다. 그제야 지역 언론도 움직였고 검찰 수사도 시작되었다.

지리한 싸움이 계속되었다. 손을 내밀어 볼 노동조합과 시민사회단체도 없던 시절이었으니 시간만큼 지쳐갔다. 해양 관련 정부부처의 도움을 기대하고 있었으나 이 또한 난망했다. 몇 달의 공방 끝에 유족들은 정부 관청으로 행진했고, 예정에도 없던 일까지 했다. 모두 관청 안으로 진입했다. 그 끝은 마치 사납게 다가오던 파도가 백사장에서 포말로 사라지는 것과 같았다. 어떤 이는 잡혀가고, 어떤 이는 수배받는 처지가 되었다. 친구 몇몇은 잡혔고, 나는 도망갔다. 선박회사는 서둘러 유족과 합의를 종용했다. 검찰 수사도 유야무야로 끝났다. 모든 것이 신속하게 마무리되었다. 유족이 회사와 보상금에 합의한 뒤, 친구들은 바닷가에서 불콰해진 얼굴로 이미 바다로 나간 친구를 다시 바다로 떠나보냈다. 눈물범벅인 약속과 다짐이 어찌 없었겠는가. 우리 다시는 이렇게 친구를 잃지는 말자.

그리고 30년의 시간이 흘렀다. 더 알고 겪으면서 그 다짐을 벼릴 수 있을 줄 알았지만 세월의 풍화 작용은 집요하고 섬세했다. 기억마저 조금씩 윤색해 가면서 나는 매일 안녕하다. 까맣게 잊고 지내다가 내 발뒤꿈치의 갈라진 상처를 세상의 전부인 양 들여다보고 아파한다. 그러다가 저렇게 까만 옷을 상복처럼 입고 마스크를 쓴 채 거리에 나선 '죽은 친구'의 친구들을 보면서, 나는 수십 년이라는 시간을 단숨에 소멸시키는 친숙함에 화들짝 놀란다. 뒤통수가 서늘해진다. 하지만 차마 뒤돌아보질 못한다. 우리는 무얼 했나.

먼저 내게 물었다. 나는 무얼 했나. 잘못 인쇄된 책처럼 같은 장면이 나올 때마다 글을 쓰긴 했다. 반복이 잦다 보니 많이 썼다. 일하다가 죽은 사람들. 세상에 알려진 죽음, 또 내 주위의 그늘에 숨겨진 죽음, 누구도 알지 못하는 어두운 막장 같은 죽음. 먹고살려면 일해야 한다고 주야장천 외치려면, 최소한 일하다가 죽는 것은 막아야지 덜 뻔뻔한 사회가 아니냐는 뻔한 말도 많이 했다. 하지만 이게 무슨 소용인가. 예전에는 정치적 힘이 없음을 탓했는데, 그런 힘이 좀 생겼다는 지난 몇 년에도 산업재해 숫자는 꼼짝하질 않았다. 산재사망자가 외려 늘어난 해도 있었다. 나의 글은 몇몇 읽는 이에게 '따뜻한 사람'이라는 지독한 착각만 남겼고, 나는 잠시 자위하다가 별것 없이 아웅거리는 일상으로 돌아갔다. 거리에 나선 적도, 멱살을 잡은 적도, 이도 저도 못해서 돌멩이 하나 거칠게 차본 적도 없다.

　그래도 좋아지지 않았냐고 물어보았다. 옆에서 목소리를 높이며 도와주는 사람이나 단체도 많이 늘었고, 정부도 예전보다 신속하고 체계적이다. 언론도 민감해졌다. 산업재해 숫자도 '추세적으로' 줄긴 했다. 하지만 필요한 만큼, 할 수 있는 만큼 했느냐고 물으면 답은 궁색하다. 거대한 댐에 겨우 조그만 구멍 하나 내고 담수량이 점차 줄어든다고 환호하는 것과 별반 다르지 않다. 줄지만, 더디고도 더디다. 게다가 이런 '개선'의 착시 현상도 만만치 않다. 법과 제도가 바뀌는 것은 좋으나 그 혜택이 일부에게 집중되고 그 이면의 그늘이 깊어지고 있기 때문이다. 비정규직, 하청노동자는 계약 형태만을 지칭하는 말은 아니다. 일하고 죽을 확률을 결정하는 '엇갈린 운명'을 나누기도 한다. 그러니 이만큼이라도 바꾸었으니 인정해 달라고 말하지 말자. 이제는 유력 정치인들이 조문하고 유족 얘기를 듣고 위로하지 않느냐고 하지 말자. 보탠 것 없는 처지이지만 내가 민망하다. 그런 것만으로 일터의 현실이 바뀌지 않는다는 건 다들 안다.

　더 할 수 있는 게 없다고 한다. 기업과 정부가 아무리 애써도 노동자가 안전수칙을 지키지 않으면 소용없다는 것이고, 더러는 안전사고가 대부분 개인 부주의 때문이라고 한다. 이런 것까지 기업이 책임지라고 해서는 안 된다는 주장도 있다. 개인 잘못으로 생긴 사고가 없을 수는 없겠지만, 유독 한국에서 이런 개인책임론의 목소리가 높다. 생산의 의무는 강조하면서 비용과 위험은 노동계약의 바깥에 두려는 경향이 여전하다. 개별적 산업안전 위험을 체계적으로 줄이는 것이 기업 안전책임의 핵심 사항인데, 사고가 날 때마다 손가락은 서둘러 노동자 개인을 향한다. 나는 아직도 기억한다. 내 친구의 죽음을 두고 선박회사 임원 한 명은 "젊어서 모르겠지만 이게 다 제 팔자"라고 했다. 30년이 지나 더 이상 젊지도 않은데, 나는 아직 이 말을 이해하지 못한다. 그래도 '팔자'의 위력은 지금도 건재하다.

내 친구들은 추석이 되면 선원탑을 찾는다. 바다에 묻은 친구를 찾을 곳이 달리 없기 때문이다. 멀리 살고 있다는 핑계로 거길 가보지 못한 지 오래되었다. 지금은 시간이 날까 두렵다. 소주 한잔 올리고 인사 올릴 엄두가 안 난다. 그동안 넌 무얼 했느냐. 내가 죽고 아이들이 태어나고 자라서 일터로 향해 가는데, 너는 그 젊은이들이 친구를 잃지 않게 하기 위해 무얼 했느냐. 답은 겉돌고 바람만 파도를 거세게 올려붙일 것만 같아서, 나는 맴돌고 맴돈다.

2부

100년의 거친 꿈:
당당한 노동

무엇보다 살아남아야 하지만 그렇다고 생존이 노동의 최종 목표일 수는 없다. 세상은 살아남은 노동이 끊임없이 고개 숙이게 하기 때문이다. 먼지 자욱한 공장 복도에서, 매끈하게 걸레질한 사무실 바닥에서, 불빛 찬란하게 빛나는 매장 구석에서, 우리는 매일같이 정수리 훤히 드러내며 고개 조아린 사람들을 본다. 본디 내 것인 것을 달라고 할 때도 머리를 숙이고, 내 잘못이 아닌 것에도 머리를 숙인다.

　살아서 일하는 노동은 당당해야 한다. 숨이 차오르거나 고개와 무릎이 꺾일 정도로 힘들면 당당하게 쉬고, 일하고 나면 정당한 몫을 시간 맞춰 달라고 당당하게 요구하고, 화장실에 갈 때도 허리를 펴고 당당하게 다녀오며, 몸의 생김새를 빌미로 차별하는 자에게 당당하게 따지는 노동. 일터의 고통이 모두 네 탓이며 네 게으름 탓이라고 천연덕스럽게 말하는 자들에게 주눅 들지 말고 당당히 그들의 탓으로 되돌려주는 노동. 현란하게 변하는 첨단기술에 끌려다니지 않고 기술이 인간에게 헌신하게 만드는 노동. 또 혼자 힘으로 당당하기 힘들 때 동료들과 함께 힘을 모아 같이 맞서고 앞길을 열어가는 노동. 그런 당당한 노동.

　100년 전 8시간 노동, 최저임금, 차별 없는 노동을 내세우면서 국제노동기구ILO가 만들어졌다. 꿈은 원대했고 간절했다. 그 이후로 이런 '당당한 노동'은 누구에게는 현실이 되고 아주 수많은 누구에게는 여전히 꿈으로 남아 있다. 두어 발짝 나가면 금세 떠밀려 한발 물러서는 일이 다반사이지만, 그때마다 포기하지 않고 일어서는 사람들이 있어 뚜벅뚜벅 걸어왔다. 100년의 '거친 꿈'은 더디지만 나아가는 '길'이다.

노동권,
그 100년의 거친 꿈

제1차 세계대전이 끝나고 단풍이 평화롭게 짙어가던 1919년 늦가을 워싱턴, 루스벨트 해군 차관은 급한 호출을 받는다. 국제회의가 곧 열리는데 회의 준비가 마무리되지 않았으니 해군이 나서서 도와달라는 것이었다. 다급했던지라 자초지종도 묻지 못하고 서둘러 도왔다. 거기서 그는 기이한 것을 보았다. 정부 대표 옆에 노동자와 사용자 대표가 나란히 앉아 노동권 보장에 대해 논의하고 있었기 때문이다. 그가 본 것은 바로 ILO의 첫 총회였다. "1일 8시간, 주 48시간 노동"으로 알려진 ILO의 제1호 협약이 여기서 탄생했다.

약 20년 뒤, 루스벨트는 대통령이 되어 ILO 총회를 찾아 기조연설을 한다. 그는 그때의 장면이 많은 이들에게 "거친 꿈 wild dream"이었다고 술회하면서, 이제 어엿한 청년이 된 기구를 축하했다. 내친김에 그는 아내 엘리너와 함께 필라델피아 선언

(1944년)을 주도했다. "노동은 상품이 아니다"라는 구절로 유명한 선언문이다. 이 짧은 선언적 문장은 화두이자 영감이고 힘이었다. 결사의 자유, 단결권, 단체협상권을 보장하는 국제노동기준들(87호와 98호)이 연이어 채택되었다. "취직하면 제일 먼저 하고 싶은 것이 노조 가입"이라던 루스벨트는 이런 '꿈같은' 현실을 보지 못하고 세상을 떠났다.

ILO의 모토는 "평화를 갈구한다면 정의를 가꾸어라"다. 세상만사가 일터와 불가분으로 연결되어 있고, 안팎으로 들이미는 총구를 막으려면 좋은 일자리를 만들고 일터의 정의를 키우는 것이 우선이라는 믿음이다. 믿음이란 때로 연약한 갈대 같다는 점을 알아차린 ILO 창설자들은 이 모토를 탄탄한 돌에 새겨 건물 밑에 부적처럼 넣어두었다.

제2차 세계대전 이후에 신생 독립국이 민주주의와 개발의 길을 모색할 때, ILO는 '노동기본권 보장'이라는 민주주의와 '고용을 통한 빈곤 타파'와 '분배를 통한 성장'이라는 개발전략을 내세웠다. 노동 소득 상승, 누진세, 토지개혁, 독점 규제 없이는 지속적인 고용 창출과 빈곤 축소가 불가능하다고 판단했다. 그 공을 인정받아 1969년에 노벨평화상을 받았다. 창립 50주년에 받은 큰 선물이었다.

큰 선물 뒤에는 큰 시련이 뒤따랐다. 특히 1980년대 들어 보수정치가 득세하면서 삼자주의와 국제노동기준에 대한 도전이 커졌다. 협애한 경제적 편익 분석의 잣대를 노동보호정책에 적용하려 했고, 노동기본권도 그 칼날을 피해가지 못했다. 사회주의권의 몰락도 한몫했다. ILO를 냉전시대의 자본주의적 안전판으로 보았던 시각에서는 '국제노동기준이 없는 자본주의'가 가능해 보였다. 바야흐로 일터의 정의가 '주판알'로 대체되는 듯했다.

대응 전략은 쉽지 않았다. 오랜 논란 끝에 가장 기본적인 것부터 지켜내자는 전략이 정해졌다. 200여 개에 이르는 국제협약 중에 핵심적인 8가지만 추려내었다. 정치 상황이 어떻든, 적어도 민주주의 사회에서 받아들여져야 할 것만 모았다. 이것이 1990년대 후반에 지정된 ILO 핵심협약이다. 아동 노동과 강제노동의 금지. 각종 차별의 금지. 그리고 결사의 자유와 단체협상권 보장. 핵심협약은 모든 회원국이 비준해야 하는 보편적 비준대상이다. '숙제'를 줄였으니 모두 빼먹지 말고 해오자는 다짐이었다.

성과는 적지 않았다. 경제협력개발기구OECD, 세계은행, 국제통화기금IMF을 비롯한 국제기구들이 핵심협약을 수용했다. 80퍼센트에 가까운 나라들은 핵심협약을 모두 비준했다. 한국은 최근에야 이런 국제적 흐름에 참여했다. 노사정이 모두 참여하는 ILO '결사의 자유 위원회'에서 한국 정부에 관련 권고안을 수없이 내고 한국 정부도 국제사회에 이런저런 약속을 한 뒤에도 오래 미적거렸다. 이제 '약속된' 꿈을 현실로 만드는 일이 남았으나 이 또한 쉽지 않다.

한국 노동권의 시간은 중층적이다. 노동권 보장이 남부럽지 않은 노조도 있고, 억울한 일에 목소리를 합쳐 따져보는 것마저도 꿈같은 사람들도 도처에 있다. 정부와 경영계도 대기업 노조의 힘에 볼멘소리를 하면서 비정규직을 더 챙겨야 한다고 한다. 하지만 비정규직의 사정을 살피는 첫걸음으로 그들에게 목소리를 주는 데는 아직까지 모른 척이다.

그래서 100년이 지나도 노동권은 많은 이에게 "거친 꿈"이다. 그렇다고 포기할 수는 없는 꿈이다. 루스벨트는 오늘도 서울 거리에서 서성거린다.

8시간 노동의
험난한 여정

'하루 8시간 노동'은 오래된 꿈이다. 세상이 꿈꾼 지는 오래 되었으나 많은 이들에게는 여전히 꿈이다. 이런 꿈같은 얘기를 처음 꺼낸 사람은 몽상가나 신기루를 찾는 혁명가가 아니었다. 노동운동에서 나온 것도 아니었다. 로버트 오언^{Robert Owen}이라 는 스코틀랜드의 방직 공장 사장이었다.

불과 10살의 나이에 오언은 현존하는 모든 신학은 오류라 는 다소 조숙한 결론을 내리고 세속의 공장에서 일을 배웠다. 배운 것으로 공장을 세우고, 수천 명의 노동자를 고용했다. 때 로는 16시간이 넘는 장시간 노동이 비인간적이고 비생산적이라 는 점을 깨닫고 남이 뭐라든 개의치 않고 노동시간을 대폭 줄였 다. 그래도 생산성이 줄지 않았다. 다른 공장들도 함께 참여하기 를 기대했지만, 곧장 포기하고 입법 운동에 매진했다. 처음에는 10시간을 주장하다가 "하루 8시간 일하고, 8시간 놀고, 8시간

쉬기"로 업그레이드했다. 1817년의 일이었다. 그를 기업들은 '철부지'라 했고 혁명가들은 '공상가'라 했지만, 오언의 '8시간 노동'만큼 세상이 구체적으로 꿈을 꾸게 한 슬로건은 드물다.

21세기에는 방직 공장 자리에 정보기술IT 회사들이 들어섰다. 밤낮으로 일해 세운 회사에서 '중단 없는 열정'을 요구하는 젊은 사장들도 있지만, 21세기의 오언도 있다. 실리콘밸리에서는 6시간으로 줄이자는 얘기가 끊임없이 나온다. 리처드 브랜슨Richard Branson은 오언의 8시간 노동을 넘어서 일주일에 3~4일 정도만 일하자고 제안했다. 오언에게 방직기계가 있었듯이, 21세기에는 이를 뛰어넘는 디지털 기술이 있다는 것이다. 너스레를 떠는 것이 아니라 경제적으로 합리적임을 강조한 것이다.

틈만 나면 노동시간 단축의 역사를 되돌려 보려는 사람들이 많다. 8시간 노동의 봄이 유독 더디게 오는 한국의 정치인들은 종종 말한다. 노동시간 규제는 "국민에게는 마음껏 일할 자유"를 빼앗는 행위이며, "이제 국가가 일방적으로 정해주는 '기준'의 시대에서 경제 주체가 자율적으로 맺는 '계약'의 시대로 가야 한다"고 했다. 이른바 "노동자유계약법"의 시대. 8시간 노동이 '다가오는 꿈'이 아니라 아예 '잘못된 꿈'이라는 것이다. 몇 년 전에는 4차 산업혁명을 고민한다는 위원회에서 주 52시간 초과 근로 금지 제도가 "개인의 일할 권리를 막"고 혁신을 저해한다고 했다. 똑같은 4차 산업혁명일진대, 태평양 건너 저쪽에서는 '장시간 노동'이 혁신을 막는다고 하고, 이 나라에서는 그것의 부재가 혁신을 해친다고 한다. 이제는 정부가 아예 장시간 노동을 장려하는 법까지 만들겠다고 나섰다.

"일할 권리"는 대체 무엇인가. 노동권이란 통상 나라가 국민에게 일자리를 제공하거나 관련 직업 능력을 획득하도록 도와주어야 함을 의미한다. 미국에서는 기이하게도 일할 권리가 노조활동을 제한하려는 것이지만, 일반적으로는 실업의 위협에서 국민을 보호하기 위함이다. 장시간 노동이라는 해괴한 권리를 의미하지 않는다. 스타트업 업계에서는 직원들이 원해서 한다는데 자칫 사장이 보고 싶어 하는 현실이기 쉽고, 그것이 바로 노동시간 규제의 이유이기도 하다.

4차 산업혁명의 다른 현장은 여전히 18세기 방직 공장이다. 디지털 플랫폼으로 무장한 배달업체에서 일하는 청년들은 하루 12시간씩 일주일에 하루 쉬고 6일 일한다. 월 200만 원도 벌지 못하는 경우가 허다하지만 그들은 '사장'이라 불린다. 오늘날의 일할 권리는 너무 편의적이다. 일자리가 필요할 때는 주지 않고, 일자리를 얻으면 내가 원하는 만큼 일할 수가 없다. 그래서 오언은 인간에게 진정한 자유를 보장하기 위해 필요한 것이 '8시간 노동'이라고 했다.

공장 사장을 해봤던 오언은 일찌감치 '자유계약'의 환상을 버렸다. 기업과 노동 간에 힘의 불균형이 있는 한 자유계약이 없음을 알았다. 기업의 자발적 규제가 가진 한계도 진즉 알고, 국가가 정해주는 기준인 근로기준법을 도입하려 발버둥쳤다. '일

방적인' 환상이 아니라 가장 현실적인 '꿈'이었기 때문이었다. 백
번 양보해서 자유계약이 가능하다면, 모든 노동자들이 자유롭
게 조직하고 협상하도록 돕는 것이 우선이다. 그가 노동조합과
협동조합 운동에 열정적인 이유였다. 하지만 자유계약의 주창자
들은 노동자의 '자유' 실현에 무관심하다.

"나의 삶은 쓸모없지 않았다. 다만 내 시대를 앞서갔을 뿐이
다." 오언이 죽기 전에 남긴 말이다. 200년이 지나도 그는 여전히
시대를 앞서 있다. 그것이 그의 위대함이고, 우리 시대의 참담함
이다.

게으름 탓이라는
강고한 신화

햇살이 제법 따뜻해지니 마음이 게을러진다. 박지원의 《연암집》을 꺼내 읽는다.[6] 연암은 느지막한 나이에 지방관직을 받았다. 행정가로서도 변함없이 활달하고 명쾌했다. 사람들 간의 시비를 웃으면서 잘 따져주었는데, 자신을 "소소笑笑 선생"으로 불러달라 했다. 하지만 그가 낙천적이라고 해서 흉년과 가난이 그의 마을을 피해가지는 않았다. 그는 나라에서 관장하는 지원책은 복잡하고 효과가 없다면서 사양하고, 제 녹봉을 털어가며 구휼에 나섰다.

그러던 중 연암은 잠시 들른 다른 마을에서 큰 문 앞에 선 수천 명이 곧 숨이라도 넘어갈 듯이 죽 한 그릇을 기다리고 있는 모습을 보았다. 배식마저 늦어져 아우성이었다. 어쩌다 교졸 하나가 나오면 제 코를 친 뒤 "아전이 주린 백성을 친다"고 자해극까지 펼치는 이도 있었다. 문이 열리자 모두 죽이 담긴 솥이 있는 '진창'으로 달려들었다. 아수라장이었으나, 없는 자들이 당연히 겪어야 할 일로 내버려 두었다. '엉망진창'이라는 자조적인 말, '국물도 없다'는 살벌한 말, '둘이 먹다가 하나 죽어도 모른다'는 상찬의 말도 실은 이런 상황에서 유래했다고 한다.

연암은 그 마을의 현감에게 항의했다. "한 사발 국물에도 염치를 차리는 법"이라면서 어찌하여 백성들을 저렇게 내버려 두냐고 따진다. 가난이 그들의 잘못도 아니며, 가난을 구제하는 데도 "예의"가 있어야 한다는 것이다. 최소한의 조치로서 성별과 나이를 살펴서 사람들 간의 순서를 만들어 주라고 요구한다. 궁핍한 사람들도 '그냥 밥'이 아니라 '인간의 밥'을 받을 자격이 있다는 뜻이고, 사람을 돕는 데도 예의가 있다는 선언이었다. 18세기 말 조선에 있었던 일이다.

같은 시기, 저 멀리 영국에서도 빈곤 문제가 심각했다.[7] 조선보다 잘살았지만 빈곤의 규모는 만만치 않았다. 더 힘든 것은 정책 반대자와의 싸움이었다. 가난한 자를 도우면 '먹을 입'만 더 늘릴 뿐이라는 맬서스적인 힐난도 있었고, 어느 농학자는 "인류애"적 관점에서 그런 사람들을 전쟁에 내보내야 한다고 했다. 이런 섬뜩한 생각은 급기야 배고픔의 '유용성'론으로 비약했다. 임금이 오르면 게을러진다는 버나드 맨더빌의 《꿀벌의 우화》에 기대어서, 빈곤은 노동 의지를 높이는 만큼 개인과 사회 모두에게 유용하다는 논리였다.

이쯤 되니 빈곤층의 태도마저 시빗거리가 되었다. "간곡히

호의를 청해도 시원찮을 마당에 이를 권리로 본다"면서 미진한 최저생계 보조 대책에도 딴지를 걸기 시작했다. 배를 곯아봐야 일을 한다는 선언이자, 영화 〈부당거래〉의 명대사 "호의가 계속되면 그게 권리인 줄 안다"의 기원이겠다(이 말은 부패한 검사가 경찰의 엄연한 권리를 '호의'로 포장하는 교묘한 발언이었다).

시간이 흘러도 게으름의 신화는 여전히 강고하다. 저소득층을 도울 요량으로 소득지원책을 내면 그 내용을 살필 틈도 없이 '돈을 주면 더 게을러진다'는 주홍글씨 주장이 쏟아진다. 또 그런 얘기만 듣다 보면 열심히 벌어 세금 내는 '부지런한' 사람의 심사가 틀어지고, 나랏돈이 내 주머닛돈처럼 아까워지는 것이 당연지사다.

사실은 그게 아니라고 해도 소용없다. 빈곤 연구로 유명한 아비지트 배너지Abhijit Banerjee 연구팀이 최근에 소득 지원이 저소득층의 노동 의욕을 줄이는지를 분석했는데,[8] 결론은 한마디로 "게으른 복지수급자라는 고정관념에서 벗어나라"였다. '돈을 술값과 담뱃값으로 다 썼다'는 단골 메뉴도 사실무근이었으며, 오히려 빈곤 퇴치와 불평등 축소에 도움이 되었다고 한다. 세계적인 빈곤 문제 전문가 마틴 라발리온Martin Ravallion 교수가 2018년 내놓은 연구 결과도 마찬가지였다.[9] 그래도 오늘의 언론과 정치는 99명을 제쳐두고 1명의 '일탈' 사례만 들여다본다.

게다가 우리는 '실패한 게으름'에는 가혹하지만 '성공한 게으름'에는 얼마나 관대한가. 운이나 권세 덕분에 자신의 재능과 노력 이상으로 벌고도 몇백 억 세금을 빼돌린 사람은 모른 척하다가도, 없는 사람의 몇만 원에는 서릿발 치는 눈빛을 보낸다. 연암이 "흉년만 만났다 하면 자기 생계만 도모하는 자들이 어찌 그리 많은가" 하면서 개탄했는데, 이 또한 참 변하지 않는다.

경제가 나빠지고 저소득층의 상황이 좋지 않으면 각종 지원책이 쏟아지기 마련이다. 정책 내용을 꼼꼼히 따져 내놓은 것은 반가운 일이지만, 거기에 철 지난 태도론과 훈계를 덧붙이지 않길 바란다. 혹 그런 일이 생기면 여기저기서 연암처럼 노여운 목소리를 보태야 한다. 저 봄 햇살만큼 연암이 그립다.

나는 되고
너는 아니 된다?

　신의 힘보다는 이성의 힘을 믿었던 당대의 천재 버트런드 러셀Bertrand Russell은 제2차 세계대전 중에 '지적 쓰레기'에 대해 쓴 적이 있다. 그 시작은 이렇다. "인간은 이성적 동물이다. 적어도 나는 그렇다고 들었다. 나는 오랫동안 이 말의 증거를 부지런히 찾고자 했다. … 하지만 내가 본 것은 끊임없이 추락하는 광기의 세상이었다."[10] 곧이어 그는 지식이라는 허울 속에서 펼쳐지는 어리석음의 향연을 꼼꼼하게 고발했다.

　몇 년 전의 일이다. 미국 의회가 멕시코 국경 장벽을 짓는 돈을 주지 않자 그 나라의 지도자는 정부 폐쇄를 선언하고 골프를 치러 가버렸다. 진짜배기 나랏일을 하던 노동자들은 졸지에 일시 해고 상태에 놓였다. 생계의 어려움을 호소하는 목소리가 커졌다. 그때 핵심 부처의 장관이 돕는답시고 한마디 거들었다. "어려운 건 안다. 하지만 솔직히 이해하진 못하겠다. 앞으로 나올 월급을 담보로 은행에서 대출받으면 될 것 아닌가." 그의 재산은 30억 달러에 달한다. 미국 국민의 40퍼센트는 400달러의 급전도 조달하지 못할 정도로 아슬하게 산다.

대서양 반대편에 있는 어느 나라의 총리는 이민자들이 싫다. 몰래 들어오기도 하고 기업의 필요에 따라 오기도 하는데, 이유야 어떻든 간에 무슬림이 문제란다. 이런 '당당한 증오'가 그의 정치적 자산이다. 그가 내세운 대책은 인구를 늘려 이민자가 필요 없게 하는 것인데, 이를 위해 4명 이상의 자녀를 낳는 여성에게 소득세를 영구 면제하는 '획기적인' 정책을 내놓았다. 1920년대 중반 이탈리아의 무솔리니는 여성들의 출산 전쟁을 독려하면서 각종 지원책을 약속한 적이 있다. 자녀가 10명 이상인 가족에 대한 소득세 영구 면제도 포함되었다. 소득세 면세점이 자녀 10명에서 4명으로 줄어든 것이 지난 100년의 성과다.

당당한 어리석음은 부끄러움을 모른다. 나라 경제를 늘 걱정하며 임금협상이나 최저임금을 거칠게 비판했던 어느 일등 신문사의 노조는 "현재 임금으로는 취재 전념 불가"하다며 투쟁을 선언했다. 저쪽의 임금 인상은 나라를 망치고, 이쪽의 임금 인상은 생산력 향상의 불쏘시개라는 것이다. '막돼먹은 노동'과 '신성한 노동'의 구분은 여전하다. 어느 일등 대학은 노동자 파업으로 도서관의 난방이 중지되자 학생의 학습권을 주장했다. 일등 학생의 학습은 쉽사리 신성한 권리가 되고, 평범한 노동의 권리는 사회의 거추장스러운 부속물이 된다.

이런 세상 구분법 속에서 노동의 단체행동은 사시나무 떨듯 분노할 일이지만, 기업의 단체행동은 관용의 대상이다. 몰래 뭉치고 담합하고 법을 뒤틀고 시장지배력을 높여도 세상은 고요하다. 괜한 꼬투리 잡았다가 곤란해지는 걸 두려워하는데, 그 곤란함은 종종 "경제성장"과 "고용"이라는 이성적 논리로 포장된다. "노동자들의 단합에 관해서는 자주 듣게 되지만 고용주들의 연합에 관해서는 거의 듣지 못한다"고 하는데 "그 이유는 이 연합이… 평소의, 그리고 아주 자연스러운 상태이기 때문이다".[11] 경제학의 아버지 애덤 스미스가 《국부론》에서 한 말이다. 시장경제에는 또 다른 "보이지 않는 손"이 있다.

삼라만상을 알고 가르쳤던 아리스토텔레스는 여성의 치아 개수가 남자보다 적다고 했다. 이를 두고 후에 버트런드 러셀은 '이따금 한 번씩 아내가 입을 열게 허용했다면, 이런 실수를 저지르지 않았을 것'이라며 분노했다. 결혼도 두 번이나 한 아리스토텔레스가 아닌가. 그 이후로도 세상은 더디게만 바뀐다. 말할 힘을 가진 자가 말하기 전에 '저쪽의 사정'을 한 번 물어만 봐달라는 초조한 바람만 커진다.

화장실의
불평등

따지고 보면 화장실만큼 평등한 곳도 없다. 생리현상은 높낮이가 없는 일이니 이를 해결하러 가는 길은 만인에게 공평하다. 금방 멱살을 잡고 다툰 상대라도 화장실 가는 길은 내어준다. 수만 명을 호령하는 장군도 지휘봉을 내려놓고 바지를 내려야 하는 곳이다. 내가 그곳에 있다고 해서 다른 이들을 물리칠 수 없는 공간이다.

수년 전 몸소 확인한 적도 있다. 긴박한 국제회의에서 '자연의 부름'을 더는 외면하지 못하고 화장실로 내달린 뒤 마침내 안도의 한숨을 쉬고 있을 때, 내 옆에 유엔 사무총장이 서 있었다. 은밀한 곳이니 세세하게 밝힐 수는 없으나, 단언컨대 우리가 사용한 하얀색 변기와 우리의 엉거주춤한 사용 자세에는 어떠한 차별도 허용치 않는 '순수한' 평등뿐이었다. 그리고 화장실 접근권은 위생권의 일부로서 유엔이 인정한 보편적 권리다. 그가 직접 의사봉을 두들겨 국제적으로 확보한 권리다.

하지만 세상의 '보편적' 권리라고 하는 것이 현실에서는 보편적이지 않은 경우가 많다. 힘 좋은 이들은 한껏 누리고, 조금 궁색한 처지에 있는 이들은 사투를 벌여야 한다. 태어나면서 얻는 권리라는데, 수십 년을 살고도 알지 못하고 얻지 못한다. '태생적 평등주의'를 지향하는 화장실도 예외 없다. 우리의 화장실 풍경이 특히 그랬다.

화장실로 가는 길은 여전히 끊겨 있다. 2010년대 초반이었지 싶다. 연이어 산업재해 사망사고가 난 평택 삼성전자 건설 현장에서는 새벽 5시부터 밤 10시까지 작업이 이어진다. 무려 1만 5,000명이 잠자는 시간을 빼고는 밤낮없이 일하는 곳이다. 일을 전투처럼 하는 곳에 또 다른 전투가 벌어지는 곳이 있는데, 다름 아닌 화장실이다. 청결 문제는 제쳐두고 무엇보다 그 수가 태부족이다. 휴식시간에 사람이 몰리면 20~30분을 기다려야 한다. 하지만 회사는 시설을 늘릴 생각은 않고 화장실 벽에 "3분 이상 적발 시 XX"라고 적어두었다.

어떤 이에게 화장실은 노동 현장이자 휴식 공간이다. 김포공항 비정규직 청소노동자들은 매일 11시간 동안 변기와 바닥을 닦아낸다. 쉴 수 있는 시간은 1시간 남짓이다. 휴식은 노동 현장에서 잠시 벗어난다는 것을 의미하지만 그들이 쉴 수 있는 곳은 화장실 내부의 물품 보관 칸이다. 남들이 장을 비워내는 곳에서 그들은 간단한 먹거리로 장을 채운다. 노동자들이 정규직을 요구하는 투쟁에 나서자 사측은 이 '휴식 공간'을 비워달라고 했다. 물품 보관이라는 원래 목적에 맞게 사용해야 한다는 게 이유였다.

화장실은 때로 협박 수단이다. 현대식 화장실을 구비한 대기업의 어느 계열사는 젊은 직원이 희망퇴직을 '희망'하지 않자 화장실에 못 가게 했다. 그 직원이 견디지 못하고 화장실에 가면 경고장이 즉각 발부되었다. 인간이 어찌할 수 없는 영역의 일을 볼모 삼아 극강의 모욕감을 심어주고자 함이다. 생리적 문제도 감당 못 하는 처지이니 알아서 포기하라는 뜻이다. 논란이 일자 그 기업은 화장실 사용을 '허가제'로 바꾸었다. '허가된' 오줌보는 '금지된' 오줌보보다 덜 모욕적인가.

이 지경에 이르면 화장실은 보복의 무기가 된다. 어느 제약회사는 직원을 해고했다가 부당해고 판정을 받았다. 그 직원이 복귀하자 그에게 유치찬란한 보복을 한다. 그 핵심은 '화장실 보복'이다. 출입구에서 혼자 벽을 보며 '벽면 수행'을 할 수 있는 곳에 책상을 배치하고, 거기서 멀지 않은 곳에 있는 화장실에 갈 때는 반드시 보고 및 허가 절차를 거치도록 했다.

물 건너에서 온 노동자의 처지는 더 궁박하다. 한국 농장에 일하러 온 외국인 노동자들은 비닐하우스에 산다. 따뜻한 물도 나오지 않고 화장실은 물론 없다. 불편을 호소하는 이들에게 고용주는 단지 강 주변을 손짓으로 가리킬 뿐이다. 안산 반월·시화공단에서도 화장실 통제가 빈번하여 노동자들이 느끼는 모욕감이 심각하다. 일부는 그런 모욕감을 피하려고 아예 물을 마시지 않는다고 한다. 육체적 건강을 포기하더라도 인간의 자존심은 지키겠다는 것이다.

일터 밖의 화장실 풍경도 을씨년스럽다. 남녀에게 같이 열려 있는 공동화장실에서 여성은 긴장해야 한다. 화장실은 육신의 배설뿐만 아니라 때로는 온갖 욕망, 편견 그리고 폭력을 쏟아내는 곳이다. 생각해 보니 학창 시절 힘깨나 쓰는 이들에 끌려가는 곳도 화장실이었고, 그걸 보고도 아무 소리 못 하고 조용히 볼일만 보고 나오는 비겁의 공간도 화장실이었다.

따라서 여차하면 힘과 권력이 문을 박차고 들어올 수 있는 곳이 화장실이다. 국가권력을 가장 일관된 방식으로 사유화한 어느 대통령은 화장실도 사유화했다. 천하고 무식한 '개·돼지' 같은 이들과 어찌 변기를 같이 나눌 것인가. 그래서 그녀는 '온전히 나의 것'인 침대와 화장실이 있는 관저에서 나오질 않았다. 대통령 직위를 유지하기 위해서, 또는 사익 추구를 위해 불가피하게 바깥으로 나가야 할 때면 방문 장소의 공동화장실 변기를 통째로 바꾸었다. 번듯한 시장실 변기도 뜯어냈고, 병사들이 그녀를 위해 팔목이 부서져라 닦았을 변기도 간단히 교체되었다. '화장실은 나만의 것'이라는 원칙에 충실하기 위해 그녀는 간단하게 정상회담장을 떠나는 기개를 보였다.

가장 평등해야 할 곳에서 그렇지 못할 때 그 사회는 근본적으로 불평등하다. 화장실에 갈 자유를 달라고 외치는 사람이 많

을수록 그 나라는 더 불평등하다. 화장실 차별은 적나라하면서
도 근본적이다.[12]

임금체불 사건

2~3년 전의 일이다. 2월의 추위가 기세를 더하던 어느 날에 문자가 왔다. 덩치는 곰만 하면서 엉뚱하기도 한 매부다. 사는 일이 뜻 같지 않아서 오래전부터 조선소나 건설 현장에서 일한다. 때로는 사람을 데리고, 때로는 혼자서 일하러 다닌다. 여동생을 생각하면 심란하고, 이제 곰 발바닥이 되어버린 그의 손을 보면 짠하다.

살갑게 연락하며 지내지는 않으니 그의 문자는 반갑고도 걱정스럽다. 내용도 지레짐작해 보는데 대개는 얼추 맞다. 이번에도 그랬다. 올겨울 내내 일하고도 돈을 못 받았다. 돈 받을 길도 막막하다고 한다. 처음 있는 일이 아니라서 나는 놀라지 않고 한숨부터 쉬었다.

노동법이나 경제학은 고용계약을 복잡하게 설명하지만 실상 그리 복잡하지도 않다. 남의 일을 해주고 먹고살아야 하는 사람들이 일한 만큼 그리고 먹고살 만큼 받고 일하기로 약속한 것이다. 이런 약속이 '계약'이 되려면 몇 가지 전제가 필요하다. 우선 먹고살려고 계약을 한 것이니 살아남아야 한다. 일하다 죽지 말아야 한다. 그리고 살아남았으면 약속한 돈을 받아야 한다. 이 두 가지도 갖추어 주지 못하면서 고용계약의 '자유'를 외치거나 노동의 '신성함'을 말해서는 안 된다. '노동 존중'을 말해서도 안 된다.

도움을 구하는 매부의 문자를 받고 나는 위로의 말도 생략하고 고용노동청에 연락해 봤냐고 물었다. 아직 안 했다고 한다. 회사가 설날 전에 약속한 것이 있어서 기다렸단다. 나는 왜 진작 하지 않았냐고 짜증부터 낸다. 매부는 지난번 임금체불 문제를 고용노동청을 통해 그럭저럭 해결했다. 어느새 나는 체불한 회사가 아니라 여전히 '순진한' 매부를 탓하고 있었다. 명절만 되면 '임금체불로 쓸쓸한 노동자들'이라는 감성 보도를 쏟아내면서도 정작 이 문제를 한 번도 다루지 않는 언론을 그토록 경멸했건만, 나의 처지도 그다지 다르지 않다.

그동안 공약도 많고 약속도 많았다. "체불임금 제로" 시대를 열겠다는 포부도 있었다. 매부에게 도움이 될 만한 것들도 생기지 않았을까. 그래서 찾아봤다. 버릇처럼 통계부터 살폈다. 마침 참여연대에서 분석해 둔 것이 있었다. 임금체불이 줄어들었을 것이라는 막연한 기대는 민망할 정도로 '막연'했다. 임금체불 노동자는 계속 증가해서 연간 60만 명을 향하고 있었다. 액수는

2018년 기준으로 1조 7,000억 원이다. 물론 이 숫자는 정부가 근로감독이나 신고 등으로 인지하고 있는 것에 국한된 것이다. 소리 지르고 울고 멱살 잡으면서 임금을 겨우 받아낸 사람들은 이 간단한 숫자에 포함되지 않는다. 임금 떼이고 '재수 없는 셈' 치고 돌아선 사람들은 또 어떤가. 어느 온라인 설문조사 결과를 보니, 직장인의 반절 이상이 임금체불을 겪었고, 그중 30퍼센트 정도는 아무 대응도 하지 못했다. "체불임금 제로"는커녕 체불임금이 판치는 세상인 것이다.

알바생만의 얘기도 아니다. 임금체불 노동자의 60퍼센트 정도가 건설업과 제조업에서 일한다. 대부분 부양할 가족이 있다. 얼추 계산해 보니, 평균 체불임금 액수가 300~500만 원 정도였다. 1,000만 원을 넘는 경우도 허다했다. 변변치 않고 불규칙한 벌이를 생각해 보면 적지 않은 돈이다. 임금체불이 한 가족을 순식간에 위태롭게 할 수 있다는 뜻이다.

임금체불 사건의 80퍼센트 이상이 30인 이하 기업에서 일어난다. 역시 큰 문제는 하도급이다. 사슬처럼 얽혀 누구도 책임지지 않는 약탈적인 하도급은 목숨을 보장하지 않고 월급도 제대로 챙겨주질 않는다. 원청은 돈을 줬다고 하는데, 하청기업의 노동자는 그 돈을 받지 못한다. 그래서 하소연하면 하청은 원청에 가보라 하고, 원청은 하청에 가보라 한다. 그래서 근로감독관을 찾고 노동청에 진정도 해보지만 빨리 합의하라는 얘기만 듣기 일쑤다. 합의할 수가 없어 찾은 노동자들에게 합의를 종용하니 정부의 힘에 기대는 일을 멀리하게 된다. 얼마 전 행한 조사를 보니, 노무사들은 근로감독의 가장 큰 문제로 '합의 종용'을 꼽았다. 그런데도 나는 매부에게 노동청을 왜 진작 찾아가지 않았냐고 따졌었다.

매부가 다시 문자를 보냈다. 같이 일하다가 임금체불 신세가 된 동료가 자살을 했다. 장례식장에 가는 길이라고 한다. 한 번이라도 임금이 지급되었더라면 목숨을 버릴 상황은 아니었다고 하는 그 문자에는 곰의 눈물 한 방울이 맺혀 있었다. 그 동료는 노동청을 찾아서 도움을 구했다고 한다. 하지만 상담 후에 임금을 받기가 힘들 것 같다고 판단하고 극단적인 선택을 했다. 노동청은 그가 진정하지 않아서 방문기록이 없다고 했다 한다.

그가 세상을 버리고 나니 세상의 일이 드러났다. 그가 일한 곳은 4차 하청업체다. 원청은 유명한 'ㅍ' 건설사로, 불법하청으로 수차례 문제가 되었던 회사다. 어느 시민단체에서는 이 기업을 '최악의 살인기업'으로 선정하기도 했다. 늘 그렇듯이 2차 하청은 3차 하청으로 이어졌는데, 3차 하청기업 대표는 2차 하청업체의 이사였다. 종업원 하나 없는 1인 기업이다. 일할 사람이 없으니 3차 하청은 당연히 4차 하청으로 이어졌다. 그 끝은 '소사장'일 경우가 많다. 사실은 노동자인데 억지로 사업자 등록을 시켜서 이른바 '하도급 계약서'를 작성하게 되니 임금을 받기 힘들고 계약 위반 위협에 시달린다. 원청이 지급했다는 돈은 이 묘연한 하청 사슬에서 절묘하게 사라졌다. 일을 시킬 때는 '갑질',

일값을 치러야 할 때는 '운명공동체'. 하도급 구조는 이렇게 완성된다.

이런저런 보도가 나오고 일부 정당에서 도움을 주기 시작하자 당사자들이 움직였다. 원청 회사는 하청업체 노동자들에게 임금을 직접 지불하는 방식을 도입하겠다고 선언했다. 하도급사에 이미 실시하고 있는 것인데 설비공급계약에도 적용하겠다는 설명도 덧붙였다. 참으로 신속했다. 이렇게 쉬운 일을 왜 그토록 더디게 했는지 의아스러울 정도였다.

매부는 만사를 제쳐두고 유족을 도왔다. 그의 문자도 계속되었다. 주위에서는 법적으로 따져서 끝까지 처벌하자고 했지만, 그는 유족들의 위로금이라도 제대로 챙겨줬으면 좋겠다 했다. 그들의 처지를 아는지라 몇 푼의 귀함도 잘 알기 때문이다. 그리고 끝까지 싸우기가 겁나기도 했단다. 나는 감당할 수 있을 만큼만 싸우라고 했다. 서로 돌봐주지 않는 세상에서 누가 누굴 비난하겠는가. 그리고 한참 지나 위로금 합의가 이뤄졌고, 또 한 번의 임금체불 사건은 순식간에 잊혔다.

"엄마, 나 임금이 안 나와서 문제가 생기면 남은 아이들 좀 부탁해요." 감당할 수 없어서 떠난 체불임금자가 여든을 훌쩍 넘긴 어머니에게 남긴 마지막 말이다. 삶의 끝에 선 그 노모의 마음을 내가 차마 헤아릴 수 없다.

빵과 장미:
이대로 살 순 없지 않나

"내 몸도 그리고 내 심장도 굶주려 가네." 100년 전, 미국 동부의 섬유 공장 노동자들은 공장주들의 짬짜미에 맞서 15퍼센트 임금 인상을 요구하며 파업에 나섰다. 공장주가 정부의 노동시간 제한조치에 임금 삭감으로 대응했기 때문이다. 공장주는 경찰과 법원과 함께 발끈했다. 이번에 제대로 본때를 보여줘야 한다며 총구를 닦고 몽둥이를 매만졌다. 당시 가장 힘셌던 노조도 별반 다르지 않았다. "장인정신"으로 무장하고 백인 남성으로 뭉친 미국노동연맹은 50여 개의 다른 나라에서 온 이주민 노동자들의 파업을 냉소적으로 봤다. 게다가 여성 노동자가 주도한 파업이었다. 끝내 지지하지 않았다.

세계산업노동자연맹이라는 신생 노조가 이들을 도왔다. 저임금의 배고픔도 컸지만 무시, 경멸, 차별의 고통은 더 컸다. 그래서 빵만이 아니라 "장미를 달라"고 외쳤다. 사람들은 "빵과 장미의 파업"이라 불렀다. 많은 이들이 힘을 모았다. 어둠에서 빛을 찾았던 헬렌 켈러는 '갈라진 노동'에 분개하고 모든 노동자를 감싸 안는 새로운 연대를 격렬히 옹호했다. 정치적 핍박이 따랐지만 개의치 않았다. 파업은 지루하게 이어지다 임금 5퍼센트 인상으로 겨우 마무리되었으나 그 뒤로 체포, 투옥과 재판이 뒤따랐다.

들끓는 여론 덕분에 그나마 이 정도였다. 기존 노조도 바뀌지 않았다. 노조가 모든 노동자에게 문을 활짝 여는 데는 수십 년이 더 필요했다. 장미 한 송이를 피운다는 것, 가시에 찔려 피를 흘리는 일이었다.

작년 유독 비릿했던 바닷바람 속에서 "빵과 장미"를 구했던 파업이 힘겹게 끝났다. 임금 인상 30퍼센트를 원했으나 4.5퍼센트를 얻었고, 여기 한번 봐달라는 목소리는 바람에 날리듯 사라졌다. 나는 이 짠 내 나는 싸움을 아직 이해하지 못했다. 알량한 이성을 동원해도 좀체 풀리지 않았다.

먼저 '빵'을 따져보자. 당시 사업체노동력조사(2022년 4월)를 보면 임금은 작년 같은 달에 비해 평균 6.4퍼센트 올랐다. 늘 그랬듯 평균은 오해의 소지가 많다. 300인 이상 대기업의 임금은 10.8퍼센트나 올랐는데 다른 작은 기업들은 5.0퍼센트 정도 올렸다. 비정규직의 처지도 마찬가지로 반쪽 신세. 게다가 그해 소비자 물가는 6퍼센트 이상 오를 가능성이 컸다. 이런 수치만 두고 보자면 4.5퍼센트 인상은 많은 노동자가 '투쟁' 없이도 얻는 것이고, 물가상승률에도 못 미친다. 빵의 크기가 외려 줄어들었다. 그런데 조선 관련 업종 기업들은 숙련 인력이 부족하다고 하소연한다. 인력이 부족하면 임금을 올려 부족을 메꾸는 것이 기업의 일이고 이른바 시장의 원리다. 원가가 오르면 판매 가격은 대번 인상하면서, 노동에 대해서만 시장 논리는 접고 야박하게 구는지 모를 일이다. 빵을 줄 생각이 없었으니 장미는 언감생심이겠다.

시장가격 논리가 아니라면 결국 힘의 논리겠다. 그러면 '힘'은 어떤가. 자신을 용접하여 가둔 하청노동자를 도울 힘이 없었을까. 없지는 않았다. 힘이 있어도 쓰질 않았다. 정치의 풍경부터 보자면, 다수 정당의 대통령 후보였던 분은 자신을 소년공 출신으로 소개했다. 복잡한 노동문제에 대해 그는 자신의 '출신성분'으로 답을 대신했다. 그런 정당이 이번에 유난히 조용했다. 얼마 전까지만 해도 조선업의 구조개선과 임금 문제를 책임지고 맡았던 정당이다. 책임 있는 지원과 지지의 소리는 들리지 않았다. 대통령이 "법대로"를 외치자 큐 사인을 받은 배우처럼 분노하고 성토하기 시작했다. 그 와중에 민주유공자법을 지지하는 연판장을 돌렸다. 민주화운동으로 고초를 겪은 사람들을 돕는 것이야 인지상정이겠으나, 그 법안에는 해당자에게 "채용시험 때 득점의 5~10퍼센트 가산점"을 부여하는 조항도 포함되어 있다. 차별에 항의하며 하청노동자가 싸울 때, 다른 쪽에서는 특혜를 만들고 있었다. 백번 지당한 이유가 있겠으나 시의적절하진 않았다.

노동의 '힘'도 갈라졌다. 이 파업은 하청노동자라는 '하청 계급'의 파업이었다. '원청 계급'은 무심하고 냉정했다. 파업 노동자를 도우려는 그룹에 대해서는 가혹했다. 돕는 자를 비난하고, 그들과 조직적 연계를 끊으려고 했다. 하청노동자가 쓰러져 갈 때 원청 계급은 금속노조 탈퇴를 두고 투표했다. 요즘 부쩍 숫자를 늘린 전국적 노동조합들도 이를 어찌하지 못했다. 한쪽에서는 희망버스를 보낸다고 하고, 다른 한쪽에서는 조선소 도크에서 자라나는 절망의 먹구름을 먼 산처럼 바라볼 뿐이었다. 정부와 산업은행에게 칼날을 바싹 올려세웠지만 노동의 계급적 분열에 대해 어쩔 줄 몰라 했다.

'펜'의 힘도 아스라했다. 임금 30퍼센트 삭감이 파업의 원인이었으나, 어떤 연유로 어떻게 삭감이 이루어졌는지를 제대로 살펴보질 못했다. 철창에 갇힌 하청노동자의 얼굴과 잔뜩 화난 기업과 정부의 모습만 교대로 보여줄 뿐, 노동자의 현실을 제대로 알리지 않았다. 현장에서 들리는 소리는 없었다. 엇갈리고 심지어 모순적인 주장들이 설명되지 않은 채 분주하게 보도될 뿐이었다.

노동자가 장미를 요구한 대가는 컸다. 그간 도크 뒤편에 숨어 있던 힘이 서서히 모습을 드러냈다. 파업으로 인한 손해액이 7,000억 원에 이른다면서 파업 노동자를 상대로 손해배상을 청구하겠다고 했다. 세계적으로 명성이 자자한 한국의 손해배상 관련 법을 따지지는 않겠다. 무엇보다도 앞뒤가 맞지 않기 때문이다. 7,000억 원은 하청노조 조합원이 속한 모든 기업의 종업원들(약 2,800명)의 임금을 노조의 요구대로 30퍼센트 인상한 뒤 그 임금 수준을 20년 이상 유지할 수 있는 규모의 돈이다. 어마어마한 액수다.

이는 곧 기업의 무책임성과 비합리성을 보여주는 얘기이기도 하다. 진정 그런 엄청난 피해가 예상된다면, 합리적인 기업이라면 만사를 제쳐놓고 하청노동자와 서둘러 협상을 했을 것이기 때문이다. 임금을 당장 두 자리 숫자로 올리는 게 7,000억 원을 손해 보는 것보다 합리적이다. 따라서 산업은행이든 누구든 기업의 운영을 최종 책임지는 사람이라면 이런 대규모 피해를 야기한 책임자를 처벌하려 할 것이다. 짧은 법적 지식으로 다소 무리하게 짐작해 보자면 이 또한 배임 혐의가 아닌가. '기업이 서야 나라가 산다'고 믿으면서 이런 비합리적인 기업 대응을 내버려 두는 이유를 알지 못하겠다. 굳이 이유가 있다면, 어느 경제신문의 사설에서 외쳤던 것처럼 노조의 '못된 버릇'을 바로잡아야 하기 때문이었을까.

하청 용접공 유최안은 "이대로 살 순 없습니다"라고 오래 외치다가 실려나갔다. 임금 인상액은 아쉽지만 제 목소리를 낸 것에 만족한다고 했다. 이제 부끄러운 우리가 따지고 물어야 한다. 우리 정말 이대로 살 순 없지 않나.

노동조합,
이로우나 허하지 말라

자고 일어나면 마법처럼 숫자가 늘어났다. 주식 가격이 아니라 노동조합 얘기다. 1930년대 초 미국, 300만 명 남짓했던 노조원 수는 눈부시게 늘어서 10년 만에 두 배가 됐다. 1940년대에도 파죽지세는 계속돼 그 수가 1,500만 명에 이르렀다. 노조 홍보활동도 기세등등했는데, 그때 낙양의 지가를 올리던 포스터에는 이렇게 적혀 있었다. "내가 공장에 가서 일한다면 제일 먼저 하고 싶은 일은 노조 가입이다." 이 말을 한 사람의 이름은 더 크게 적혀 있었다. 앞서 말했듯, 프랭클린 루스벨트다. 대통령이 대놓고 노조 가입을 선동했다.

시간이 흐르고 노조에 대한 세상 인심도 바뀌었다. 영국의 마거릿 대처 총리가 앞장섰다. 1970년대 스태그플레이션^{stag-flation}을 노조 탓으로 몰아붙였던 그녀는 노조 얘기만 나오면 말이 거칠어졌다. "노조만 생각하면 입에 물고 있는 못을 내뱉게 된다"는 말로 유명하다. 못을 빨리 박으려면 못 여러 개를 입에 물고 하나씩 뽑아서 못질을 해야 하는데, 옆에서 뭐라고 하든 못을 야물딱지게 물고 있어야 한다. 그걸 알면서도 못을 뱉어버리는 것은 그만큼 화가 나서 못 견디겠다는 뜻이다. 공사장 십장 말투로 무장한 그녀의 선동 속에 영국의 노조 조직률은 20년 만에 반 토막이 났다.

같은 시기, 미국의 로널드 레이건 대통령도 비슷한 일을 했다. 말은 점잖았지만 행동은 거칠었다. 취임하자마자 파업을 진압하고 노조 지도자를 구속했다. '자유'를 유독 강조했지만 그 자유에 노조의 자유는 포함돼 있지 않았다. 또 내 나라 노조에는 각박했지만 다른 나라 노조에는 각별했다. 당시 폴란드 공산 정권이 최초의 자유노조 '연대'를 잔인하게 진압하자 즉각 반응했다. "노조와 단체협상의 자유가 금지되는 순간 자유는 소멸한다." 정치적 편의성이 빛나는 순간이었다.

임금과 노동시간을 협상하는 소박한 단체 정도로 생각했던 노조가 본의 아니게 경제와 사회를 흔들어 대는 무지막지한 조직으로 격상되자, 사실관계를 따져보자는 움직임도 커졌다. 우선 노조로 인한 임금 인상 효과는 얼마인가? 연구 결과는 제각각이다. 10퍼센트도 안 된다는 연구도 30퍼센트가 넘는다는 연구도 있다. 국가 간 편차도 크다. 하지만 임금 인상 효과가 있다는 점에서는 거의 동의한다. 노조가 당면한 목적은 달성한다는 뜻이다.

하지만 노조를 둘러싼 논쟁이 포괄적인지라 더 따져야 할 것들이 있다. 예컨대, 노조원 임금 인상은 다른 노동자에게도 좋은 소식일까? 여기서도 연구 결과는 제각각이지만 대체로 "딱히 나쁘진 않다" 정도로 요약된다. 사촌이 논을 사더라도 적어도 내 배는 아프지 않다는 것. 게다가 노조 조직률이 높을수록 임금 및 소득 불평등이 줄어든다는 분석이 지배적이다. 노조에 까칠한 편인 IMF[13]와 OECD[14]도 이 점은 인정한다.

또 하나 따져볼 것은 기업 비용 측면이다. 먹고살기 위한 돈인 임금을 두고 '비용'이라는 딱지를 붙이냐는 항변도 있겠지만, 그것이 어쩔 수 없는 시장경제의 현실이다. 임금이 늘면 노동 비용도 그 정도 늘어난다. 하지만 계산은 거기서 끝나지 않는다. 노조 덕분에 노동자가 굳이 좋은 조건을 찾아 일자리를 옮기려 하지 않게 되면 노동 생산성이 늘어날 수 있다. 또 노조 '압력' 때문에 기업이 생산 과정과 제품 혁신을 서두를 수도 있다. 그렇게 되면 기업 전체의 생산성이 향상돼 임금 인상으로 인해 기업이 감당해야 할 순비용은 적어진다. 경우에 따라서는 순이익이 생길 수도 있다.

그야말로 핫한 주제인 만큼 지난 30년 동안 연구가 쏟아졌다. 결과는 대체로 긍정적이다. '노조 천국'이라 불리는 노르웨이에서 진행한 방대한 연구에 따르면, 노조 조직률이 10퍼센트 늘어나면 기업 생산성도 1퍼센트 남짓 증가하고, 여기에 단체협약이 추가되면 기업 생산성은 무려 13.5퍼센트 상승한다.[15] 하지만 노조의 생산성 효과는 국가와 산업에 따라 확연히 갈린다. 노조 존재 여부보다는 실효성 있는 단체협상이 더 중요하다는 노르웨이 연구가 시사하는 바이기도 하다.

종합하자면, 노조는 경제적으로나 사회적으로 이롭다. 야박하게 평가해도 노조의 영향은 중립적이거나 적어도 해롭지는 않다. 노동자의 목소리를 조직하고 전달하는 노동 기본권인 노조가 사회경제적 이익도 가져다준다는 뜻이다. 반가운 소식이다.

하지만 중대한 딜레마이기도 하다. 이렇게 널리 이롭다면 노조가 비 오는 날 버섯 자라듯이 퍼져나가야 할 텐데 실상은 그 반대다. 최근 30년간 노조 조직률은 계속 내리막길이다. ILO 보고서에 따르면, 2019년 세계 노조 조직률은 16.8퍼센트다. 2008년에 20.0퍼센트에서 11년 새 3.2퍼센트포인트 낮아졌다. 이런 하향 추세가 당장 바뀔 것 같지 않다.[16]

왜 그럴까? 나라마다 사정이 다르니 이유가 천차만별일 것이다. 미국과 독일의 노조 사정이 케냐와 인도네시아 노조와 같을 리 없다. 그래도 공통요인 몇 가지를 꼽아보자. 우선, 노조가 모든 이에게 두루 이롭지는 않은데 기업 이윤이 대표적이다. 최근 실증연구는 노조가 기업 이윤율을 낮춘다고 한결같이 지적한다. 특히 독과점 기업에서 두드러진다. 노조의 수백만 가지 긍정적 영향을 간단히 무시하고 기업이 노조를 환영하지 않는 큰 이유다. 물론 경제적인 타산을 넘어서 노조가 경영에 시시콜콜 간섭하는 것을 태생적으로 싫어하는 기업도 있다. 역사적으로 그런 사례는 넘치고, 지금도 여전하다. 이런 계산과 정서가 법적·제도적 제약으로 구체화되면 노조 설립과 활동은 어려울 수밖에 없다.

또 다른 이유는 노동자 내부에서 나온다. 노조 환경이 어려워지고 노조원이 줄면 좀 더 강고한 연대정책을 펴야 옳지만, 또 그만큼 협소한 방어책을 선택할 위험도 커진다. 제 식구를 먼저 살피게 되고, 그러다 보면 남의 희생에는 둔감해진다. 노조가 "내부자"가 되거나 포섭된다는 볼멘소리도 나온다. 심지어 나의 노조는 필요하지만 너의 노조는 불편하다는 생각마저 생긴다. 대놓고 말하진 않지만 그 생각은 거침없는 행동으로 나타난다. 이 모든 것의 결과로 노조 조직률이 지속적으로 하락한다. 물론 대부분 구조적 요인 때문이지만 적지 않은 부분은 '선택'의 결과다.

이런저런 이유로 노조의 현주소는 "이로우나 허하지 말라"다. 이런 상황에서 미국의 조 바이든 대통령은 노조의 대통령으로 자처하고 나섰다. "모든 노동자는 노조에 가입할 자격이 있다"고 선언했다. 대단한 변화지만 내가 당장 가입하겠다고 소매 걷고 나선 루스벨트 대통령과는 온도 차가 있다. 이 또한 녹록지 않은 오늘의 현실을 보여준다.

노동의 미래와
어제의 노동자

'노동의 미래'가 떠들썩하게 돌아왔다. 별로 반갑지는 않다. 노동의 미래를 말하는 사람치고 밝고 희망찬 미래를 전망하는 경우가 드물기 때문이다. 덜컥 겁이 나는 건 어쩔 수 없다. 그나마 희망적인 미래를 말했던 이가 세기의 경제학자 존 메이너드 케인스John Maynard Keynes인데, 그의 예측이 맞다면 나는 지금 하루에 딱 3시간, 일주일에 15시간만 일해야 한다. 그러나 이 글을 쓰고 있는 지금은 이미 자정이다.

물론, 이번에도 정색을 하고 나타났다. 이른바 4차 산업혁명이 진행 중이라고 한다. 기왕의 자동화와 디지털화를 아우르는 포괄적인 체계가 갖추어지고, "뇌를 쓰는 일은 인간의 몫"이라는 통념을 뒤엎는 인공지능이 등장하면서 대규모 일자리 숙청이 예상된다고 연일 적색 경고다.

어느 경제학자들은 이런 기술적 실업의 대상이 누구일지

부지런히 따져보았는데, 그들의 계산에 따르면 향후 20년 내에 47퍼센트가량의 일자리가 사라질 위험에 있다. 그동안 늘 폭풍권 바깥에 있었던 회계, 법률, 저술 등과 같은 고급 화이트칼라 직업군도 포함되었다. 펜을 든 사람도 피할 수 없는 태풍이라고 하니 펜은 더 요란하고 시끄러워졌다.

한국도 예외 없다. 기업과 정치권은 일제히 새로운 시대를 맞아 미래지향적인 정책을 주문하는데 내용은 아주 한국적이다. 자 여러분, 이제 과거를 잊고 미래를 준비하자. 입은 미래를 말하지만 손은 '곤란해진 지금'을 향해 있다.

그렇다고 허투루 들을 일은 아니다. 맥도날드에서도 주문 기계를 도입해 직원 수를 줄이는 마당에 모르쇠로 일관할 수는 없다. 일자리 양극화도 여전히 진행형이고, 개선 기미는 보이질 않는다.

하지만 미래의 예측이 믿을 만해야 대책도 세울 수 있다. 신뢰성 없는 예측에 맞춰 야단법석을 피워 정책을 도입하면 인력 낭비고 자원 낭비다. 내일 무엇을 배우게 될지도 모르면서 무작정 책을 펴고 예습할 수는 없지 않나.

역사적 경험도 그리 좋지 않다. 1990년대 중반에는 정보기술의 획기적인 확산으로 대량 실업이 불가피하다는 주장을 담은 책이 나왔다. 공전의 대히트였다. 제목도 다소 살벌하게 《노동의 종말》이었는데, 실제로 노동이 종언되었다는 소식은 듣지 못했다. 군비 지출 같은 비생산적인 지출을 줄이고 사회서비스를 대대적으로 확충해서 일자리를 창출하자는 주장에는 귀가 솔깃했지만, 그 주장의 전제인 미래에 대한 예측이 틀렸으니 더 보탤 말은 없다.

조금 더 거슬러 가보자. 1950년대에 자동화가 일자리를 없앤다는 주장이 강하게 대두되었다. 1957년 ILO 연례총회에서 이 주제를 놓고 격론이 벌어졌다. 전문가들은 한목소리로 자동화로 인한 실업은 실로 막대해서 1930년대 대공황기의 실업을 "유쾌한 농담"으로 만들 것이라 단언했다. 20여 년의 시간이 지나 이 문제는 다시 국제기구에서 논의되는데, 결론은 '사실무근'이었다.

기술변화가 일자리를 초토화시킨다는 주장은 일단 경계 대상이다. 대체적으로 파괴되는 일자리만 보고 새로 창출되는 일자리는 잘 보지 못한다. 자신의 주장을 드라마틱하게 하고자 하는 인간의 심리이기도 하겠지만, 파괴의 장면은 당장 눈에 띄는 반면 창조의 장면은 쉽게 상상되지 못하기 때문이기도 하다. 미래를 예측하는 이들이 가장 결정적인 미래를 예측하지 못하는 역설. 그래서 경영학의 거두라 불리는 피터 드러커^{Peter Drucker}는 "미래를 예측하는 최선의 길은 미래를 창조하는 것"이라고 했나 보다.

'노동의 미래'의 귀환이 반갑지 않은 이유는 하나 더 있다. 미래 예측은 대부분 이미 보고자 하는 곳을 정해둔다는 점에서 폐쇄적이다. 그 바깥에 있는 것들은 과거 그리고 과거의 노동자가 된다. 멸종을 앞두고 절치부심해야 하는 사람들. 이들은 계도와 훈계의 대상이 되고, 곧 잊힌다. 그러다 보면 정작 바뀌어야 할 현실은 마치 미래에서 자동적으로 해결될 것으로 내팽개친다. 어려운 오늘은 내버려 두고 상상의 미래만 키우는 꼴이다.

'노동의 미래'에서 배제된 미래는 가령 이렇다. 1950년대부터 진행된 기술변화와 고용 간의 관계에 대한 지루한 논쟁이 마무리되어 가던 1990년대쯤 ILO는 자동화된 세상에 아동 노동과 강제 노동이 만연해 있음을 뒤늦게 발견했다. 19세기의 해묵은 주제는 자동화 문제보다도 더 절실한 현재였고, 1950년대에 예상하지 못했던, 또는 보고자 하지 않았던 미래였다. 20세기 말과 21세기 초, ILO의 최대 현안은 아동 노동 철폐였다.

한때 지식노동자가 중심이 되는 지식경제를 국가의 근간으로 삼고자 했던 한국에서도 청소는 필요하다. 그래서 김포공항의 중년 청소노동자들은 정보화의 물결이 거세었던 지난 30년 동안 묵묵히 빗자루와 걸레를 들고 청소했다. 정보기술은 날로 세련되어 가는데 용역기업은 어제와 같아서 그들은 험한 욕설, "성추행과 술대접 강요를 비일비재하게 당했다". 그리고 "성추행을 당하면서도 잘릴까 봐 말하지 못했다". 인터넷 세상에는 관련 법규가 잘 정리되어 있었지만 "그게 인권침해인 줄 몰랐다". 그래서 힘을 모아서 항의했으나 "갠지스강의 모래 수만큼 많은" 온라인 언론은 조용했다. 결국 삭발을 했다. 바리깡으로 잘려나가는 머리카락에 눈물이 맺히고서야 사람들은 '어제의 노동자'

들을 찾아왔다.

컴퓨터와 정보화 덕분에 둔탁한 제조업 시대는 어느덧 저물고 있다. 1980년대 말, 15살 문송면이 수은 중독으로 죽어가던 온도계 공장은 이제 없어졌다. 하지만 정보화 시대를 육체로 떠받치고 있는 반도체 공장이 죽음의 행렬을 이어간다. 23살의 황유미는 입사 1년 반 만에 죽었다. 차이점이라고 하면 그때는 잘못과 결과가 분명했지만, 지금은 그마저도 인정하지 않고 버틴다는 것이다. 자식을 일터에서 잃은 유족들은 여전히 길바닥에서 싸우고 있다. 정보화가 알지 못했던, 여전히 알려고 하지 않는 '미래'다.

디지털 시대에도 건설 공사는 계속된다. 그곳에서 일하는 노동자들은 어이없이 떨어지고 부딪힌다. '노동의 미래'의 노랫소리가 부쩍 높았던 4~5년 전 어느 날, 철교에서 작업대 발판 지지대 철거 작업을 하던 이가 떨어져 죽었다. 나이는 겨우 29살, 추락한 높이는 불과 5미터다. 디지털 세상의 재생복구 기능은 여기서만 예외다. 그들을 다시 이승으로 데려올 방법은 없다. '어제의 노동자'들이 없는 '노동의 미래'는 불모지의 사이버 공간일 뿐이다.

우리가 살고 있는 '노동의 미래'에는 '어제의 노동자'가 가득하다. 오손도손 가족이 모이는 명절을 앞두고 임금체불 소식이며 산업재해 소식은 여전하다. 날짜를 지운다면 언제 적 얘기인지 알쏭달쏭할 지경이다. 다만 그때는 기름 냄새 확 나는 신문에서 읽었고, 지금은 소파에 누워 부스스한 눈으로 스마트폰에서 읽을 뿐이다.

인공지능:
인간을 인간적으로

인공지능에 앞서 인공두뇌^{cybernetics}가 있었다. 1940년대에
이 말을 만든 사람이 노버트 위너^{Norbert Wiener}다. 어릴 적부터
명성이 자자한 천재 수학자였던 그는 제2차 세계대전 중에 상대
전투기를 자동적으로 겨냥해서 발포하는 일종의 자동 대공방
어 시스템을 만들었다. 이 일을 계기로 그는 인공두뇌 분야를 개
척하게 되었다. 그가 늘 끼고 다니던 동그란 안경 뒤로 천재적 광
기가 번쩍거렸다.

위너는 정치사회적 감수성도 유별나서 자신의 연구가 인간
사회에 미칠 영향에 민감했다. 군사적으로 엄청난 발견을 하고
서도 그것이 냉전에 사용되지 않길 바랐고, 원자력 기술에 대한
걱정도 컸다. 자신이 홀로 개척한 인공두뇌에 대해서도 마찬가
지였다. 인공두뇌 덕분에 자동화가 급속히 진행되어 생산성이
비약적으로 늘어나겠지만, 그 때문에 일자리가 파괴될 것을 두

려워했다. 인공두뇌에 기초한 새로운 산업혁명은 "양날의 칼"이라고 했다.

자신의 발명에 세상이 열광할수록 수학자의 근심은 커졌다. 그때가 1950년대 초반이었으니 1930년대 대공황 동안 겪었던 대규모 실업이 수많은 사람의 기억 속에 생생할 때였다. '실업'이라는 말만 나와도 '어려운 시절'의 상처가 다시 살아났다. 위너는 이런 상황에서 실로 어마무시한 폭탄 발언을 한다. "오늘날의 자동화는 … 1930년대 대공황을 유쾌한 농담 정도로 만들 정도의 심각한 실업 상황을 초래할 것이다."[17] 연이어 행동도 뒤따랐다. 노조와 기업에 공개서한을 보내어 이 문제를 같이 논의하자고 촉구했다.

당시 '자동화'라는 말이 만들어지고 기술변화로 인한 실업에 대한 염려가 있었지만 전쟁 후에 일자리가 늘어나는 상황이라서 내심 안도하는 분위기였다. 따라서 위너의 경고는 엄청난 파장을 가져왔다. 갑론을박을 피할 수 없었지만, 결론은 한마디로 "걱정은 이해하지만 지나치다"는 것.

그럼에도 불구하고 논쟁은 계속되었다. 미국에서는 1963년 저명한 과학자와 경제학자들이 위원회를 결성하여 인공두뇌 혁명에 따른 대량실업을 경고하면서 그 대안으로 모든 시민들에게 적정소득을 보장하는 방법을 제안했다. 일종의 보편적 기본소득론이었다. 전문가의 강도 높은 경고에 존슨 대통령도 신속하게 반응하여 대통령 직속 위원회를 만들었다. 하지만 이들의 경고가 무색할 만큼 1960년대 일자리 사정은 적어도 양적으로는 건실해서 인플레이션을 우려하는 목소리마저 나오는 상황이었다. 대통령 위원회의 일은 다소 두리뭉실한 보고서로 마감되었는데, 논쟁에 대한 총평은 "사실보다는 의견이 앞선 논쟁"이었다.

논쟁은 다시 돌아왔다. 1980년대에 컴퓨터가 대량 보급되면서 기술적 실업에 대한 염려가 커졌다. 정보기술을 앞세운 3차 산업혁명이 기존의 좋은 일자리를 없앨 것이며, '생각하는 기계'까지 탄생하면서 그나마 남아 있던 일자리의 숨 쉴 공간도 없앨 것이라는 예측이 나왔다. 앞서 말했듯이, 제러미 리프킨의 책 《노동의 종말》은 1980년대와 1990년대 초반까지 거세었던 이런 정서를 대변한다. 그가 내세운 대안은 자발적인 공동체 기반 조직, 이른바 '제3의 섹터'였다. ILO도 다시 이 문제를 다루었고, 결론은 다시 한번 '증거 없음'이었다. 끝내 나는 노동은 건재했다.

친숙한 논쟁은 새로운 이름으로 다시 찾아왔다. 이번에는 4차 산업혁명이었다. 인공지능을 앞세운 산업혁명이었고, 그 영향은 역사상 전례를 찾지 못할 정도라고 했다. '실업의 쓰나미'를 경고하는 말도 뒤따랐다. 컴퓨터 혁명 덕분에 전문가들 간의 수치 경쟁도 치열해서 누구는 30퍼센트, 누구는 50퍼센트 정도의 일자리가 없어질 것이라고 예측했다.

경고는 순식간에 퍼졌다. 게다가 세계경제는 2008~2009년

위기에서 겨우 벗어나 숨 고르기를 하는 중이었으나 일자리 회복은 아직 오리무중인 상황이었다. 실업의 기억 때문에 대중의 공포감이 클 수밖에 없었다. 특히 세계경제포럼WEF이 나서서 목소리를 모았다. 하지만 지금은 그런 목소리가 옅어졌고, 전문가들도 기술변화만 놓고 본다면 실업의 쓰나미는 발생하지 않았다고 인정했다. 오늘날 전례 없는 대규모 실업은 신기술이 아니라 코로나바이러스에서 오고 있다.

기술변화는 일터의 변화무쌍한 현실이었지만 이 둘의 관계를 따지는 논의는 놀라울 정도로 변하지 않는다. 시작과 결론 모두 친숙한 데자뷔다. '혁명'을 내세운 충격어법으로 시작하지만, 정작 분석은 충격적일 정도로 일면적이고 결론은 파격적이다. 기술변화가 없애는 일자리에만 관심이 쏠리다 보니 그로 인해 새로 만들어지는 일자리를 꼼꼼하게 따지지 않는다. 컴퓨터가 없애버린 단순행정직이나 단순조립직은 크게 보지만, 컴퓨터 제작을 위해 필요한 새로운 인력 수요를 보지는 못한다.

그러다 보니 중요한 것을 놓치기도 한다. 지난 100년 동안 일자리 부족 문제가 어찌 기술변화만의 문제였던가. 수백만 명의 일자리를 하룻밤 새 없애버린 경제위기는 기술변화 때문이 아니다. 지난번 세계적 일자리 위기의 근원은 금융이고 불평등이었다는데, 이를 고쳤다는 소식은 없다. 결국 경제 시스템의 문제이고, 우리가 선택한 정책과 제도의 문제였다. 그런데 인공지능 소식에 마치 기다렸다는 듯이 기술혁명 시대에 걸맞은 파격적인 기업 지원과 규제 개혁을 주장하거나, 신기술에 노동자가 빨리 적응하도록 교육과 훈련을 강화해야 한다면서 은근슬쩍 노동자에게 힘겨운 책임을 넘기기에 바쁘다. 물론 혁신과 훈련이 모두 필요한 일이지만 핵심은 빼두고 변죽만 울려서는 안 된다.

또 하나, 일자리 숫자만 따지다 보니 일자리의 질을 보지 못한다. 예컨대 컴퓨터 시대의 문제는 대량실업이 아니라 좋은 중간층 일자리의 상실이다. 인공지능 시대의 문제는 일자리의 소멸이 아니라 플랫폼 노동자의 열악한 노동조건이다. 또 그렇게 형성된 새로운 부가 나누어지는 방식의 문제다. 현란한 신기술이 가리키는 곳이 아니라 그 현란함 때문에 그늘진 곳을 살펴야 한다.

인공지능 개척자의 고용 예측은 틀렸다. 하지만 위너의 고민 방향은 날카롭고도 옳았다. 그는 자신의 최첨단 기술이 이윤추구 수단이나 "황금 송아지"로 숭배되지 않고 인간의 여유로운 삶을 확장하는 데 사용되길 바랐다. 인간을 인공두뇌와 경쟁하게 내버려 두면 노예와 다를 바 없는 신세가 된다고 우려했다. 그 걱정을 대량실업으로 표현한 것이 그의 실수였다. 그의 책 제목은 《인간의 인간적 활용The Human Use of Human Beings》이다.

3부

울타리 치기와 불평등: 사람, 경제 그리고 권력

일터의 그늘과 불평등은 바깥의 사정과 긴밀하게 연결되어 있다. 바깥세상의 '줄 세우기' 풍습과 제 몫 챙기자고 남을 차단해 버리는 '울타리 치기'는 일터를 분절화하고 계층화한다. 울타리 바깥으로 밀려난 사람들로서는 억울한 일이지만, 이긴 사람은 이를 이해하지 못한다. 오로지 노력과 능력을 통해 쟁취한 것이기 때문에 그들의 승리는 '성공'이다. 개인의 성공이든 기업의 성공이든 논리는 마찬가지다. 개인은 '능력주의', 기업은 '경제적 효율성'의 논리를 내세운다. 저 빛나는 능력과 효율을 돈과 권력으로 바꾸는 일은 바깥에 밀려 서성거리는 시민, 노동자와 소비자의 운명적 몫이 된다. 이쯤 되면 돈과 권력이 있으면 원하는 대로 말하면 된다. 일관되지 않아도 되고 사실에 맞지 않아도 된다. 그래서 가장 지적인 그룹이 가장 반지성적이다.

동시에 일자리의 사회적·경제적 중요성은 끊임없이 과소평가된다. GDP, 부동산, 주식, 물가, 환율 문제에 대해서는 사시나무 떨듯이 걱정하고, 이를 지키자고 일자리를 임당수의 심청이 마냥 기꺼이 내던진다. 이런 상황을 흔히 '뼈를 깎는 고통 분담'이라고 부른다.

역설적이게도, 제 나라에서 울타리 치기를 하는 기업이나 사람은 '울타리 없는 세계'를 원한다. 세계화나 세계주의는 이들의 선택이었다. 이 때문에 소득과 일자리 불평등이 악화되고 경제마저 불안정해지며 시민적 불만이 치솟을 때도 세계주의 엘리트는 꿈쩍도 하질 않았다. 모두에게 복된 날이 올 것이라는 복음만 반복했다. 그 결과, 트럼프가 대통령이 되고 그를 닮겠다는 정치인들이 여기저기서 나라의 수장이 되었다. 불평등의 경제적·정치적 부메랑이 우리 눈앞에 날카롭게 다가오고 있다.

키 작은
능력주의

나는 키가 작다. '땅콩'이라는 별명을 들으며 키 큰 친구에게 꼬마 취급받은 것 말고는 불편한 점은 별로 없었다. 낮은 세상의 공기도 괜찮아서 숨 쉬고 살 만했다. 그래도 어머니는 나의 처지를 안타깝게 생각하셨는지, 아니면 당신의 유전적 책임감 탓이었는지, 아들의 키 얘기만 나오면 "딱 출세하기 좋은 키"라고 발끈하셨다. 내게 위로와 용기를 전하려 한 말은 나를 더 작게 만들었다. 소박한 키와 함께 이런 억울한 심사 또한 내 자식들에게 전달된다는 생각마저 겹쳐서 심란하기까지 했다.

내가 애쓴다고 될 일도 아니다. 물론 잘 챙겨 먹고 운동하면 키를 약간 늘려볼 수는 있겠다. 실제로 효과도 있다. 하지만 노력에도 엄연한 한계가 있다. 게다가 남들도 똑같이 애쓰면 내가 한 노력도 헛된 일이다. 키는 어디까지나 상대적이다. 내 키의 절대적 개선에도 불구하고 남들도 자라면 나는 여전히 '땅콩'

일 뿐이다. 모두 부쩍 커버린 지금의 20대는 내겐 모두 장신이지만, 그 속에도 '땅콩'의 실존적 고민은 계속되고 있을 터다. 나는 그저 키 몇 센티미터로 사람을 재단하거나 줄 세우지 않는 세상을 고마워할 뿐이다. 운동장에서 키 순서대로 줄 설 때면 맨 앞쪽에서 하품 한번 하지 못했던 기억은 교문 뒤로 남겨둔 지 오래다.

바깥세상의 줄 세우기 방식은 치밀하다. 먹고사는 문제이기 때문이다. 그리고 뻔하지 않고 늘 변해왔다. 피와 함성으로 이룬 20세기의 사회적·정치적 성취도 따지고 보면 세습적 신분이나 계급을 없애고 만인이 더 나은 삶을 추구할 기회를 보장하자는 것이 핵심이다. 출신성분 좋은 사람이 아니라 똑똑하고 노력하는 사람에게 사회적 중책을 맡기고 금전적 성공을 거둘 수 있게 하는 사회가 필요하고, 이를 위해 '기회 평등'이 필수불가결하다는 생각은 폭넓은 대중적 공감대를 얻었다. 혹시 모를 반동의 여지를 차단하기 위해서 치밀한 제도적 장치를 만들었다. 누가 똑똑하고 노력했는지를 정확히 판별하는 세세한 선별 방식을 만들어 내고, 이를 엄격히 적용했다. 실력 있는 학생이 좋은 대학에 들어가고, 능력 있는 졸업생이 고위공무원이 되고, 똑똑한 직원이 기업 임원이 되었다. 시험과 평가가 전부였고, 그 결과는 우리 삶의 족보에 올라 꼬리표처럼 따라다녔다. 역사적 진보였고, 아직도 이런 진보를 위한 싸움은 계속되고 있다. 하지만 마냥 좋기만 한 것은 아니다.

많은 나라에서 '기회의 평등'을 위한 첫걸음도 내딛지 못했던 1950년대에 영국의 사회학자 마이클 영Michael Young은 미완의 과제에 서둘러 경고음을 울렸다.[18] 기회 평등을 통해 성장한 엘리트 계급이 모든 기회를 포획하거나 독점함으로써 그 역사적 진보성은 역설적으로 사회의 걸림돌이 된다는 것이다. 이를 설명하기 위해 그는 두 가지 방식을 택했다.

첫째, 메리토크라시meritocracy라는 용어를 만들어 냈다. '능력주의'로 번역되지만 오해의 소지가 있다. 그는 능력을 중시하는 것을 문제 삼은 것이 아니라, 아이큐와 근면성 정도로 측정되는 능력만으로 사람들을 줄 세우고 이런 과정을 통해 엘리트가 된 사람들이 지배하는 사회를 우려했기 때문이다. 이런 지배는 제 능력으로 엘리트가 된 사람들이 자식들에게 능력을 넘겨줌으로써 완성된다. 능력의 원칙을 숭배하면서도 혈연의 원칙을 버리진 못한. 이 두 원칙은 필연적으로 충돌하지만 이를 해소하기 위해 능력을 재정의하고 측정 방식도 기꺼이 바꾼다. 사회적 이동성을 높이려던 핵심 도구는 이제 타인의 진전을 막는 장치가 된다. 그리하여 똑똑함은 키와 같은 유전적인 것으로 전환된다. 불행하게도, "출세하기에 적당한 어리석음"은 없다.

한마디로 능력주의의 왜곡이다. 이런 역사의 역설은 낯설지 않다. 우리는 민주주의를 이룬 세력이 민주주의의 과실을 독점하려는 것을 이미 보았다. 4·19 혁명이 그러했고, 80년대 민주화운동도 그런 징후에 시달리고 있다. 하지만 새로운 엘리트에게는 부끄러움, 주저함, 의심이 없다. 자신의 머리와 손으로 온전히 이룬 것이라고 믿기 때문에 항상 당당하다. 남의 날 선 비판을 철없는 질투라고 가벼이 여긴다. 영국 총리 토니 블레어는 자신이 낡은 사회주의자가 아니라면서 스스로를 '능력주의자'라고 불렀다. 당연히 마이클 영은 발끈했다. 책은 읽지 않고 '능력주의'라는 말만 끌어댄 블레어야말로 족벌화된 능력주의의 전형적인 사례라고 꼬집었다.

둘째, 능력주의의 위기를 예고했다. 그의 책 《능력주의》의 원서에는 "1870-2033"이라는 부제가 붙어 있다. 2033년에 능력주의에 대한 대중의 불만이 고조되어 포퓰리즘적 대중운동이 생긴다고 가정하고, 왜 그렇게 되었는지를 회고하듯 서술했다. 위기의 핵심에는 지식 엘리트가 이해하지 못하는 '능력 없는' 사람들이 있다. 시험 성적으로 표상되는 능력은 수많은 패자를 만들어 내고, 능력의 세습화와 독점화는 '키 작은' 무능력자를 만들어 낸다. 아무리 애써봐도 작은 키를 넘지 못하는데, 능력 넘치는 지배계층은 노력을 주문한다. 게다가 타고난 능력은 다를 터인데, 세상은 저들이 정의하는 능력만 인정한다. 저쪽은 교육 강화를 대책으로 외치지만, 이쪽은 사회적 능력 평가 방식의 변화와 이에 따른 정당한 보상이 필요하다. 이렇게 둘 간의 거리가 멀어진다.

그러면 변화는 올 것인가. 출간한 지 50년 이상이 지난 그의 책은 여전히 인기다. '능력주의'를 다룬 책이 수없이 쏟아졌다. 변화의 신호이겠다. 하지만 마이클 영은 변화를 희망하면서도 회의적이었다. 능력주의가 극단적으로 진행되어 모든 역량이 엘리트에게 흡수되어 반항을 조직할 능력마저 없을 것을 걱정했다. 저항의 능력마저도 빼앗기고, 정치적으로 기댈 세력도 없어진다는 것이다. 그래서 그가 말한 포퓰리즘은 어쩌면 고립무원의 상황이 빚어낸 저항 방식이다.

"자유, 평등, 우애"의 나라 프랑스는 엘리트 교육으로 유명하다. 1945년 샤를 드골 대통령이 상층계급이 교육을 독점하고 정부 요직을 장악하는 것을 막고자 만든 국립행정학교ENA가 대표적이다. '기회 평등'의 가치를 내세웠던 이 학교는 성적으로 일등부터 꼴찌까지 경쟁적으로 평가했다. 하지만 세월이 흘러 ENA도 엘리트 양성소로 전락했다. 지적으로 출중하지만 현실과 동떨어진 지배층을 양산했다. 학생 70퍼센트 이상이 상위층 출신이고, 노동계층 집안 출신은 6퍼센트도 되질 않았다. 2018년 "노란 조끼" 운동의 비난 대상이었다. 에마뉘엘 마크롱 대통령은 2021년에 기회 평등의 복원을 위해 이 학교 문을 닫고 새로운 출발을 한다고 선언했다. 원대했던 목표로 돌아갈지 아니면 도돌이표가 될지 두고 볼 일이다.

'키 작은 능력주의'를 낡은 교문 뒤편에 남겨둘 때가 오고 있다.

우리 시대의
울타리 치기

토머스 모어의 《유토피아》가 출간된 지 어느덧 500년이 지났다.[19] 유토피아는 "존재하지 않는 곳"이라는 뜻이니, 사람들은 황당한 내용일 것이라고 지레짐작하고 읽지 않는다. 모어로서는 억울한 처사다. 그가 유토피아라는 부재의 공간을 찾은 이유는 너무 현실적이라 그 현실성마저 부정하고 싶은 역설적인 현존이었다.

그가 살던 영국에서는 배가 고파서 음식을 훔치는 사람들은 예외 없이 사형에 처했다. 그는 이렇게 죽으나 저렇게 죽으나 마찬가지인 사람을 굳이 사형대에 올려서 법의 근엄함을 보인다고 해서 도둑질이 어찌 없어지겠느냐고 한탄한다. 음식 도적질이 그토록 중대한 범죄라면 나라가 가난한 이들의 기본 생계를 보장하면 될 일이라고 했다.

모어가 목도한 가난은 흉년과 같은 천재지변 때문이 아니었다. 특정 소수에 의한 특정 소수를 위한 정책 탓이었다. 사람이 만든 가난이었다. 예전에 사람들은 대부분 소작 생활을 하며 먹고살았고, 살림이 어려워지면 너른 공유지에서 방목도 하고 나무도 해오고 나물도 캐서 그럭저럭 살았다. 팍팍한 삶이었지만 그럴 때마다 누구나 의지할 수 있는 나눔의 공간이 있었던 것이다. 그런데 양모가 돈이 된다는 소문이 돌면서 지주들은 양을 키우기 시작했다. 너른 들판이 필요하다 보니 농민들을 몽땅 쫓아내고 울타리를 쳤다. 공유지에도 울타리를 쳤다. 항의라도 해보려 하면 주먹이 먼저 날아들었다. 칼날도 뒤따랐다. 농민들은 부랑자가 됐고 적지 않은 사람들이 굶어 죽어갔다. 저항하다가 쓰러진 이도 있었다. 민란도 빈번했다.

《유토피아》에서는 이 장면을 "양이 사람들을 먹어 치운다"고 묘사했다. 완벽한 디스토피아에서 모어는 완벽한 유토피아를 떠올렸다. 완벽한 디스토피아는 나눔의 공간이 완전히 제거된 '울타리 세상'이다. 그 바깥은 암흑의 부랑. 가끔 울타리 안쪽으로 초대받지만 그곳에서 또 다른 하층민으로 살아갈 뿐이다. 울타리 안에는 또 다른 울타리가 있었다. 물론 인클로저enclosure라 불리는 '울타리 치기'는 이제 회한의 역사다. 영국에서도 여기저기 남은 흔적 위로 이끼가 자욱하다. 하지만 그렇게 끝난 것은 아니다. 신출귀몰하게 변신하기 때문에 우리가 단지 쉽게 알아채지 못할 뿐이다.

재벌들의 '사랑의 울타리 치기'는 이제 고전적이다. 자녀들에게 한몫 챙겨주기 위해 재벌들은 서민들이 아웅다웅하며 벌이를 나눠 갖는 동네 빵집이라는 공간에 울타리를 친다. 동네 빵집은 백전백패다. 서민들의 '나눔의 공간'에까지 이럴 수 있느냐고 항의해 봐야 소용없다. 법적으로는 문제가 없다. 그토록 폭력적이었던 영국의 울타리 치기도 결국에는 합법적이었다. 동네 빵집은 항복하고 울타리 안으로 들어갔다. 바깥의 굶주림보다는 울타리 안의 고난이 낫기 때문이다. 이것도 굳이 선택이라고 부를 수 있다면 말이다.

울타리 치기는 한번 탄력을 받으면 무한 증식한다. 동네 골목 가게도 전통시장도 예외가 아니다. 시뻘건 떡볶이 하나 먹으려고 해도 울타리 안으로 넘어 들어가야 할 판이다. 때로는 본능적인 폭력의 발톱을 드러낸다. 500년 전 영국에서는 양이 사람을 먹어 치웠지만, 오늘날 한국에서는 쇼핑이라는 신문물이 사람을 잡아먹는다. 수년 전 용산 재개발 사업이 그랬다. 울타리 치기의 선봉장을 자처했던 이는 지금 법을 만드는 사람이 되었다. 변한 게 별로 없다.

바깥이 힘들어지면 안쪽으로 울타리를 만든다. 남해안의 조선소에서는 100년 전 조선업 초기에 유행했을 법한 하도급 다단계 생산이 창궐하고 있다. 가장 안쪽 울타리에서 찰진 음식을 우선 확보하고 나면, 다음 울타리로 넘기고 또 넘긴다. 한 번 건널 때마다 음식은 적고 부실해지고 심지어 부패하기도 한다. 마지막에 자리한 울타리에 있는 노동자들은 그것이라도 얻겠다고 애쓰다가 울타리에서 떨어져 죽기도 한다. 일하고도 음식을 못 받는 경우도 비일비재다. 그럴 때마다 울타리를 전체적으로 관리하는 대기업은 울타리 바깥쪽을 가리킨다. 저길 보라, 여기 안으로 들어오려는 이들이 넘쳐난다. 그러면서 생산하는 자들보다는 울타리를 관리하는 이들에게 돈을 쏟아붓는다. 가끔씩 울타리 사진을 찍는 전직 청와대 사진사도 60시간씩 일하는 노동자들보다 4배씩은 더 받는다. 울타리 시대에는 울타리를 관리하는 자가 돈을 번다. 이 또한 변한 게 없다.

울타리는 매일 진화한다. 핵심 안쪽 울타리에서 나가야 할 처지에 있는 이들은 바깥에 새로운 '사랑의 울타리 치기'를 도모한다. 서울메트로는 퇴직해야 할 직원들에게 그들이 의탁할 수 있는 조그마한 울타리를 만들어 주었다. 그리고 바깥에 있는 이들을 불러서 일을 시켰다. 사발면 하나 먹기도 빠듯하게 일하는 노동자들은 울타리 안의 잉여였다. 울타리 치기는 원하는 만큼 가지고 남은 것을 노동자들에게 나누어 주었다. 먹고 버틸 수 있는 만큼의 돈이었지만 목숨까지 지켜주진 못했다. 토머스 모어가 보았던 사형대는 서울지하철 도처에 있다.

울타리 치기는 갈수록 치밀해진다. 상상 불가능한 영역까지 기어코 침투한다. 고속도로 톨게이트 영업소는 역시 핵심 울타리에 있던 이들이 만들어 나온 새로운 울타리다. 한국도로공사 직원들이 곧잘 울타리 사장이 되었다.

이것도 성에 안 찼는지, 그들은 몇 년 전에 장애인을 고용해서 보조금을 받은 뒤 수혜 기간이 지나면 내쫓았다. 지원금을 위해 장애인을 물건처럼 옮겼다. 장애인을 위해 만든 나눔의 공간에서 그들은 이윤의 기회를 보았고, 민첩하게 행동했다. 울타리 치기의 정수다.

울타리 치기는 이제 대유행이다. 공기업과 사기업의 구분도 없다. 심지어 정부기관마저도 울타리 치기에 나섰다. 해양수산부 직원이 선주협회로 버젓이 옮겨가는 관행을 통해 정부가 울타리 관리에 힘을 실어주기도 한다. 울타리 지키기는 인간의 목숨보다 중요하기 때문에 수백 명의 학생이 죽어도 울타리는 꿈쩍도 하지 않는다. 화장실과 같은 공간에도 예외가 없다. 청소용역은 가장 변두리에 있는 울타리 치기다.

온 천지가 울타리다. 있는 울타리는 더 나누고, 비워진 곳에는 울타리 공사가 한창이다. 이제 막 세상에 나온 청년들이나 이미 그곳에서 쫓겨난 이들 앞에 약속된 들판은 없다. 울타리 숲만 무성하다. 그 앞에는 현수막 하나 걸려 있다. "여러분 힘내세요, 대한민국이 응원합니다." 나는 다시 《유토피아》를 읽는다.

또 다른 울타리 치기:
하청과 중간착취

10년도 훌쩍 넘은 일이다. 중국에서 공공부문 임금이 문제가 되어 개혁의 목소리가 높아지면서 중국 정부의 요청에 따라 관련 논의를 하러 베이징에 갔었다. 늘 그렇듯이 공공부문 임금은 정치적이고 경제적인 사안들이 얽혀 있어서 중국에서도 이미 복잡하고 미묘한 문제가 되어 있었다. 공공부문 종사자들은 박봉을 탓했지만 바깥의 시각은 정반대였다. 민간부문에 비해 상대적으로 고임금이고, 이 때문에 이제 막 자라나던 민간기업 부문의 임금도 들썩거린다는 것이었다. 당시 공공기업의 민영화가 실업과 임금 삭감을 유발하며 고통스럽게 진행되고 있던 터라 공공부문의 고용 안정과 상대적 고임금을 고깝게 여기는 사람들이 많았다.

당연히 논의는 어려웠다. 노사정이 머리를 맞대고 따져보고 결정하는 수밖에 없었다. 우여곡절 끝에 그런 자리가 만들어졌고, 나도 거기에 불려갔다. 중국식으로 허심탄회하게 진행되었고 '이방인'이 함께한 자리였으니, 오고 가는 말속의 크고 작은 가시를 알아채기는 힘들었다. 하지만 그 와중에 날 선 말들이 오갔다. 민간기업 대표자는 정부의 느슨하고 비체계적인 임금 관리 정책을 비판했고, 노동조합은 정부 편을 들었다. 정부 대표는 무덤덤하게 듣고 별다른 반응을 보이지 않았다. 장시간 회의에 진전은 없고 쳇바퀴만 돌았다.

이에 기업 대표가 발끈해서 한마디 했다. "솔직해지자. 정부가 다른 현안과 달리 공공부문 임금에 유독 느슨한 것은 정부의 퇴직관료가 공공부문 기업에 옮겨가야 하기 때문이 아닌가." 규제해야 할 사람이 곧 규제 대상의 자리로 옮겨갈 것이기 때문에 관료의 '사익'이 '공익'에 앞선다는 비난이었다. 규제자가 피규제자에 의해 포획되고 있다는 것. 순식간에 회의장에는 찬 기운이 돌기 시작했고, 서로 눈치만 살피다가 회의는 끝났다.

이렇듯 규제해야 할 사람이나 기관이 자신의 개별적인 이익 때문에 피규제 대상에 의해 포획됨으로써 규제가 공익이 아니라 특수이익에 봉사하게 된다는 이론은 경제학에서 "규제포획"이라는 용어로 널리 알려져 있다. 정부나 공공의 역할을 지나치게 단순화하여 "비효율적 정부와 효율적 기업"이라는 등식으로 비약되긴 하지만 규제와 관련한 정부관료의 사익 추구는 항상적인 위험요인으로 존재한다는 점은 부인하기 힘들다.

그리고 이러한 '지대 추구 행위'는 새로운 규제의 도입이나 기존 규제의 강화에서만 나타나는 것이 아니라 규제 완화에서도 광범위하게 발견된다. 정부 일을 하다가 기업이나 관련 민간기관으로 이동하는 일이 빈번해지고 이것이 전문성 강화나 경제적 효율성 제고라는 명분으로 이루어지지만, 실제로는 민원 해결 창구로 활용되기도 한다. 그러다 보니 필요불가결해 보이는 규제 완화조차도 쉽사리 의심의 대상이 된다.

최근 상황은 더 복잡하다. 정부나 공공부문만의 문제가 아니다. 민간기업에도 유사한 '포획' 사례가 많이 보인다. 하청이나 용역이 대표적이다. 물론 항상 그런 것은 아니지만, 간접노동을 매개하는 하청업체들의 상당수는 사실상 노동자를 채용하고 해당 임금을 전달하는 한정적 역할을 한다. 채용비용이나 관련 유지비용을 제외하고는 큰 규모의 운용비용은 발생하지 않는다. 하청을 받아 재하청에 넘기는 경우는 더 그렇다. 경제적 효율성을 추구하는 기업 입장에서 보자면 하청 구조는 전반적인 생산성을 유지하면서도 이런 비용을 줄여줄 때에만 그 필요성이 인정될 것이다. 하지만 현재 존재하는 하청 구조는 경제적으로 비합리적인 경우도 적지 않다. 예컨대 원청기업으로부터 임금 몫으로 받은 노무비와 노동자가 받은 실제 임금 간 차이는 크다. 김용균의 사망사고를 조사한 위원회에 따르면, 그 차이는 40~50퍼센트에 달한다. 용역업체가 부담해야 할 비용을 고려한다 하더라도 지나치게 큰 차이다. 게다가 용역업체 서비스가 창출한 부가가치는 극히 제한적이지 않은가. 여기서 무수한 문제들이 생겨난다. 저임금과 산업재해를 비롯한 열악한 노동조건뿐만 아니라 이와 관련된 생산 손실도 만만치 않다. 이 모든 것이 끝내는 전반적인 생산성에 악영향을 미친다는 점도 고려한다면 하청계약은 원청 입장에서 경제적으로 마이너스일 수 있다.

그렇다면 원청기업은 이런 비효율적 하청을 왜 도입하는 것일까. 비용과 위험을 하청을 통해 전가할 수 있다는 점 외에도 여러 가지 간단치 않은 이유들이 있을 것이다. 기업 내에서의 지대 추구 행위도 그런 이유 중 하나다. 원청기업의 (고위)직원들이 자신의 배타적 이익을 추구하는 과정에서 회사 전체의 이익과 일치하지 않는 생산방식을 만들어 나간다는 것이다.

예컨대 〈한국일보〉 기자들이 펴낸 《중간착취의 지옥도》에 따르면, 한국의 대표적 자동차 회사의 용역업체는 "대기업에서 오랫동안 근무했던 임원이나 부장들이 정년퇴임 이후에 한 번 거쳐가는 코스. 마지막으로 한몫 챙기는 자리"[20]다. 이들의 월급은 앞서 말한 노무비와 임금의 격차에서 조달된다. 더구나 이런 '한몫 챙기기'는 2차, 3차 하청을 통해 꼼꼼히 구조화된다. 제조업 하청의 흔한 풍경이다.

한국식 '가족 사랑'도 빠지지 않는다. 전자제품 시장에서 선두권에 있는 어느 기업은 자신의 친인척을 위해 기업 건물을 전담하는 청소용역체 기업을 세웠다. 청소비는 후하게 지급되었으나 청소노동자에게 돌아간 몫은 박했다. 그리고 문제가 될 때마다 원청기업의 입장은 요지부동이다. 노무비 분배는 하청업체의 권한일 뿐이고 원청기업과는 무관하다는 것. 애당초 자본주의적 기업이 금과옥조로 삼는 경제적 효율성에 반한 것이었으니, 원청기업은 하청업체의 생산과 노동문제에는 의도적으로 둔감했다. 최근 변화의 조짐이 보이지만 속도는 더디고 방향은 제각각이다.

결국 기업 내의 '지대 추구 행위'를 통제하지 않는다면 간접노동의 현실은 크게 개선되지 않을 것이다. 파편화되고 차별적인 노동시장은 노동과 노동 간의 갈등을 초래했고, 또 그만큼 노동자들의 연대와 조직이 절실하지만 이것만으로는 부족하다. 간접노동에 대한 비효율적 수요를 없애지 않는다면 힘겨운 오르막 싸움만 계속될 것이다. 따라서 이런 행위의 유인을 만들어 내는 기업경영 또는 지배구조를 원천적으로 바꾸는 것도 방법이다. 경영 효율화와 생산성 향상과는 거리가 먼 행위인 만큼, 기업이 적극적으로 나설 일이기도 하다. 기업의 자유 뒤에 숨을 일은 아니다.

물론 쉽지 않은 일이다. 법적 규제가 가능해도 복잡할 것이고 경제적 처벌도 쉽지 않을 것이다. 하지만 10년 전 베이징 회의에서의 그 누군가처럼 엷게 웃고만 있을 수는 없다. 드라마 시리즈 〈D.P.〉의 대사처럼, "바꾸려면 뭐라도 해야" 한다.

굳세어라,
소비자여!

소비는 곧 나의 힘이라고 가르치는 세상인데, 소비하는 인
간의 처지는 궁색하다. 때로는 가여울 지경이다. "인간은 생산하
지 않고 소비만 하는 유일한 창조물"이라고 쏘아붙인 조지 오웰
의 비아냥이 생각나서 나도 그처럼 닭이나 키워야 하나 싶다. 버
는 만큼 다 써버려야 살 수 있는 "세상에서 가장 헌신적인 소비
자"의 사정이 특히 딱하다. 돈복을 타고나서 기분에 따라 소비를
맘껏 할 수 있는 "기회주의적 소비자"는 물론 예외다. 그 딱한 사
정을 적어보자면 이렇다.

첫째, 소비는 자율적인 행위가 아니다. 오히려 집단적인 조
정 행위다. 덕분에 쇼핑은 마치 흐르는 물처럼 자연스럽다. 유럽
의 슈퍼마켓은 소비자의 미세한 마음마저 챙긴다. 입구에는 야
채와 과일이 즐비하다. 장바구니에 이를 먼저 챙겨두면 마치 건
강을 이미 얻은 듯 마음이 편안해져서 곧이어 보이는 육고기와

고칼로리 제품에도 손이 척척 간다. 이런 알뜰한 마음 씀은 한국에서 더하다. 소비자의 눈높이에 맞추어 센티미터 단위의 치밀함으로 상품을 진열한다. 오로지 고객의 편리를 위해 밤낮으로 고민하는 전담부서 덕분에 소비자는 라면을 사면서 냄비도 같이 사는 '자연스러움'을 누린다. 모름지기 내가 산 듯 사지 않은 듯한 무경계·무의식계가 쇼핑의 최고 경지 아니던가. 소비하는 인간은 잠시 놀라고 뒤늦은 후회를 짧게 할 뿐이다.

둘째, 소비는 그저 먹고 마시는 것이 아니다. 경제적 책임을 동반하는 때로는 외로운 일이고, 그 책임은 무한대다. 소비가 미덕이고 "열심히 일한 당신, 돈 좀 써도 된다"고 하기에 부지런히 나 자신과 경제를 위해 과감하게 썼다. 가끔씩 돈이 궁했지만 신용카드가 있고 은행 대출도 있다. 나라에서 허가받고 일하는 오로지 '신용'으로 먹고사는 '신용기관'에서 우릴 믿고 돈을 빌려주니 걱정하시도 않았다. 그런데 어느 날 경제가 어려워지자 소비자들은 난데없이 역정을 듣는다. 분수를 모르는 과소비가 문제였단다. 그 책임은 스스로 져야 한다고 했다. 평생 샴페인을 마셔본 적도 없는데 샴페인을 빨리 터트렸다고 하기도 했다. 웃어넘길 말은 아니었다. 이런 말들이 나돌자마자 먹고살기가 정말 어려워졌고 장바구니에도 세찬 찬바람이 불었다.

그래서 허리띠를 바짝 졸라맸다. 건강과 아이를 위해 최소한만 썼다. 사실 벌이도 시원찮아져서 졸라매고 할 일도 아니었다. 그래도 누굴 믿겠나. 내 통장에 든 내 돈, 그것도 예금보험으로 보장받을 수 있는 5,000만 원만 믿을 뿐이다. 악착같이 모았다. 그런데도 경제는 다시 어려워졌는데, 이번에는 소비자들이 돈주머니를 열지 않기 때문이란다. 내 손으로 뽑은 높은 분들은 근엄한 표정으로 소비자를 야단친다. 영 마땅치 않다. 무엇보다도 쓸 돈이 없고 저축해 둔 돈은 미래를 위해 남겨둬야 한다. 내수 진작에 보탬이 되고 싶어도 그럴 수가 없다. 그랬더니 몇 년 전에는 정부가 묘수를 내었다. 어린이날의 기쁨을 튼실한 소비로 이어가기 위해, 그다음 날을 임시공휴일로 제정했다. 사람들은 모처럼 생긴 여유로운 시간에 장 보러 나섰다. 백화점과 시장의 매출이 몇십 퍼센트 올랐다. 머리 좋다는 경제전문가들은 정책이 주효했다고 희색인데, 정작 소비자들은 갸우뚱했다. 다음 주에 갈 쇼핑을 임시공휴일에 앞당겨서 한 것뿐인데 소비가 늘었다고 하니 그 계산법이 의뭉스러웠다.

셋째, 소비는 자신의 건강을 오롯이 홀로 책임지는 행위다. 소비자가 제품 내용을 일일이 챙길 수가 없어서 국가가 규제와 감독을 맡아서 한다고 하지만 빈 구멍이 적지 않다. 소비자들이 목숨을 잃고서야 그걸 알게 된다. 입으로 떠들어야 소용없다. 오로지 죽음으로만 증명할 수 있다. 정부가 소비자보다 '더 빨리 울고' '먼저 일어나는' 영화 같은 일은 드물다. 그래서 영화 같은 일이라고 한다. 가습기 살균제로 아이들이 죽어도, 그 세정제의 판매를 허락하고 세금까지 챙겨온 정부는 당당하다. 기업이 잘못했고 기업이 보상하면 된다 한다. 기업이 자기 제품의 유해성을 친절하게 알려주지 않을 듯하니 앞으로 소비자는 집집마다 실험장비를 설치해서 제품을 써보기 전에 유해성 여부를 검사해야 한다. 살려면 소비자는 부지런해야 한다.

서비스를 구매하는 것도 소비다. 이 또한 극도로 세심해야 하는 행위다. 세월호의 '관광서비스'를 구매했다가 젊은 목숨을 내놓은 단원고 학생들에게 정부는 당당했다. 기업의 잘못이고 선원의 잘못이라며, 그런 못된 놈들을 정부는 "네, 이놈" 하고 혼내주었단다. 정부란 이렇게 혼만 내는 기관이니, 죽기 싫으면 소비자가 꼼꼼해야 한다. 배를 타기 전에 설계도를 살피고, 선적량도 확인하고, 선원들의 정신상태도 점검하고, 승선 후에는 경치에 심취할 게 아니라 관제센터와의 통신상태를 살펴야 한다. 내가 전혀 존경하지 않는 노벨경제학상 수상자 밀턴 프리드먼은 내게 단 한 번 솔깃한 얘기를 한 적이 있다. "많은 사람이 정부가 소비자를 보호하길 원한다. 하지만 훨씬 더 긴급한 문제는 정부로부터 소비자를 보호하는 것이다."[21]

넷째, 소비자는 이렇게 고달프다. 그래서 어느 날 고궁을 다녀온 김수영 시인처럼 "조그만 일에 분개한다". 유해물이 들어 있는 제품에 대해 집단적으로 항의하지 못하는 소비자들은 마트에서 일하는 직원들에게 짜증 낸다. 물건이 제 위치에 없다, 왜 반품해 주질 않느냐, 왜 날 무시하느냐. 이렇게 이어지는 항의 소동에 기업은 간단하게 대응한다. 해당 직원을 불러 "고객님"에게 사과하라고 하고, 때로는 무릎까지 꿇린다. 기업의 문제를 소비자와 판매노동자 간의 문제로 둔갑시키는 신출귀몰한 재주 때문에 우리는 우리들끼리 치고받고 싸운다. 소비자의 발길에 쓰러지는 사람은 판매노동자, "일하는 소비자"다. 예로부터 그랬다. 이런 싸움판에서 돈 버는 사람은 따로 있다.

아, 온몸으로 소비하는 헌신적인 그대는 슬픈 종족이다. 위로의 말은 마땅히 없다. 그저, 굳세어라, 소비자여.

네 코앞의 일을
제대로 본다는 것

별의별 글을 다 쓴 조지 오웰이 '네 코앞에서'라는 제목의 글을 쓴 적이 있다. 자신이나 타인의 생계 문제에 민감한 사람이었으니, '내 코가 석 자' 류의 얘기인 줄 알았다. 나의 슬픈 예감은 틀렸다. 제2차 세계대전 직후 물자 부족이 심했던 때에 석탄 수요는 급승하는데 광부 인력은 턱없이 부족했다. 수만 명의 광부가 필요했으니, 당장 해법을 찾기 힘들었다. 대책을 세우라며 난리법석이었다. 광부 인력이 넘치는 폴란드와 독일에서 사람을 데려오는 방법밖에 없었다. 그랬더니 또 한바탕 난리가 났다. 절대 안 된다는 것이었다. 물론 이쪽에서는 이러고 저쪽에서는 저럴 수 있다. 그런데 똑같은 신문의 같은 지면에서 두 가지 주장이 버젓이 나왔다고 한다. '당장 해법을 구하라, 하지만 그 유일한 해법은 반대한다'는 것이다.

비슷한 예는 수없이 많았다. 조지 오웰은 이런 정신분열증적인 사고방식의 광범한 존재와 이를 거리낌 없이 드러내는 사회적 상황을 걱정하며 말했다. "코앞에서 벌어지는 일을 (제대로) 본다는 것은 끝없는 투쟁이다."

2021년 미국 텍사스 사막에 우주선이 쏘아 올려졌다. 우주선 발사는 이제 별일 아닌 일상이 되었지만 이번은 달랐다. 그 주체가 미국항공우주국NASA이 아니라 민간이었기 때문이다. 그것도 현재 지구에서 제일 돈 많은 사나이, 아마존의 제프 베이조스Jeff Bezos였다. 바이러스가 무중력 비행 속도처럼 퍼져나간 지난 2년 동안, 그는 자신의 재산을 바이러스 확산 속도만큼 빠르게 불렸다. 최근 통계로는 두 배 가까이 늘었다고 한다. 지상의 '금광'으로는 부족했는지, 그는 우주라는 새로운 '서부'를 찾아 나섰다. 우주선에 타고 내릴 때 그는 카우보이모자를 썼다.

그 옛날 서부 개척이 '빈곤 없는 번영'을 내걸었다면, 그의 '서부'는 지구 환경 문제를 해결할 대안이라 한다. 지구 오염을 해결해 줄 곳을 우주에서 찾겠다는 것인데, 한마디로 지구의 생존을 위한 우주의 식민지화다. 친숙한 인류의 식민 역사가 이제 우주적 차원으로 확대되고 있다. 서부 개척자들이 직접 말을 타고 '약속의 땅'을 찾아 나서는 서부 영화에서처럼, 베이조스는 우주선을 직접 타고 둘러보았다. 그리고 지구의 오염을 막아보자고 나선 길에 거대하고 짙은 오염을 남겼다. 우주선이 대기권을 뚫으면서 약 300톤의 이산화탄소를 뿜어냈다. 대기권 상층부에 남은 이산화탄소는 수년간 사라지지 않고 머문다. 그의 코앞에서 벌어지는 모순인데, 그는 모른다.

원대한 꿈을 키우고 지상으로 돌아온 베이조스는 선량한 카우보이가 되고 싶었던 모양이다. 기자들을 모아두고 말했다. 생애 최고의 날이었고 당장에라도 다시 우주로 가고 싶다고 한 뒤, 지상에 남았던 사람들에게 그 누구도 고마워하지 않을 '감사의 말'을 남겼다. "모든 아마존 직원들과 모든 아마존 고객들에게 고맙다는 말을 하고 싶다. 이 모든 것들의 비용은 (결국) 당신들이 지불했기 때문이다." 마시던 커피를 쏟을 뻔했다. 아마존을 통해 매달 몇 권의 책을 사는 내가 저 우주선이 뿜어낸 이산화탄소에 '미력이나마 기여'했다는 것이고, 화장실에 갈 시간도 없어 플라스틱 통에 소변을 봐가면서 크고 작은 사고의 위험도 감내하고 짠 내 나는 월급도 마다하지 않으면서 서부 캘리포니아 광산의 노동자처럼 묵묵히 일했던 아마존의 노동자들은 우주선의 몸통을 만들고 있었던 것이다.

그가 잊은 것도 있다. 세금 한 푼 내지도 않고 그가 당당할 수 있게 해준 거대한 정치경제 시스템의 수호자들. 그들 덕분에, 그동안 꼬박꼬박 세금을 낸 사람들로부터 돌 맞을 일을 피했다. 그들이 없었다면, 그가 무사히 지상에 안착하도록 해준 낙하산은 없었을 것이다. 마땅히 고맙다는 말은 남겼어야 했다. 그들 덕분에, 그의 '코앞에서 벌어지는 일'은 일관되게 조화롭다. 모든 것이 그로 향해 있기 때문이다.

지상은 그야말로 '내 코가 석 자'인 상황이다. 불과 몇 년 전을 생각해 보라. 한쪽에서는 백신이 넘치는데도 백신이 싫다는 사람도 많아 재고가 쌓여가고, 다른 한쪽에서는 백신이 없어서 아우성이다. 이런 상황에서 자연스러운 이치는 넘치는 곳에서 부족한 곳으로 백신을 옮기면 되는 것인데, 한사코 안 된다고 한다. '모든 사람이 안전해지기 전까지는 어느 누구도 안전하지 않다'며 백신 박애주의를 내세우던 사람들도 고개를 내젓는다.

그때 마침 경기 과열을 걱정하는 목소리가 나왔다. 코로나 때문에 미국과 유럽에서 그동안 억눌렸던 소비 수요가 터져 나오면서 산업활동이 빠른 속도로 회복되고 있다. 가게와 공장에서 일할 사람을 구하지 못하는 사태까지 생기고, 심지어 웃돈을 줘도 채용하지 못한다고 한다. 경제전문가는 이럴 때 유독 발 빠르게 나선다. 이러다가 임금은 오르고 물가도 올라서 어렵게 키운 회복의 기회를 망쳐버릴지 모른다고 했다. 정부의 관대한 지원 때문에 노동자들이 일을 하려 하지 않는 것이 큰 이유라면서, 늘 그랬듯이 정부와 노동자를 겨냥했다. 물가 인상은 의당 걱정해야 할 일이지만 그 걱정의 마지막은 이렇게 도돌이표처럼 '임금 인상에 따른 기업 경영의 어려움'으로 귀결된다.

그런데 정부의 관대함이 문제라면 기업부터 따져야 한다. 최근 OECD 국가를 대상으로 한 연구에 따르면,[22] 코로나 기간 동안 정부의 지원이 없었다면 적어도 15퍼센트의 기업이 문을 닫았어야 했다. 2008~2009년 경제위기 때 겪었던 파산 규모와 유사하다. 그런데 실제로 파산한 기업의 수는 2020년에 오히려 줄어들었다. 일반적인 상황이었더라면 파산했어야 할 '좀비기업'도 살아남았기 때문이다. 정부의 파격적인 지원 덕분이다. 그런데 정부의 이런 지나침에 대해서는 별다른 말이 없다. 게다가 지금의 인력난은 일자리를 잃은 사람들이 코로나 이후에 어떤 일을 할지를 모색하고 있는 상황에서 생긴 일이다. 그래서 한쪽에서는 인력난이지만, 다른 한쪽은 실업난이다. 이 모든 것이 우리 코앞에서 동시에 벌어지고 있다.

또 하나, 세상에는 코앞에 벌어지는 일에 모순적이어도 되거나 그런 모순으로 살아가는 사람이 있고, 그런 모순이 원천적으로 용인되지 않는 사람들이 있다. 고만고만한 뻔한 수입으로 생계를 꾸려가는 사람에게는 "둘에 둘을 더하면 변함없이 넷이 된다. 하지만 정치라는 비유클리드적non-Euclidean 세계에서는 부분이 전체보다 크기 쉽다."[23] 다시, 조지 오웰의 말이다.

결국 힘의 문제다. 논과 권력이 있으면 뜻대로 말하면 된다. 일관되지 않아도 된다. 사실에 맞지 않아도 된다. 알아서 이해해 주거나, 옆에서 열심히 주석을 달아주는 사람이 있기 때문이다. 생각해 보니 코앞에서 날아다니는 파리를 잡기가 제일 힘들다. 그리고 제 손으로 파리를 잡아야 하는 사람이 있고, 난리통을 벌여서 기어코 남이 제 코앞의 파리를 잡게 하는 사람이 있다.

일자리의
진정한 가치

"구름이 몰려오고 하늘은 어두워진다." 경제가 어려워진다고 할 때 자주 나오는 표현이다. 그때마다 으레 일자리에 대한 걱정이 커진다. 정책적 묘안을 둘러싼 고민도 많아지고, 정치 상황이 가시밭인 나라에서는 감정적인 갑론을박도 따른다. 그런데 실제 정책이 이 무성한 말만큼 일자리에 대해 배려하는 경우는 많지 않다.

일자리를 잃는다는 것은 돌부리에 걸려 주춤하다 다시 제 길을 걸어가는 것이 아니다. 실증연구에 따르면, 한번 실직하면 또다시 실직할 위험이 높아지고 그러다 보니 실직 경험자의 소득 수준과 안정성은 오랫동안 현저히 떨어진다. 인생 역전은 힘들다.

더 넓게 보자면, 실업은 노동자의 숙련과 경험을 잠식하여 경제의 잠재생산력을 줄이고 노동소득 감소를 통해 총수요도 줄인다. 이렇게 잠식된 경제는 역시 쉽사리 회복되지 않는다. 게다가 실직의 정치적·사회적 효과도 무시 못 할 정도다. 실업은 이혼율과 범죄율을 높이고 사회적 갈등을 악화시키며 노동자의 사망률을 높인다는 연구도 있다. 실직의 영향은 이렇게 장기적이고 포괄적이다. 돌부리에 걸리는 것이 아니라 개울 위 다리에서 떨어지는 것에 가깝다. 경제위기로 큰 비용을 치르고 새삼 깨달은 교훈이다. 이런 효과를 고려하지 못해 그간 정책 반응이 소극적이었다는 자성의 목소리도 높다.

일자리는 당장 손에 쥐게 되는 노동보상 이상의 가치를 가진다. 노벨경제학상 수상자인 장 티롤Jean Tirole이 주목했듯이, 일자리에는 '외부효과'가 있기 때문에 일자리의 사회적 가치는 시장에서 흔히 보상되는 사적 가치보다 크다.[24] 소득분배 연구의 대가인 토니 앳킨슨Tony Atkinson은 한발 더 나가서 일자리는 교육과 건강과 같은 '가치재'라고 했다.

따라서 사적 가치의 논리에만 맡기면 일자리의 양과 질이 사회적 필요 수준보다 못할 수 있다. 일자리의 구조적 부족 현상이 생길 수 있다는 것이고, 적극적인 일자리 정책이 필요하다는 뜻이다. 방법은 다양하다. 예컨대 귀한 나라 살림 일부를 떼어 기업이나 개인에게 고용보조금을 주면서 일자리를 늘리거나 유지하도록 하기도 한다.

공공성이 강한 분야에 일자리를 창출하는 것도 필요하다. 공공부문이 나서면 민간부문이 위축된다는 걱정도 있지만, 일자리의 공공성이 명확한 곳에 정책을 집중하면 해결될 문제다. 오히려 공공성이 강한 곳을 민간 경쟁에 맡기면 뜻하지 않은 부작용이 더 많다. 민간부문의 '주연' 역할만큼 공공부문의 '마중물' 역할도 중요하다. 상충관계로 볼 일만은 아니다.

한국 공공부문의 고용은 OECD 국가에 비해 아주 낮은 수준이다. 공기업을 고려해도 마찬가지다. 복지서비스와 같은 사회적 인프라에 대한 요구는 급증하고 있는데, 이런 서비스를 전달하는 인력은 턱없이 부족하다. 직업 공무원의 과잉을 경계하는 만큼, 발로 뛰는 공공서비스 제공자의 과소도 걱정해야 한다. 제대로 된 환경 투자를 통한 일자리 창출 가능성도 높다. 공공부문을 개혁하고 과감하게 사회적 투자를 확충하면서 좋은 일자리를 만들 여지가 크다는 얘기다.

당대의 서예가였던 장일순 선생에게 어린 학생이 붓글씨를 배웠는데 좀처럼 실력이 늘지 않았다. 획수가 제각각인 글자를 똑같은 크기로 쓰느라고 애를 먹었다. 그때 선생이 그랬단다. "획수가 많은 것은 크게 쓰고 적은 것은 작게 써도 된다." 그 학생은 마치 개안한 듯했다고 한다. 이런 열린 마음으로, 공공부문에 어떤 일자리가 얼마나 필요한지에 대한 사회적 논의가 필요하다. '구름이 몰려오기 전에' 서두르는 게 좋겠다.

일자리와
정치

샬럿 브론테는 《제인 에어》로 성공했으나, 또 다른 소설 《셜리》를 쓰면서는 고통스러워했다. 엇갈리다 조우하여 매듭짓는 사랑에 관한 소설인데, 펜에 속도가 붙기도 전에 그녀의 동생들이 연이어 세상을 버렸다. 슬픔을 추스르고 소설로 돌아왔을 때, 그녀는 들뜬 젊은 사랑의 배경으로 19세기 초반의 아찔한 현실을 끌어들였다. 첨단기계의 도입으로 일자리를 잃게 된 섬유 노동자들이 분노하여 기계를 공격했던 러다이트 운동Luddite Movement. 소설 속 남자 주인공은 기계 도입에 앞장선 섬유 공장 사장이었고, 날카로운 분노의 과녁이었고, 셜리보다는 그녀의 재산에 마음을 잃은 인물이었다.

그를 마주한 노동자들은 이렇게 말한다. 발명이나 혁신은 좋다. 그것을 막자는 것은 아니다. 하지만 사람들을 굶게 내버려두는 것은 옳지 않다. 정치를 하는 자들이 방도를 찾아야 한다.

맨날 어렵다고 쉰소리 내는 자들이지만 그런 어려운 일을 하라고 뽑아준 것이다. 공장주는 말한다. 그러니까 의원들을 찾아가 맘껏 항의하라. 발끈한 노동자는 당신도 기계 도입 속도를 늦추라고 요구한다. 공장주는 절대 그럴 수 없다고 한다. 설령 내가 그렇게 하더라도 다른 회사들이 경쟁적으로 기계를 사들일 테고, 나는 결국 파산할 뿐이다. 그래서 그는 더욱 당당하게 내일 당장 기계 한 대를 더 도입하겠노라고 선언한다. 평행선에 선 양쪽은 결국 서로에게 총을 겨누고 쫓고 쫓긴다.

누구도 들어주지 않는 분노에는 궤적이 없다. "비참함은 증오를 낳는다. 고통받는 자는 기계가 자신들로부터 빵을 뺏어갔다고 믿고 증오한다. 기계가 설치된 건물을 증오한다. 그 건물을 소유한 공장 사장도 증오한다." 브론테는 이런 날 선 고발을 남기고도 어쩔 줄 몰라 하다가 마침내 소설의 후반부에서는 침묵한다. 셜리는 새로운 사랑을 얻고, 증오는 끝내 묻힌다.

《셜리》는 그다지 성공한 소설은 아니다. 그러나 "비참함은 증오를 낳는다"는 구절은 영국 복지국가의 기초를 닦은 경제학자 윌리엄 베버리지William Beveridge의 대저작 《자유사회에서의 완전고용Full Employment in a Free Society》의 표지에 인용되었다. 일자리를 잃는다는 것은 단지 빵만의 문제가 아니라 인간의 존엄에 관한 것인 만큼 쉽게 증오와 불안으로 발화된다. 그렇다고 해서 이런 분노를 막는 일이 《셜리》의 섬유 공장주와 같은 개별 고용주의 선의에만 의지할 일도 아니다. 그래서 베버리지는 《셜리》의 노동자들이 호소한 국가의 역할과 책임에 주목한다. 그는 완전고용을 국가의 책무라고 선언했고, 그 구체적인 잣대로 3퍼센트의 실업률까지 제시했다.

덕분에 20세기 후반에는 일자리에 관한 국가의 적극적 개입이 널리 받아들여졌다. 하지만 반격도 만만치 않았다. 완전고용에 도달하면 노동자의 협상력이 커져서 임금이 상승하고 노동비용도 올라 물가마저 덩달아 치솟아서 경제가 어려워진다는 것이다. 이런 거시경제적 걱정이 커지면서 물가 관리가 슬그머니 우선순위에 오르고 일자리는 후순위로 밀리게 되었다. 일자리에 '봄'이 온다 싶으면, 바로 임금 인상과 물가를 걱정하여 긴축태세에 돌입한다. 그러니 일자리를 위한 팽창정책은 한발 늦고, 물가 과열을 막으려는 긴축정책은 한발 빨라서 일자리 사정을 어렵게 한다.

게다가 최근에는 실업률이 낮아지고 기업들이 사람 구하기 힘들다고 하소연하는데도 임금은 계속 정체되는 현상이 잦다. 저명한 노동경제학자 데이비드 블랜치플라워David Blanchflower 는 '포기의 경제학' 때문이라고 한다.[25] 일자리에 대한 기대를 버리고 그저 기회가 있는 만큼 일한다는 것이다. 일자리 기회가 생기면 이런 사람들이 쏟아져 나와서 임금이 늘지 않는다. 임금 협상을 해줄 노조도 없다. 허깨비 같은 임금과 물가 걱정 때문에 긴축정책은 이제 두 발 앞서고, 적극적인 팽창정책은 두 발 느리다.

그리고 일자리가 넘치면 노동자들이 게을러지고 생산성이 떨어져서 사회적 관리가 힘들다는, 자본주의 역사만큼 유구한 걱정은 좀체 사라지지 않는다. 평행선을 달리는 세상은 크게 변하지 않았다. 러다이트 운동이 기대했던 정치인들은 여전히 '셜리' 같다. 잠깐 놀라고, 곧 잊는다. 경제의 먹구름이 몰려온다는 데 꼼짝하지도 않는다.

베버리지의 꿈은 원대했다. 사람이 일자리를 찾는 것이 아니라 일자리가 사람을 찾아가는 세상. 두려움이 아니라 희망에 이끌려 일하는 세상. 무슨 개뼈다귀 같은 소리냐고 하겠지만 적어도 상대 멱살만 잡고 으르렁대는 것보다는 낫지 않나.

세계주의를
경계한다

무역과 투자의 자유화를 내세우며 거칠게 몰아붙였던 세계화는 지금 싸늘해져서 다들 돌아보는 것조차 꺼린다. 하지만 세계화의 열풍은 뜨거운 물에 잠깐 데인 화상도 아니고, 섣부른 편들기도 아니었다. 경제적 이해관계의 문제이자 이를 관통했던 내러티브의 문제였다. 후자를 편의상 세계주의globalism라 부를 수 있을 터인데, 따져볼 것은 수만 가지다. 개인적으로는 우선 두 가지를 생각한다.

첫째는 평균이라는 편리한 방패막이다. 2016년 11월에 도널드 트럼프가 선거전략의 일환으로 자유무역을 무차별하게 공격하면서 미국 제조업 노동자의 지지를 넓혀가고 있을 때, 저명한 경제학자 수백 명이 성명서를 내어 트럼프의 잘못된 통계와 자의적 분석을 정면 공격했다. '오도한다mislead'라는 단어가 유독 많이 등장하는 이 성명서가 내놓은 대답은 "무역 혜택이 균등하게 분배되고 있지는 않지만, 소득과 부는 평균적으로 대폭 증가했다"는 것이었다. 내 몫이 어디에 있는지를 묻고 있는 분배 문제에 대한 답변으로는 옹색했다. 화가 잔뜩 난 유권자 입장에서는 이들 경제학자야말로 '오도한다'고 생각할 법했다.

지난 세계화 시대에는 시민들이 분배에 대해 물으면 답변은 늘 '평균적 개선'이었다. 분열되는 거친 현실을 가상의 평균으로 봉합하려는 시도였다. 돌이켜 보면 이런 엇갈리는 '세계주의' 대화에서 세계화가 오래 버티기는 힘들었다.

둘째는 장소location에 대한 이상주의적 무시였다. 수시로 대서양과 태평양을 넘나들다 보면 세상은 마치 탄탄하게 잘 연결된 유기체 같고, 국경이란 행정적 편의상 줄을 그어둔 것에 불과하다고 착각하기 쉽다. 게다가 민족이니 국가니 하면서 처참한 싸움박질을 한 것도 불과 60~70년 전이고 지금도 멱살잡이는 국지적으로 계속되고 있으니, 이 단어들을 멀리하고 싶은 세계평화주의적인 욕망도 강하다.

이런 생각이 강한 사람들은 대부분 고학력·고소득자다. 자신의 빛나는 전문직을 통해 자기 정체성을 찾기 때문에 민족이나 공동체와 같이 땀 냄새 밴 것들은 피한다. 징글징글한 국내 정치에서 본전치기 설전을 벌이는 것보다 스위스 다보스포럼에서 세계공동체적 비전을 우아하게 밝히는 게 낫다. 그래서 '다보스 사회주의'는 농담 같은 현실이다. 물론 내게도 아프게 적용되는 얘기다.

하지만 폴 콜리어Paul Collier가 《자본주의의 미래》에서 지적 했듯이,[26] 현실정치는 우리가 발붙이고 사는 곳에 따라 정해지는 것이고, 정치는 그곳에서 개별 시민들의 소속감belonging을 빚어내는 내러티브를 만들어 가는 과정이다. '국제적 마인드'를 가진 엘리트와 달리 일반 시민들은 일이나 노동을 통해 소속감을 찾기도 힘들다. 바야흐로 불평등의 확대와 일자리 불안정화 시대다. 이런 상황에서는 자신이 뿌리내린 공간적 정체성을 찾게 되는 것이 자연스럽다. 개별적 삶을 찾기 위한 일상의 발버둥인데, 이를 실현해야 할 정치는 너무 '세계적'으로 멀리 있다. 정치와 경제를 자신의 공간으로 다시 불러오려는 노력에는 '낡은 민족주의'와 '애국주의'의 딱지가 붙는다. 정치적 거부감은 이 거리만큼 커졌고, 정치적인 빈 공간도 생겨났다. 그 빈자리는 트럼프류의 신종 애국주의 정치가 메웠다.

물론 실패한 세계화의 대안이 국가주의나 민족주의일 수는 없다. 하지만 시민들이 살아가는 현실 공간에 깊숙이 자리 잡은 공간적 정체성을 손쉽게 민족주의로 정의해서도 안 된다. 그 정체성이 역사적으로 축적된 산물이라면 더욱 그렇다. 무식한 대중의 열뜬 반응이라거나 영악한 정치인들의 노림수라는 식의 반응도 경계해야 한다. 경제에서 역사와 정치를 분리해야 한다는 말은 지적으로 흥미롭지만, 현실적이지도 옳지도 않다. 분노는 항상 현실적이다. 천박한 분노란 없다. 분노에 대응하는 천박한 방식만이 있을 뿐이다. 시민들의 불안과 분노를 껴안고 길을 같이 헤아리는 것이 먼저다. 그 분노에 사회정치적 의미를 부여하고 공동체적 해법을 구체적으로 찾는 것이 먼저다. 그렇지 못한 말은 한가한 훈계일 뿐이고, 역설적이게도 '낡은 민족주의'의 불쏘시개가 된다.

정치는 실제 역사를 공유하는 실질적 장소에 관한 것이다. 세계주의는 모든 이의 꿈을 좇지만 실제로는 누구한테도 속하지 않는다.[27] 트럼프를 싫어하지만 왜 그러는지는 이해한다는 하버드대 경제학자 대니 로드릭$^{Dani\ Rodrik}$이 한 말이다.

세계화 시대의
일그러진 경쟁

농담처럼 던진 말이 따끔한 진실이나 진심인 경우가 더러 있다. 어떤 경우에는 어마무시한 '법칙'이 되기도 한다. 찰스 굿하트Charles Goodhart라는 영국 경제학자의 이름을 딴 '굿하트의 법칙'이 그랬다. 복잡한 통화정책 얘기를 다루다가 나왔는데, 영국의 인류학자가 좀 더 쉽게 설명했다. "척도measure가 목표target가 되는 순간 더는 좋은 척도일 수 없다."

사례는 넘친다. 가령 식민 지배 시절 영국이 제 나라에 없는 뱀이 인도에 창궐하는 걸 보고 무서워한 나머지 뱀을 잡아오면 보상하겠다고 하자 '영특한' 인도인은 아예 뱀을 키운 뒤 죽여서 더 큰돈을 벌었다. 죽은 뱀의 숫자는 늘었으니 척도로는 성공적이었을지 모르나, 똬리를 틀고 있는 뱀의 숫자도 늘었기에 정작 목표인 영국인의 안전 확보에는 실패했다. 우리 식으로 표현한다면 "손가락으로 달을 가리키니 달은 보지 않고 손가락만 본다"

가 아닐까 싶다.

최근에는 이 법칙이 의외의 모습으로 드러났다. 약 20년 전에 세계은행은 '기업환경평가' 지표를 개발했다.[28] 시메온 단코프Simeon Djankov를 비롯한 경제학자들이 국가 간 비교 연구를 통해 기업규제가 사실상 정치인과 관료의 이익을 위한 것일 뿐 경제성장에는 오히려 방해가 된다고 주장한 것에 힘입어 세계은행은 각국의 기업규제를 수치화한 지표를 만들었다. 조세, 창업과 부도 절차, 고용과 해고의 용이성 등 주요 분야를 망라했다. 국가 순위도 발표했다. 순위를 매겨 국가 간 선의의 경쟁을 유도하자는 계획이었다. 지표의 '씨앗'을 뿌린 단코프가 기술적 작업을 주도했다.

세계은행의 영향력 덕분에 이 평가 지표는 맹위를 떨쳤다. 특히 세계은행의 지원에 의존해야 하는 개발도상국은 매년 발표되는 나라별 기업환경평가 순위에 신경을 곤두세웠다. 순위 경쟁에서 결과가 나쁘면 해당 국가는 순위를 올리기 위해 각종 법규를 개정해야 했다. 심지어 대통령이나 총리가 순위를 몇 단계 끌어올리겠다는 것을 국정과제로 제시하기도 했다. 세계은행은 이 지표의 개선이 경제 성과의 개선을 가져온다는 연구를 들이대면서 지표가 '믿음'이 아니라 '과학'임을 주장해 왔다.

논란을 피할 수 없었다. '규제는 악' 또는 규제는 없을수록 좋다는 단순한 전제도 문제였고, 기본적으로 법률적 표현인 규제를 수치화하는 방법을 둘러싸고도 잡음이 많았다. 게다가 법률은 무시무시하지만 거의 적용되지 않아 규제가 종이호랑이 신세인 경우도 많았다. 지표상으로는 호랑이가 따로 없는데 실제로는 빈껍데기다.

가장 논란이 된 것은 고용과 해고에 관한 지표였다. 고용과 해고가 쉬워야 하고, 노동시간이나 임금 관련 규제는 없는 상황을 최적의 기업환경으로 상정하고 지표를 개발했기 때문이다. 노동계와 학계의 반발이 뒤따랐고, 몇 차례 방법론적 수정을 거듭하다가 결국 평가 지표에서 배제되었다. 하지만 이를 제외하고는 세계은행 지표의 영향력은 날로 커져갔고, 각국 정부는 순위가 개선되면 대대적으로 선전했고 악화되면 숨기거나 지표의 신뢰성을 문제 삼았다.

이렇게 지표가 '목표'가 되면 지표는 정치 행위의 대상이 될 수밖에 없다. 나라마다 발표 전에 자국의 순위를 미리 알아내려고 하고, 지표 작업을 하는 연구팀을 접촉하거나, 사정이 여의치 않을 때는 고위급 회의에서 공개적으로 시정조치를 요구했다. 기업, 언론, 정치권에서는 세계은행의 평가 지표를 성배로 삼아 사사로운 규제 완화를 공익의 이름으로 요구했다. 한국의 지표 활용법도 다르지 않았다. 순위가 오르면 정부는 자신의 정책 방향과는 관계없이 대대적인 홍보를 했고, 순위가 떨어지면 언론과 재계에서 규제 때문에 곧 경제가 파탄 날 것처럼 호들갑을 떨었다.

그리고 사달이 났다. 중국은 오랫동안 이 평가 지표에 불만을 제기했으나 큰 변화가 없었다. 그래서 2017년에 세계은행의 최고위급 인사를 통해 순위 개선을 요구했다. 보는 눈도 많고, 특히 미국이 이 지표와 관련된 작업을 면밀히 챙겨보고 있는 터라 임의로 변경하기란 불가능했다. 그래서 방법론적 개선책을 찾았다. 예컨대 홍콩을 중국에 포함시킨다든지, 중국 전체가 아니라 베이징과 상하이만 고려한다든지. 그 어느 것도 여의치 않게 되자 당시 세계은행의 최고경영자가 나섰다. 대부분 지표가 사실상 전문가의 판단을 요구하는 것인 만큼, 일부 지표에 대해 정무적 판단을 가미해서 중국의 순위를 상향 조정했다. 이렇게 해서 원래 85등이었던 것을 78등으로 만들었다. 그 전해에도 78등이었다.

이런 지표 조작을 주도한 당시 세계은행 최고위급은 지금 IMF 총재이고, 이를 기술적으로 뒷받침한 사람은 이 지표의 과학적 기초를 정초한 경제학자 단코프다. 공교롭게도 두 사람 모두 불가리아 출신이다.

논란이 커지자 세계은행은 기업환경평가를 공식적으로 중단했다. 하지만 반응은 미묘하게 갈렸다. 지표의 정치적 조작을 비난하면서 현 IMF 총재의 즉각적 사임을 요구하는 여론이 거세게 일기도 했고, 이런 비과학적 개입이 문제일 뿐 지표의 과학적 신뢰성은 여전히 높다는 주장도 나왔다.

하지만 문제의 근본은 세계은행 지표의 비현실적인 단순성과 규제 완화 편향이다. 그리고 이에 기반해서 나라별 순위를 발표함으로써 일그러진 경쟁을 유도한 점이다. 지표를 둘러싼 정치적 논란이 계속되던 동안 지표의 신뢰성을 따지는 전문가 보고서도 같이 발표되었다. 언론의 별다른 주목을 받지 못한 이 보고서는 순위 매기기를 그만둘 것을 강력하게 권고했다.

지표의 편향성은 중국의 입장에서 생각해 보면 쉽게 이해되기도 한다. 문제의 2017년에 중국은 세계에서 가장 빨리 성장한 나라에 속했다. 성장률이 둔화되었다고 하지만 여전히 7퍼센트 정도였다. 개발도상국 중에서도 이 정도의 성장을 보인 나라는 없었다. 적어도 중국 입장에서는 기업환경평가 지표가 곧 기업 성과와 경제성장을 가리킨다는 주장은 전제 자체가 잘못되었거나 지표를 잘못 측정한 것으로 보였을 것이다.

게다가 세계은행 내에서 지표를 이용한 '지대 추구 행위'도 만만치 않았다. 지표에서 순위가 많이 밀린 나라들은 세계은행에 '자문 서비스'를 요청했다. 돈을 지급하고 순위 개선 방식에 대한 조언을 얻었다. 그렇게 하면 다음 해에 순위가 올랐다. 지표 작업을 하는 프로그램에서 이런 서비스를 제공했기 때문이다. 말하자면, 순위 개선을 구매했던 것이다.

이렇게 보면 굿하트의 법칙은 그나마 척도가 옳을 때 맞는 얘기다. 잘못된 척도가 목표가 되면 그 척도는 사회를 그릇된 방향으로 이끈다. 그간 경쟁적으로 쏟아져 나온 국가경쟁력 지표들을 경계하는 까닭이다.

브렉시트의
또 다른 탈출

    오랜만에 찾아뵌 장인어른은 여든의 연세에도 건강해 보였
다. 멀리 살면서 제대로 챙기지 못하니 새삼 미안하고도 고마웠
다. 살가운 안부 인사가 오가야 할 상황에서 장인어른이 두서없
이 물었다. "브레크시트가 뭐꼬." 나는 그것이 브렉시트^{Brexit}라
는 것을 알면서도 "뭐라고요"라고 재차 물었다. 예기치 않은 질
문에 놀라서 얼떨결에 질문의 화살을 돌려놓았다. 장인어른은
당신이 애청하는 종편뉴스에서 들은 기억을 되뇌며 브렉시트를
제대로 발음해 보고자 했지만 매번 어깃장이 났다.

    당신의 수고스러운 노력이 몇 번 더 반복되고서야 나는 "아,
브렉시트"라고 답했다. 영국을 뜻하는 'Britain'과 탈퇴를 뜻하
는 'exit'가 합쳐져서 만들어진 단어인데, 유럽연합에서 탈퇴한
다는 뜻이라고 설명드렸다. 장인어른은 영 미덥지 않은 눈치였
다. 영국이 'England'가 아니고 'Britain'이라는 것도 수상스럽

고, '비상구exit'가 나라 이름에 붙어 있는 것도 납득하기 힘들어 했다.

유럽연합에 대한 설명을 할까 하다가 그만두었다. 장인과 사위가 수년 만에 만나 첫인사 삼아 나눌 얘기는 아니었다. 때마침 장인어른이 브렉시트 대화의 비상구를 만들어 주셨다. "그래서, 그기 와 문제고? 하도 시끄럽게 떠들어 쌌는데 무슨 소린지는 모르것고. 그래, 브레크시트인가 뭣 때문에 영국도 망하고 세상도 망하나?" 나의 대답은 신속하고 간결했다. "모르겠는데요."

사실 '장안의 화제'였던 브렉시트는 누구나 말하지만 아무도 몰랐고 그 끝을 알지 못하는 사건이다. 짐짓 세상을 아는 사람들끼리 주고받는 걱정거리에 불과한 고담준론으로 끝날 수도 있고, 시작은 미약했으나 그 끝은 창대한 대사건일 수도 있다. 나의 마음도 두 갈래 길이다. 찻산 속의 폭풍이길 바라면서도 마음 한쪽에는 불안한 전조를 느낀다. '흑조black swan'의 그림자가 보이기 때문이다.

무려 25년 동안 25만 명의 목숨을 앗아간 레바논 내전은 어부들의 '소소한' 파업에서 시작되었다. 어업을 독점하려는 시도에 대해 무슬림 계열의 어부들이 항의하다가 유력한 지도자 한 명이 암살당했다. 이 사건은 일련의 '사소한' 충돌로 이어지면서 마침내 무슬림과 기독교 주민들 간의 피의 복수전으로 폭발했다. 당시 레바논 사람들 어느 누구도 이것이 길고 긴 내전의 시작이라고 생각하지 않았다. 수십 명이 한꺼번에 목숨을 잃는 순간에도 그들은 곧 평화가 찾아올 것으로 믿었다. 수십 년 동안 익혀온 '더불어 평화롭게 살기'가 한꺼번에 무너질 수는 없다고 확신했고, 그들이 사랑했던 중동의 파리 베이루트의 거리에 화염이 아니라 꽃가루가 날리는 날을 고대했다. 그러나 결과는 피비린내 나는 참혹한 전쟁이었다. 흑조이론으로 유명한 나심 탈레브Nassim Taleb는 레바논 내전에서 처음으로 흑조를 발견했다고 한다.[29]

　브렉시트가 역사적 흐름을 바꾸는 흑조가 될지는 두고 볼 일이다. 근본적인 예측이 불가능한 상황에서 관성적 분석과 결론은 해악이다. 이제껏 보지 않았던 '작은' 것들, 소외된 것들을 사태의 흐름을 따라 부지런히 지켜보고 따져보아야 한다. 현재까지의 상황만 두고 볼 때, 나는 브렉시트의 또 다른 세 가지 '탈출'에 주목하고 싶다.

　브렉시트의 시작은 사소한 정치적 탈출이었다. 2015년 총선에서 당시 영국 총리 데이비드 캐머런은 자신의 당을 규합하고 극우당의 상승세를 저지하기 위한 선거전략으로 유럽 탈퇴에 관한 국민투표를 약속했다. 덕분에 그의 보수당은 총선에서 승리했다. 캐머런은 국민투표에서 탈퇴안은 부결될 것이라 믿었으니, 그의 약속은 자신의 정치적 야심을 위한 꼼수였던 셈이다. 하지만 이런 지극히 사소하고 개인적인 시작은 극우파 정치인들에게 공간을 활짝 열어주었고, 또 다른 꼼수의 정치가 뒤따랐다. 우파 정치인들은 경제침체와 소득 불평등 등으로 삶의 탈출구가 꽉 막혀 있던 저학력·저소득층을 집중 공략했다. 한때 영국의 자부심이었지만 지금은 퇴락한 중부 공업지역은 손쉬운 대상이었다. 우파 정치인들은 그들의 좌절감에 이민자라는 공공의 적을 제공했다. 지금의 팍팍한 삶이 '자신의 잘못이 아니라 저들의 잘못'이라는 메시지에 그들은 열광했다. 가장 엘리트적이고 서민의 삶과 가장 동떨어진 정치인들이 경제적·정치적 소외자의 지지를 받게 되었다. 그들은 서민을 위한 삶의 퇴로를 만들지 못하고 단지 일시적 정서적 배출구만 만들어 주었다.

브렉시트는 또한 경제학으로부터의 탈출이었다. 경제학자들은 불화와 이견을 즐기며 세세한 일에도 핏대 세우길 마다하지 않으니, '경제학적 합의'라는 말은 참으로 귀하다. 잊을 만하면 찾아오는 경제위기에 대한 원인 규명도 여전히 제각각이다. 그런데 브렉시트는 놀라운 기적을 만들었다. 좌우를 망라하고 모든 경제학자가 한목소리를 내어 영국의 유럽연합 탈퇴가 대규모 경제적 손실을 가져올 것이라고 경고했다. 2030년까지 적게는 1퍼센트, 많게는 7퍼센트 이상의 경제규모 축소를 예측했다. 학계, 금융권, 경제부처, 민간기업의 내로라하는 경제학자들이 총동원되었고, IMF와 OECD도 가세했다. 브렉시트 지지층이 저소득층임을 감안해 브렉시트의 최대 희생자가 바로 그들이 될 수 있음을 현란한 경제모델을 통해 보여주고자 했다.

하지만 국민은 믿지 않았다. 영국 재무부는 브렉시트로 인한 평균 가계소득이 600만 원 이상 감소할 것이라고 했고 이에 경제학자들 대다수가 동의했지만, 국민들의 70퍼센트는 믿지 않았다. 2008년 경제위기도 예측하지 못했고 효과적인 회복 대책도 못 내놓은 경제학자들의 경제예측을 믿으려 하지 않았다. 경제학은 졸지에 양치기 소년이 돼버렸다. 우파 정치인들은 발 빠르게 대응하며 이렇게 외쳤다. "저런 엘리트나 전문가가 하는 얘기를 믿지 마라. 그들은 거짓말쟁이다. 믿을 사람은 오로지 당신 자신뿐이다." 브렉시트는 대중과 경제학 사이에 또 다른 도버해협을 만들어 놓았다.

브렉시트는 유럽의 진보적 정책으로부터의 탈출이기도 하다. 유럽연합은 경제연합체만은 아니다. 경제적 보수성과 사회적 진보성의 쌍두마차로 움직인다. 얼마나 진보적이냐는 문제는 따지고 볼 일이지만, 적어도 사회헌장European Social Charter은 이주노동자를 포함한 모든 이의 사회권 보장을 천명하고 있다. 이동의 자유 보장, 차별 방지, 이주민의 권리 보장도 여기에 근거한다.

젊은 신예 정치인 조 콕스Jo Cox는 유럽연합의 이러한 진보성을 온몸으로 지키고자 하다가 거리에서 살해당했다. 브렉시트 운동의 거점이었던 중부에서 그녀는 태어났고, 그 주요 세력이었던 평범한 노동자가 그녀의 아버지였다. 그녀에게 칼을 휘두른 사람도 그런 평범한 사람이었다. 그녀의 희생은 브렉시트에 대한 반대 목소리를 높일 것으로 예상했으나 결과는 반대였다.

그리고 그녀는 빨리 잊혔다.

　이렇게 보면 브렉시트는 우리가 익히 알고 이해하는 관행적 정치, 경제, 진보의 실패를 알리는 경적일 수도 있겠다. 따라서 한국과 영국의 거리는 멀지 않다. 장인어른을 곧 다시 뵈면 이리 설명해야겠다. 그러려면 브렉시트를 한글로 제대로 번역부터 해야겠다. 뭐라고 해야 하나.

트럼프 시대의
반지성주의

아내가 운전대를 잡는다. 한두 번의 실랑이는 예고된 일. 자전거가 훅 지나간다. 대수로울 것 없는 일이지만 못 보았냐며 한마디 한다. 이번에는 큰 돌덩어리가 보인다. 보고 있는 거냐고 한마디 다시 보탠다. 실은 나도 보지 못했고 내가 운전해도 마찬가지라는 것, 나도 안다. 그러다가 차가 도로 언저리에 부딪혀 심하게 흔들린다. 나는 기다렸다는 듯이 쏘아붙인다. 그것 보라니까. 내가 말했지. 그리고 마치 정밀 촬영이라도 해둔 것처럼 충돌 상황을 파노라마같이 설명한다. 안다. 나도 보기는 했으나 크게 신경 쓰지 않았다. 그걸 인정하고 싶지 않아 목청만 높인다. 나는 알고 있었다면서.

2016년 11월 9일 새벽, 트럼프의 당선이 확정되었을 때 내 심리는 대략 이러했다. 갑작스러운 불안과 불확실에 흔들리면서, "거봐, 내가 위험하다고 했잖아"라고 소리치고 싶었다. 몇 달 전

브렉시트 결정에 깜짝 놀랐을 때 내가 '흑조'의 전조가 보인다고 어느 신문에 적어둔 것을 신속하게 기억해 냈다.* 거기서 나는 세 가지 탈출을 예고했는데, 첫째가 통상적인 좌우 대립 정치구조로부터의 탈출, 둘째는 통상적인 경제학으로부터의 탈출, 셋째는 통상적인 '진보정책'으로부터의 탈출이라 했다. 딱히 나쁘지 않은 예측인 셈이고, 트럼프의 당선과 꽤 잘 맞아떨어진다. 게다가 27년 전 같은 날, 베를린 장벽이 무너졌다. 그것 보라니까.

하지만 고백하건대, 나는 트럼프가 미국의 대통령이 될 것이라고 상상조차 하지 못했다. 주위의 동료들이 걱정할 때마다 나는 당당하게 경제학 좌우의 단결된 목소리와 세계 최고 수준의 데이터와 예측기법에 빛나는 투표예측 결과를 들어 "릴랙스"를 외쳤다. 세상의 모든 '합리적이고 양식 있는' 사람들이 반트럼프를 외치고 있다는 연대감도 자신감을 키웠다. 한국인인 나는 미국인들을 안심시켰고, 그들은 내 말에 안도했다. 나의 위로에는 '분석적 근거'가 있었기 때문이다. 결과적으로는 개뿔 같은 분석이었지만.

나심 탈레브의 흑조이론은 예기치 않은 조그마한 사건이 질서를 재편하는 엄청난 결과를 가져오는 현상을 말한다. 여기서 중요한 것은 이런 사건을 대하고 분석하는 인간의 태도나 접

---

*   앞의 글 "브렉시트의 또 다른 탈출"이다.

근방식이다. 그 결과가 명백해지기 전까지는 일반적으로 사건을 대수롭지 않게 여긴다. 통계적 잡음 정도로 치부한다. 잡음이 의외로 커지면, 추정식 자체를 의심하기보다는 데이터를 의심한다. 이런저런 통계자료를 써보면서 잡음을 줄여본다. 트럼프의 성공이 계속되자, 나도 공화당원 표본의 어이없는 편이에 실소했다. 전국적이고 대표적인 표본이 열리면 그들은 무거운 현실을 고통스럽게 마주하게 될 것이라 철석같이 믿었다.

그러다가 막상 그 사건이 판을 뒤집어엎는 '대사건'이라는 것이 명백해지면 태도가 급속도로 바뀐다. 너 나 할 것 없이 나서서, 그럴 수밖에 없었던 '필연적' 이유를 찾아내느라 바쁘다. 이것저것 얽어서 분석틀도 만들어 낸다. 심지어 나는 이미 다 알고 있었노라고 하는 사람들도 나타나는데, 그 숫자가 헤아릴 수 없이 많다. 일종의 회고적 합리화다.

브렉시트 찬성 캠프와 트럼프 선거 캠프는 그동안 '반지성주의'로 비난받았다. 기본적인 사실이나 통계를 무시하고 특정한 결과를 부풀렸다. 반대편에서 저명한 학자들을 무수히 동원해서 그것이 아니라고 해도 지지층은 꿈쩍하지 않았다. 하지만 우리의 '지성주의'도 만만치 않았다. 영국의 저명한 주간지인 〈이코노미스트〉는 트럼프 대통령 시대가 번영의 분배를 소홀히 한 대가라고 비난하지만, 정작 그들이 '분배'의 중요성을 목 놓아 외친 것은 아주 최근의 일이다.

트럼프가 당선되기 두 달 전에 열린 주요 20개국^{G20} 정상회의에서 수많은 지도자들은 세계화의 역풍을 염려하며 포용적인 무역의 중요성을 설파했다. 누구도 트럼프 얘기를 입에 담지 않았지만 그의 당선을 막기 위해 '모든 시민에게 혜택이 돌아가는' 세계화로의 변신이 필요하다고 했다. 하지만 관료들이 협상하고 그들이 채택한 정상선언문에는 자유무역 보장과 보호주의 철폐만 강조되었다.

미국 대선 직전, 노벨경제학상 수상자 19명이 트럼프를 공개적으로 비판하는 성명서를 발표했다. 그들은 '근거 기반 정책결정evidence-based policy making'을 중시했지만, 그들의 경제학은 세계화의 역풍이 시민의 일상에 미치는 분석을 여전히 부수적으로 생각해 왔다. 트럼프 지지층의 사회경제적 곤란에 대한 언급조차 없던 이 성명서는 그저 클린턴이 더 똑똑하다는 뜻으로 읽혔을 것이다. 사실, 믿지 않겠다고 작정하면 믿지 않을 이유는 넘쳤다. 경제학의 최고 지성이 2008년 경제위기를 예측하지 못했다는 놀림은 의외로 파급력이 컸다. 이제, 트럼프 당선이라는 대사건을 예상하지도 못했으니 졸지에 '헛똑똑이'로 확정된 셈이다.

설상가상으로 370명의 경제학자들이 연이어 내놓은 성명서는 세계화와 무역의 문제를 따지면서 이렇게 말했다. "트럼프는 무역협정이 국민소득과 부를 잠식한다고 말하면서 대중을 호도하고 있다. 물론 그 혜택이 균등하게 분배되지는 않았고 이것 자체가 중요한 논의 대상이지만, 1980년 이래로 평균 소득과 평균

부는 상당히 증가했다." 저쪽은 분배 효과를 따지자는데, 이쪽은 평균 효과만 내세우는 꼴이다. 이쪽의 지성으로 저쪽의 반지성을 따지기가 궁색하다.

트럼프 시대의 반지성주의는 사람들이 봐달라고 하는 것들을 외면하거나 서둘러 의례적으로 답하는 지성주의에 대한 근본적인 도발이다. 트럼프 시대의 불확실성도 부분적으로 여기에 기인한다. 그동안 지성에 기대어 확립된 정치적 올바름도 그들에게는 거추장스러운 위선일 뿐이다. 그 결과는 엄혹하다. 무엇보다도, 인류가 피 흘리며 쌓아올린 인권과 평등의 정신이 절대 위기에 처했다. 이를 지키는 싸움이 우리의 절대명제다. 그러려면 우리의 고고한 지성도 변해야 한다. 그들과 대화하는 방법부터 찾아야 한다. 그들이 궁금해하는 것을 분석하고 명백한 언어로 답해야 한다. 트럼프는 미국에만 있지 않고, 세계 곳곳에 숨죽이며 때를 기다리고 있다.

그리고 나는 안다. 운전하는 아내에게 잘난 척 '지성'을 뽐내봐야 내게 돌아오는 것은 싸늘한 멸시의 눈빛뿐이라는 걸.

불평등이라는
부메랑

미국의 저명한 경제학자인 폴 크루그먼Paul Krugman은 2008년 노벨경제학상을 받았다. 자유무역의 혜택이 기존에 생각했던 것보다 광범위하고 다양할 수 있음을 보인 그의 신무역이론이 경제학에 공헌한 바를 인정한 것이다. 그때는 바야흐로 '자유무역'을 내세운 세계화가 세계금융위기 때문에 잠시 멈칫했을 때였다. 게다가 중국의 공격적인 수출 공세로 미국을 비롯한 선진국의 제조업 고용이 휘청이고 있었다. "무역이 너희를 부유하게 하리라"는 경제학적 교리는 여전히 유효했지만, 사람들은 그 부유하다는 '너희'가 누군지를 묻고 있었다. 갑작스러운 자유무역으로 회사 문을 닫고 일자리를 잃거나 벌이가 나빠지는 일이 많았고, 무역 앞에 '너희'가 모두 평등하진 않았기 때문이다.

하지만 경제전문가들의 반응은 대체로 냉담했다. 마침 노벨상을 받은 크루그먼의 새로운 무역이론은 시장이 인도하는 길을 따라가면 모두에게 새로운 기업과 고용의 기회가 있음을 확인해 줬다고 믿었다. 그 역시 모두가 궁극적으로 무역의 '승자'가 될 것이라고 줄곧 주장해 왔고, 노벨상을 받을 즈음에도 "무역이 불평등에 미치는 영향은 미미하다는 합의"가 있다고 강조했다. 하지만 13년 남짓 시간이 흐른 뒤인 2021년에 그는 그런 판단이 잘못됐음을 인정했다. 무역과 관련된 급속한 변화의 파괴적 영향을 일시적이고 소규모인 것으로 과소평가했고, 이로 인해 세계화의 "어두운 면"을 제대로 보지 못했다고 했다.

이런 뒤늦은 고백의 이면에는 도저히 무시할 수 없는 현실이 있었다. 무역 '충격'으로 산업이 몰락하고 일자리가 없어진다고 해서 기업과 노동자가 세상 물정을 빨리 깨치고 재빠르게 합리적 선택을 해서 고향과 부모를 떠나 새로운 '약속의 땅'으로 이동하는 일은 쉽게 일어나지 않는다. 사람과 자원은 허공의 바람처럼 움직이는 게 아니다. 돈과 시간이 드는 일이고, 감정적 비용도 적지 않다. 길을 걸을 때 발바닥에 느껴지는 마찰음처럼 무시할 일이 아니다. 그 비용이 막대한데 정책적 지원마저 부실하면 노동자와 기업은 늪에 갇히기 마련이다. 그렇게 무역의 혜택에서 멀어지고 패자가 된다. 경제적으로 어려우면 건강도 나빠지고 가족과 사회가 함께 앓게 된다. 게다가 이런 불평등 효과는 규모도 크지만 지속적이다. 한번 잔뿌리를 내리면 좀체 사라지지 않는다. 또 이렇게 불쏘시개를 찾은 불평등은 정치적 불만으로 자라난다.

그 결과, 지금은 '닥치고 무역'에 대한 반대 정서가 강하고, 많은 정부가 적극적인 개입정책의 필요성을 인정한다. 심지어 포용적인 무역을 위해 보호주의적 무역정책도 불사한다. 다만 '보호주의'라는 말의 정치적 휘발성 때문에 그 표현은 애써 자제하고 있을 뿐이다. 결국 뻔한 상식적인 얘기다. 무역한다고 모두가 부유해지는 것은 아니다. 그렇게 되도록 하는 정치적·정책적 노력이 문제인 것이고, 그 노력을 방기했기 때문에 세계화가 스스로 퇴조의 길에 들어섰다.

불평등이 커지고 여기저기서 빨간불이 켜지자 경제전문가들은 그제서야 따져보기 시작했다. 이런 불평등 확대가 경제 전반에 미치는 영향은 없을까. 낯설고도 까다로운 주제지만, 지난 10년간 수많은 연구가 나왔다. 최근까지만 해도 불평등은 큰 문제가 아니고 오히려 경제 발전에 필요악이라는 주장이 있었는데, 그 핵심은 상위층의 소득이 늘어나면 그만큼 저축이 늘어나 투자로 연결된다는 것이었다. 투자할 부유층에 돈을 몰아줘야 투자가 늘어난다는 논리다. 그런데 그게 사실이 아니었다. 전 세계적으로 소득분배는 악화되는데 생산투자비율은 줄어드는 추세다. 그 이유는 최상위층의 천문학적 소득 증대가 생산적 투자보다는 금융상품으로 쏠리게 되고, 이런 상품은 팍팍해진 저소득층의 부채를 메꾸는 역할을 했기 때문이다. 미국의 경우, 1980년대 이래 상위 1퍼센트가 주도한 저축 증가분의 3분의 2

정도가 정부와 가계 부채로 연결됐다고 한다. 이를 분석한 논문의 제목은 〈부자의 과잉저축〉이다.[30] 최근 금융 불안정화와 경제 혼란의 깊은 이면에는 '불평등의 복수'가 있다는 얘기가 된다.

이런 양상은 곧 기업생산으로도 연결된다. 소득분배 악화는 생산적 투자의 상대적 부족뿐만 아니라 대기업과 중소기업 사이 격차도 확대한다.[31] 불평등 확대로 비예금 금융자산으로 돈이 몰리면 상대적으로 예금 의존도가 높은 중소기업은 상황이 더 어려워진다. 따라서 중소기업의 고용과 임금 사정도 나빠진다. 그 결과는 불평등의 심화다. 다시 한번 미국의 연구를 인용하자면, 1980년 이래 최상위 소득의 비약적 증가로 소기업의 일자리는 16퍼센트가량 줄었다고 한다.

작년에 발표한 국제결제은행BIS의 연구는 한발 더 나간다.[32] 꽤 오랫동안 경제전문가들은 불평등이 오뚝이 같다고 믿었다. 소득 불평등은 경제 악화와 함께 나빠졌다가 경제 회복과 더불어 개선된다는 것이다. 그런데 이 연구는 이런 통념을 뒤집고 불평등은 고삐에서 풀려나면 잡아오기 힘든 야생마와 같다고 주장한다. 어려운 말로, 불평등의 '이력현상'이다. 예컨대 불평등이 큰 사회일수록 불황의 규모가 크고, 그런 불황은 기존의 불평등을 더 확대하며, 이렇게 확대된 불평등은 경기 회복 시기에도 줄어들지 않고 때로는 오히려 심화한다. 이런 현상의 근저에는 저소득과 저임금이 있다. 불황 때 고소득층은 굳건하지만 저소득층은 집중적으로 타격을 받고, 이들의 사정은 불황이 끝나도 쉽사리 나아지지 않는다. 경제는 회복되나 분배는 악화하는 것이다.

따라서 기술변화나 세계화와 같은 구조적 요인으로 불평등이 확대된다고 하더라도, 어쩔 수 없는 경제법칙이라 넋 놓지 말고 오히려 적극적으로 대처해야 한다. 이런 조치는 반시장적·반경제적인 것이 아니라 합리적인 거시경제정책이다.

BIS의 연구는 여기서 끝나는 것이 아니다. 이런 이력현상이 있다면, 이자율을 중심으로 짜인 통상적인 통화정책의 효과는 제한적이다. 순환적 경기 회복은 달성하겠지만, 오히려 불평등 이력현상을 강화해 회복의 속도와 규모를 약화시키고 새로운 불황에 더 취약하게 만들 것이다. 그래서 역설적이게도 '중앙은행의 은행'이라 불리는 BIS는 재정정책의 역할이 더 중요하다고 한다. 특히 저소득·저임금 계층을 돕는 적극적인 재정 개입을 강하게 옹호한다. 불평등 축소를 위한 재정정책이 곧 경제 안정책이라는 것이다.

불평등은 차가운 경제법칙의 피할 수 없는 운명도 아니고 절대 사소하지도 않다. 오히려 잘못 키웠다가는 큰불로 돌아오는 불장난과 같다. 싫어서 내던졌지만 멀리 돌아가서 결국 크게 돌아오는 부메랑이다. 내 일이 아니라고 모른 척했다가는 너 나 할 것 없이 모두가 다친다. 싫고 좋고를 따지고 구분할 문제는 아니다.

4부

불평등의 상처:
코비드 시대의 풍경

분열되고 불평등한 일터의 모습은 잘 드러나지 않는다. 공장 앞에서는 민주주의가 멈춘다고 하지만, 사실 눈과 입도 닫힌다. 공들여 심층취재를 하거나 힘겹게 고발하지 않으면 일터는 좀체 제 모습을 드러내지 않는다.

하지만 우리의 일그러진 일터의 모습은 세상이 가장 고통스럽게 앓고 있을 때 극명하게 드러난다. 코로나바이러스가 세상을 덮쳤을 때가 그랬다.

누가 우리의 삶을 유지하고 사회의 체온은 유지하는지가 드러났고, 우리가 그들을 어떻게 홀대해 왔는지도 아플 만큼 분명해졌다. 코로나바이러스가 오자 세상의 사다리 꼭대기에 있는 사람이나 울타리 안에 기거하는 사람들은 사라졌고, 물건과 음식을 만들고 배달하고 치료하고 청소하는 사람들이 갑자기 솟아나기라도 한 듯이 우리의 눈앞으로 들어왔다. 저쪽 사람들의 안전을 위해서 이 사람들은 바이러스에 온전히 노출되었다. '안전' 신속 배달을 하는 노동자가 과로로 죽기도 했다. 한쪽의 안전은 다른 한쪽의 위험이 되는 세상. 게다가 그런 위험을 떠안은 사람들은 코로나 이전의 세상에서도 위험과 차별을 짊어진 사람들이다.

바이러스에서 살아남겠다고 우리는 그들에게 위태로운 또 다른 바이러스를 만들었다. 이 바이러스를 막을 수 있는 백신은 아직 없다. 만들지 못하는 것일까. 만들지 않는 것일까.

또 다른
바이러스

코로나바이러스가 아시아를 건너 유럽에 도착하던 2020년 2월 초 어느 날, 나는 버스를 타고 있었다. 프랑스의 조그마한 동네에서 출발한 버스는 국경을 넘어 스위스 제네바로 간다. 버스의 공기는 무거웠고 승객의 시선은 낮게 깔렸다. 출발점에서 버스에 올라탄 나는 뒤쪽으로 갔다. 조금 높이 올라 있는 뒷좌석에서는 바깥 풍경과 안쪽 경치가 다 보인다.

나를 보는 눈빛이 따갑다. 얼핏 훔쳐보기도 하고, 무심한 척 노려보기도 한다. 나의 검은 머리, 낮은 코, 동그란 얼굴. 단지 그것 때문에 나는 걱정하고 눈치 본다. 마치 내가 저 소문의 바이러스를 몰고 온 것처럼, 버스 바닥에 깔리는 깊은 침묵이 나의 잘못인 듯, 나는 숨을 죽이고 바깥만 본다. 이럴 때는 꼭 마른기침이 찾아온다. 침을 삼키고 버틴다. 동네 어귀에서 중국인 한 명이 탄다. 말없이 모자를 눌러썼다. 서로 모른 척한다.

평생 싸워온 고질병이다. 그럴 일도 없고 그래서도 안 되는데 이런 상황에서는 몸이 움츠러든다. 저쪽이 바라보는 눈빛 속으로 들어가면 코로나바이러스는 어느 정글에서 시작된 악취 나는 전염병이 된다. 또 그런 눈빛에 익숙해지면 우리는 이유 없이 미안하고 부끄러워한다. 지독한 열등의식은 내가 몸속에서 오래 키워온 바이러스다. 방심하면 슬그머니 파고드는 완치 불가의 병. 그제야 나는 자세를 고쳐 앉고 고개를 든다. 손수건을 꺼내고 위장 구석 어디까지 밀어 넣었던 기침을 불러 올린다. 나보다 코가 높은 승객들이 돌아본다. 나는 그들을 바라본다.

〈중앙일보〉의 어느 기자는 부끄럽다고 했다. 확진자를 샅샅이 찾아서 온 세상에 떠들썩하게 알리는 것도 민망하고, 그런 나라에서 온 자신 옆에 앉은 재수 없는 미국인에게 미안했다고 한다. 부끄러움은 더 깊이 숨겨진 감정의 잘못된 표현 방식일 때가 있다. 힘을 가진 자들이 해대는 몹쓸 일이 부끄러운 것은 분노의 감정이다. 나보다 못한 사람 때문에 부끄러운 것은 혐오와 배제의 감정이다. 나는 저 사람들과 다른데 내가 그들처럼 취급받는 것이 싫기 때문이다. 그들이 아니고 싶은 욕망이다. 우리에게 분노의 부끄러움은 적고 혐오의 부끄러움은 넘친다.

그리고 한 달이 지나 3월이 되었다. 나는 여전히 매일 국경을 넘었다. 하지만 승객들은 더 이상 나를 의심스럽게 보지 않는다. 이제는 한국의 '병세'를 묻지 않고 '치료법'을 묻는다. 방법과 요령을 묻는 것이다. 유럽은 매일 스포츠 중계처럼 '아시아 바이러스'를 보도했지만 미개한 남의 일이라 생각한 탓인지 정작 본인의 준비는 부족했다.

유럽은 바이러스에 속수무책이었다. 바이러스 감염 여부를 확인해 줄 여력은 없으니 증상이 의심되는 사람들이 속출하는데도 그저 집에 있으라고만 한다. 위중한 상황이 되어서야 확인이 가능하니 자신의 상황을 알지 못한다. 불안감을 오롯이 혼자서 견뎌내야 한다. 평소 접촉했던 주위 사람들에게는 민망하다. 감염 여부를 묻는 질문에 딱 부러지는 답을 줄 수 없다. 모든 개개인이 스스로 고립하는 방법밖에 없다. 철저한 고립화 전략이다. 정부의 확진자 통계는 그야말로 '공식적' 통계다. 사회가 해줄 수 있는 것은 별로 없다고 한다. 유럽이 소리 높여 외치던 연대 정신은 코로나바이러스의 1차 공격 대상이었다. 그리고 쉽게 무너지고 있었다.

'국뽕'도 자화자찬도 아니다. 다른 선진국의 잣대나 시각으로 자신의 옳고 그름을 말하는 시간은 지났다는 것이다. 한국의 문제를 한국식으로 살펴보고 해결해도 된다는 뜻이다. 바다 건너서 들리는 말들에 휘둘릴 필요도 없다. 저쪽 사정이 우리 사정을 살피는 데 그다지 도움이 되지 않는다. 우리의 해묵은 '서양 콤플렉스' 바이러스를 떠나보낼 때가 되었다.

우리의 진짜 싸움은 따로 있다. 사회적 거리두기가 코로나바이러스와 싸우는 효과적인 방식이지만, 이 말은 다소 기만적이다. 사회적으로 거리를 둔다고 만들어진 공간은 사실 비워져 있는 곳이 아니기 때문이다. 누군가가, 때로는 필사적으로 그 빈 공간을 메우고 있다. 누군가 거리를 메워주고 있기 때문에 우리는 거리를 둘 수 있다. 그 '빈' 공간은 곧 노동의 공간이다. 식당을 피하고 가게를 피한다고 해서 우리는 위장을 비워두진 않아도 된다. 끊임없이 주문을 받고 신속하게 배달하고, '사회적 거리두기'의 품격을 높이려는 소비자들의 불만과 항의까지 온전히 받아주는 사람들 덕분이다. 그들은 코로나바이러스에 가장 취약한 사람들이고, 이 바이러스로부터 우리를 지키면서 우리가 만들어 낸 '신종 바이러스'의 감염자다.

콜센터 노동자는 전화기 하나만 있으면 일할 수 있는 사람이지만 재택근무를 못 한다. 좁은 사무실에 모여서 동료의 침 샤워를 받으며 일한다. 사회적 거리두기가 쏟아내는 주문을 감당하려고 한 뼘의 거리도 없이 촘촘히 붙어서 일하는 노동자들에게 돌아온 것은 집단감염이다. 감염된 어느 콜센터 노동자는 투잡 생활을 했다. 서울 여의도에서 녹즙을 배달했다는 소식이 알려지자 여의도 증권가에 비상이 걸렸다. 그의 '감염'을 두려워해서 그의 동선을 따졌을 뿐, 그의 '노동'을 살피지는 않았다.

쿠팡맨도 쓰러졌다. 사회적 거리두기의 주문량을 필사적으로 감당하려 했다. 화장실 가고 밥 먹는 시간도 줄였다. 대신 남들의 식탁을 위해 물과 쌀을 날랐다. 회사는 몰려드는 주문만 보았고, 소비자들은 문 앞에 놓인 배달물만 보았다. 그 사이에서 '일하는 사람'은 보이지 않았다. 쿠팡맨은 마지막 배송지에서 제

목숨까지 저세상에 배달했다.

　그리고 사회적 거리두기는 불가피하게도 경제불황을 부른다. 일자리가 없어지고 월급도 줄어든다. 보호된 일자리와 그렇지 못한 일자리 간의 거리는 더 커진다. 코로나바이러스를 피하자고 문을 꼭 잠그고 바깥을 내다보지 않으면 다른 바이러스가 더 크게 자랄 것이다. 취약하고 보호받지 못한 노동자들에게 문을 열어 들어오게 해야 한다. 정부도 이들을 위해서는 곳간을 활짝 열어야 한다. 인색한 창고지기 역할을 할 때가 아니다.

　우리는 왜 바이러스와 싸우는가. 생명을 지키기 위한 것이라면 그 싸움에서 삶이 위태로워지는 사람들을 지키는 것도 그만큼 중요하다. 코로나바이러스는 사람 사이에서 퍼지지만 그 바이러스와 싸우면서 만들어진 신종 바이러스는 물처럼 퍼진다. 마치 홍수 같다. 높이 서 있는 사람에게는 절대로 미치지 않는다. 그래서 보이지도 않고 들리지도 않는다. 대신 이 바이러스는 낮은 곳으로 흘러 처절하게 적신다. 한 치의 틈도 남기질 않는다. 갑작스레 덤벼드는 물벼락처럼, 또는 목 위로 차오르는 수조의 물처럼. 때론 비명도 내질 못해 이렇게 죽고 나서야 안다. 내가 아는 가장 무서운 바이러스다.

인간의 체온을
지키려면

2020년 2월 중순쯤이었다. 코로나 때문에 세계의 공장인 중국에 빨간불이 켜지면서 그 여파가 심상치 않았다. 중국에서 들려오는 휴업과 해고 소식. 공식적 통계를 확인할 도리가 없으니 괴이한 풍문처럼 들렸다. 라틴어로 '왕관'이라는 뜻을 가진 바이러스는 보이지 않고 은밀했으나 세상의 왕좌를 간단히 무너뜨렸다.

정작 아우성은 바깥에서 들렸다. 중국에서 물건을 가져오는 기업도 납품하는 이들도 모두 걱정이었다. 아시아 관광업계는 직격탄을 맞았다. 돌아가는 사태가 심상치 않았다. 계절은 봄을 향하고 있었지만 노동시장은 얼음장 같은 겨울을 예고하고 있었다. 촉각이 예민한 직원들이 분석에 나섰다. 그때만 해도 아시아 국가의 일자리 사정만 들여다보았다. 몇백만 정도의 신규 실업자를 예상했다.

그리고 3월 초였다. '왕관' 바이러스는 유럽에 상륙하여 거칠게 몰아붙였다. 아직 거리에 침을 뱉어대는 곳에서나 생기는 아시아 바이러스라고만 알았던 유럽은 속수무책이었다. 유일한 방법은 세계화의 '잠시 대기', 모든 경제적·사회적 활동의 '일시적 중지'. 일자리와 생계가 갑자기 그리고 일시적으로 불안해졌다. 사람의 생명을 지키는 방역이 최우선이지만 이 싸움에서 이기려면 밥벌이도 지켜야 했다. 세상에 있었던 모든 위기가 한결같이 전언하는 교훈이다.

부랴부랴 코로나바이러스의 세계 고용영향을 분석했다. 국내총생산GDP 영향에 대한 몇 가지 시나리오를 근거로 실업 규모를 예측했다. 일시적 쇼크 후에 경제와 고용이 회복되는 경우에는 500만 명에서 1,200만 명 정도를 예상했다. 상황은 계속 나빠지고 있었다. 만일을 대비해서 최악의 시나리오를 가정해 분석했는데, 늘 냉성한 예측모델은 2,500만 명의 신규 실업을 예상했다. 피식 웃고 말았다. 2008~2009년 금융위기 때의 신규 실업자 수 2,200만 명을 넘어섰기 때문이다.

3월 중순께 고용예측 결과를 발표하려 했다. 바이러스는 불길처럼 퍼졌고, 사람들은 모두 집으로 꼭꼭 숨어들었다. 홍보 담당 직원이 물었다. 어느 시나리오를 헤드라인으로 발표하면 되느냐고. 소심한 나는 중간 시나리오를 권했다. 그날 밤 미국에서 300만 명 이상이 실업수당을 새로 청구했다는 소식을 들었다. 유럽에서 들리는 수치도 끔찍했다. 불편한 마음을 따르지 않고 수치의 흐름을 따르기로 했다. 최악의 시나리오를 발표하기로 했다. 하지만 발표 당일의 현실은 상상의 최악을 간단히 넘어섰다. 2,500만 명의 수치도 너무나 낙관적이었다.[33]

물론 예측모델의 잘못이 아니다. 우리가 입력한 정보가 애당초 잘못되었다. 우선 경제 쇼크의 규모를 과소평가했다. 이번 위기를 과거의 유행병 위기로 생각했을 뿐, 어설픈 방역으로 사회경제적 어려움을 가중한 '인간의 과오' 또는 '인재'를 예상하지 못했다. 사람을 집에 묶어두는 방역정책은 생산과 소비를 동시에 악화시켰다. 동시 협공이다. "수요냐 공급이냐" 하는 경제학적 논쟁이 부질없을 정도였다. 그리고 코로나바이러스 위기는 진정 글로벌했다. 대공황에 버금간다는 지난 금융위기 때도 주요 개발도상국은 꾸준히 성장했고 세계경제의 숨통 역할을 했다. 하지만 코로나 위기 때는 기댈 숨통은 없었고, 모두 산소호흡기를 찾았다.

둘째, 바이러스의 지속 기간에 대해서도 틀렸다. 적어도 상반기에는 안정될 줄 알았다. 몇 년 전에 에볼라로 고생했던 후진국이 아니라 세계 최고의 의료체제를 가진 선진국들이 아닌가. 하지만 초기 방역은 실패했고 바이러스는 이미 아프리카와 남미로 번지고 있다.

셋째, 고용이 놀라우리만큼 민감하게 반응했다. 통상 실업을 후행지표라고 한다. 경제나 기업활동이 악화되면 어느 정도 시간이 지나서야 해고나 휴업이 이루어지기 때문이다. 하지만 이번에는 달랐다. 봉쇄조치와 함께 초유의 규모로 실업이 생겨나고 있다. 기업들은 예전처럼 경기 회복에 대한 신속한 대처를 위해 노동자를 붙들어 두려 하지 않았다. 사태가 길어질 것을 예상했기 때문이다. 모두 정부의 도움만 바라고 있었다.

4월 둘째 주, 고용영향 분석 결과를 새로 발표했다.[34] 노동시장이 악화되어 고용과 실업의 경계도 무너졌다. 일자리를 유지해도 노동시간이 줄고 노동소득이 줄어들었다. 자영업자와 비정규직 노동자의 사정은 우려의 수준을 넘었다. 우리는 노동시간 손실이 6.7퍼센트 정도 될 것으로 예측했다. 풀타임 노동자가 주당 48시간을 일한다고 가정하면 2억 명의 일자리에 해당된다. 고용예측을 발표하면 혹 틀릴까 초조한데, 이번만은 우리가 틀리길 바랐다.

일자리의 혹한기는 그렇게 왔다. 나라마다 차이는 있겠지만 온전히 피한 나라는 없었다. 방역 선진국인 한국도 예외가 아니었다. 그럴 일 없다고 눈을 감는다고 해서 봄꽃이 피어나는 것은 아니고, 혹한기가 빙하기가 되지 않도록 해야 했다. 땔감을 아낄 시기가 아니었던 것이다. 빙하기가 오면 땔감을 구하는 것 자체가 불가능하기 때문이다. 무엇보다도 군불을 때어 인간의 체온을 지켜야 할 때였다.

일자리가 여의치 않으면 소득지원을 서둘러야 했는데, 다행히도 많은 나라에서 신속하게 대책을 세웠다. 기본소득 찬반 여부와는 무관하게 할 수 있는 일이다. 방역이라는 공공의 이익을 위해 이루어진 정책 결정 때문에 사람들이 손실을 입고 있다면 사회가 의당 도와야 하는 것이다. 시간을 다투는 정책에 규율이니 원칙이니 하는 '훈고학'이 들어설 자리는 없었다.

기업을 돕는 것도 중요했다. 그동안 경제계는 정부의 파격적 지원을 요구할 때 기업의 고용창출 기여를 내세웠다. 귀한 세금을 써가며 기업을 살린 이유다. 그렇다면 기업이 정부의 지원을 받을 때 고용유지를 약속하는 것은 당연한 일이다. 바이러스와의 싸움과 경제위기의 극복은 모두 사람을 우선시하는 일이다. 수백만 명이 일자리를 잃었다는 소식이 날아들자 주식시장이 폭등하는 세상은 아니어야 한다.

코로나 이후는 다를 것이라고 한다. 나는 알지 못한다. 9·11 때와 지난 금융위기 때도 들었던 말이다. 그 후로 변한 것은 별로 없다. 변하지 않는 것이 있다면 단 하나, 위기의 불평등함이다. 위기 전에 고군분투했던 사람은 위기 때문에 더 힘들 것이다. 저소득 노동자와 영세 자영업자가 감당해야 할 몫은 변함없이 클 것이다.

며칠 전이었다. 뮤지컬 〈빨래〉에 나오는 노래 '슬플 땐 빨래를 해'를 처음 들었다. 따스했지만 슬펐다. 일을 못 구하고 잘리는 일상을 서로 격려하면서 버틴다. 하지만 바깥세상은 꿈쩍하지 않는다. "빨래가 바람에 제 몸을 맡기는 것처럼 인생도 바람에 맡기는 거야"라고 노래할 뿐. 누군가 그랬다. 이런 사람들의 젖은 마음을 꺼내서 마르게 하는 것이 정치라고. 그러길 바란다.

코로나 시대의
어떤 하루

누렇게 변색된 휴대폰이 울린다. 금요일 아침이다. 어차피 재택근무. 서두를 것도 없는데 몸을 일으켜 세운다. 둔하고 구리지만 연신 꿈틀대는 굼벵이 같다. 휴대폰 시계 알람만큼만 착실해지기로 한다.

벌써 석 달째다. 유럽에서 나의 허접한 상상력을 간단히 뛰어넘는 일들이 벌어졌다. 사실상 감금이다. 친구나 친지를 만나밥 먹고 수다 떠는 것은 황망한 꿈이 되었고, 빵 한 쪽을 사러나가더라도 허가증을 지참해야 한다. 자식은 부모를 찾아보질못해서 문 앞에 음식을 남겨두고 창문 앞의 노부모에게 울먹이며 "사랑해" 외치고 노래도 부른다.

상황 자체의 엄혹함은 그렇다 치더라도, 그로 인한 공포와두려움은 어느 겨울 더블린의 낡은 집과 음습한 거리 모퉁이에서 보았던 낮고 짙게 깔린 안개를 닮았다. 그토록 개인의 자유와 권리를 외치던 나라에서 순식간에 펼쳐진 디스토피아다. 이를 견디지 못한 친구들은 K-방역에 대해 사사건건 시비를 건다. 밤새 문자 하나가 또 들어왔다. 독재 경험이 있는 나라가 방역을 잘한다는 계량통계적 증거가 나왔다 한다. 읽다가 그만둔다.

그때 잠에서 막 깨어난 아내가 알려준다. 자유를 일찍 찾은 이태원 클럽에서 대규모 바이러스 감염이 있었다고 한다. 성공은 부패하기 쉽다. 한국인들은 성공한 탓에 실패의 고통을 잘 알지 못할 수 있다. 유럽과 미국에서는 방역을 위해 자유를 조정할 방법과 시간을 찾지 못해 극단적인 감금을 선택했다. 자유는 아슬한 균형이다. 타인의 건강을 존중해 주지 못하는 자유는 결국 길을 잃고 스스로 유폐된다. 자유와 감금의 거리는 생각보다 멀지 않다.

아내에게 출근 인사를 한다. 이런 실없는 의례마저 재택근무의 버팀목이다. 커피 한 잔을 들고 책상에 앉는다. 출퇴근 시간이 없어지니 근무시간은 늘었다. 재택근무의 역설은 넘치고도 넘친다. 모든 직원이 재택근무를 하면 재택근무의 장점은 사라진다. 모두 컴퓨터 앞에 앉아 있다고 생각하고 이메일과 온라인 회의 제안을 쏟아낸다. '워라밸'은 더 어려워졌고, 노동강도도 높아졌다. 다른 한편, 일거리가 대폭 줄어든 행정직은 혹 잘릴까 걱정한다. 휴대폰에는 단체 문자가 여럿 와 있다. 하나는 수요일에 온라인 회의를 금지하자는 제안이고, 다른 하나는 수요일에 온라인 요리 코스를 열자는 것이다. 버티어 보려는 발버둥이다.

하지만 이마저도 사치다. 재택근무를 하면서 일자리를 유지할
수 있는 사람은 지금 많지 않다.

밤새 온 첫 이메일은 이번에도 워싱턴과 뉴욕발이다. 우리가
잠을 청할 때 그쪽은 한창 바쁠 시간이기 때문이다. IMF의 지인
이다. 《IMF, 불평등에 맞서다》라는 책을 출간했던 조너선 오스
트리Jonathan D. Ostry와 프라카쉬 룬가니Prakash Loungani가 얼마
전에 논문을 새로 썼다 한다. 2000년대 이후 메르스와 사스 같
은 유행병을 살펴보니 예외 없이 그 이후에 불평등이 늘었단다.
노동 취약계층이 일자리를 잃거나 소득 감소를 겪게 되기 때문
인데, 이번에는 이런 일이 없어야 한다고 했다. 맞는 말인데 한숨
이 먼저 나온다.

인터뷰 요청이 밀려든다. 경제와 고용 상황이 얼마나 더 나
빠질지, 또는 언제쯤 좋아질지를 묻는다. 아주 불확실하며 우리
가 어떻게 대응하느냐에 따라 결과가 달라질 것이라는 말을 반
복한다. 이런 뻔한 얘기를 자꾸 하기가 미안해지면 슬쩍 다른 동
료에게 떠넘긴다. "지금, 너무 바쁨. 네가 처리해 줄래." 부탁의 형
식을 취한 명령이다. 그러면서 미안함보다 안도감이 먼저 느껴진
다. 나도 이렇게 일상의 코로나바이러스에 감염된다.

꽃이 잘 도착했다고 한다. 보스가 며칠 전 정년퇴직 통보를
받았다. 그녀의 노련한 지도력이 필요한 상황인데 의외의 결정이
었다. 코로나 시대에도 변하지 않는 것은 정치적 계산의 완고함
이다. 우리는 그녀의 작별 통보를 화상으로 전해 들었다. 네트워

크 과부하를 걱정해서 화면도 켜지 못하고 목소리만 들었다. 떨리는 목소리. 하지만 아무도 보지 못하니 긴 적막만 남았다. 그래서 꽃을 보냈다. 나는 프랑스, 그녀는 스위스에 있으니 배달 주문만이 유일한 방법이다. 하지만 코로나 시대에 '남의 손'으로 전달하는 것마저 조심스러워 동료에게 부탁했다. 눈물꽃이 날렸다는 말, 이메일로 전해 들었다.

이제 뉴스가 밀려든다. 예상했던 뉴스를 듣고 나는 여전히 놀란다. 오늘은 미국 실업 통계가 발표되었다. 4월에 실업자 수가 2,000만 명을 넘었다. 실업률로 따지자면 15퍼센트에 가깝다. 1930년대 대공황 이후 가장 높은 수치다. 구직을 포기했거나 어쩔 수 없이 시간제로 일하는 사람들까지 고려하면 23퍼센트에 달한다. 위기는 물론 평등하지 않다. 고졸자의 실업률은 이미 20퍼센트에 도달했다. 취약계층에게는 이미 대공황이다.

하지만 이 숫자가 가리키는 현실의 어려움을 알기 어렵다. 일자리도 잃고 집에 갇혀 있으니, 그들은 목소리마저 잃은 상태다. 이들이 거리로 나오면 어찌 될지는 아무도 알 수 없다. 지금은 총을 든 사내들이 거리에 나서지만, 내일은 주먹을 불끈 쥔 이들이 나올 것이다. 유럽도 마찬가지다. 오후 내내 "우리끼리 하는 얘기지만" 하며 쉬쉬거리는 소리만 들린다.

다 나쁜 것은 아니다. '최악의 실업'을 외치던 날, 미국의 주식시장은 '최고의 반등'을 보였다. 주식은 일제히 상승하고, 나스닥은 코로나 위기 이전 수준으로 간단히 회복했다. 주식시장만 보면 우리는 이제 안녕하다. 〈파이낸셜 타임즈〉도 이런 '파이낸셜'한 상황을 이해하지 못하고 걱정스러워한다. 오후에 막 나온 주간지 〈이코노미스트〉도 실물경제와 금융경제의 괴리를 다루었다. 이 둘이 마치 대지진이라도 난 듯 쪼개져 그랜드 캐니언같이 되어버린 상황을 표지 그림에 담았다.

오후 햇살이 무뎌질 때 짧은 문자가 왔다. 똑똑하고 야무진 직원이자 오랜 친구다. 인도에 계시던 아버지가 돌아가셨단다. 나와 아내가 만난 적도 있다. 딸을 늘 애틋하게 여기고 자랑스러워했다. 당연히 그러고 남을 딸이었지만, 아버지의 사랑에는 그런 당연함을 넘는 깊은 애잔함이 있었다. 딸은 그것을 너무 잘 알았고, 인도와 스위스를 오가며 아버지를 돌봤다. 그런 아버지였다. 하지만 아버지를 보러 가지 못한다. 공항도 꽉 막혀 있고, 설령 인도에 도착한다 해도 2주 동안 격리되어 있어야 한다. 그녀의 남편은 지금 인도에 있지만 장인이 있는 곳까지 달려갈 방법이 없다. 철도도 차량도 모두 막혔다. 멀지 않지만 국경 반대편에 있는 나도 가보질 못한다. 어쩔 줄 몰라 우는 그녀의 흐느낌만 듣는다. 해가 진다.

오늘도 거대한 상실의 하루였다. 상처는 깊어지고, 치유의 시간은 아직 멀다. 인내하며 기다리는 굼벵이처럼 살다 보면 언젠가 우리 모두 장수하늘소가 되어 날 수 있을까. 금요일의 저녁은 그렇게 왔다.

카뮈, 역병시대의
종교와 의사

"그려, 콜레라 조심하고." 어머니는 오늘도 코로나바이러스
라는 긴 이름 대신에 콜레라라고 했다. 벌써 몇 번 제대로 된 이
름을 고쳐서 알려드렸으나 매번 친숙한 이름 콜레라로 돌아갔
다. 이름이 뭐 그리 중요할까. 세상의 역병은 이름만 다를 뿐 늘
같았고, 전염병이 빚어낸 인간의 모습도 그다지 다르지 않다. 전
세계적으로 바이러스로 죽어간 사람의 수는 가을비 내리는 오
늘이나 꽃망울 터뜨리던 초봄이나 별다르지 않다. 어쩌면 나는
이름에 얽매이고, 어머니는 본모습만 보는 것이리라. 오늘은 부
러 이름을 고쳐서 알려드리지 않았다.

코로나바이러스가 퍼지자마자 불티나게 팔렸다는 카뮈의
고전적 소설《페스트》의 배경도 실은 콜레라다. 알제리의 도시
오랑이라는 곳에서 19세기 중반에 생긴 일을 소재로 삼았다. 코
로나바이러스의 대유행이 선언되자 상술 좋은 사람들이나 글

소재가 궁색한 이들은 앞뒤를 따지지도 않고 "페스트"에 대해 적었다. 나는 시큰둥했다. 제2차 세계대전 직후에 이 책이 나왔을 때 대중적 인기는 대단했으나 당대의 지식인들은 비판적이었다. 정치적 책임을 묻거나 '혁명적인' 메시지가 없다며 불평을 쏟아냈다. 그런데 지금은 지식인들이 나서서 카뮈 '장사'에 나서는 모습이 보기 좋지 않았다. 카뮈는 역병의 공포와 함께 성찰이 시작되었다고 하는데, 그가 드디어 틀렸구나 했다.

내가 시큰둥했던 이유는 또 있었다. 처음에는 나도 코로나 바이러스가 "그냥 왔다가 언젠가는 떠나게 될 불쾌한 방문자"라고 생각했다. 경제와 일자리에 있을 중단기적 영향을 더 염려했다. 페스트가 닥치자 페스트 이후의 삶을 상상한다고 분주했던 오랑 시민의 마음과 똑같았던 셈이다. 그리고 소설의 마지막 부분이 떠올랐다. 역병이 물러나서 시민들이 거리에서 환호하고 기뻐하지만 그들은 역병이 사라지지 않고 다시 돌아올 것을 알지 못한다고 썼다. 1년에 걸친 사투를 담담하게 묘사한 소설의 끝 구절로는 잔인했다. 듣고 싶지 않은 말, 나는 애써 피하고 싶었다.

하지만 나는 《페스트》를 다시 꺼내 읽는다. 바이러스 시대는 길어지고 그 끝은 아직 보이지 않고, 인간은 불안한 만큼 분열하고 있다. 광화문에 모인 수만 명이 하느님을 찾아 나섰고, 카뮈의 '군상'들이 쏟아져 나오고 있다. 한때 과장됐다고 생각했던 카뮈의 말이 맴돈다. 역병이나 전쟁이 들이닥치면 우린 속수무책이다. 이렇게 말도 안 되는 것이 어찌 오래가겠어, 라면서. 하지만 전쟁은 어리석다고 중단되지 않는다. 어리석음은 항상 끈덕진 법이다.

소설에서 오랑 시민을 역병의 공포에 몰아넣는 계기는 두어 번 있다. 첫 번째는 페스트라는 역병의 존재를 인정한 순간이었다. 시민들은 걱정하고 전문가는 의심했지만 누구도 '페스트'라 말하지 못했다. 죽음의 소문과 숫자가 떠돌 때도 인정하고 싶지 않았다. 그 숫자에 이웃이나 가족들이 포함될 때에야 사람들은 역병이라는 현실을 받아들였다. 숫자는 너무나 추상적이라서 "최소한 아는 얼굴들을 익명의 시체 더미 위에 올려놓을 수 있어야"만 현실이 된다. 그제서야 도시는 봉쇄되고, 사람들은 격리된다.

두 번째 계기는 '투사적인 예수교도' 파늘루 신부의 설교다. 사람들이 "왜, 여기에, 우리가?"라고 물었지만 누구도 답하지 못한다. 비가 쏟아지던 일요일, 중간 키에 딱 벌어진 어깨를 가진 신부는 궁극의 답을 찾는 시민들에게 선언한다. "형제들이여, 재앙이 왔도다. 그리고 형제들이여, 당신은 이 재앙을 받아 마땅하도다." 하느님은 인간을 사랑하고 페스트는 그분이 사랑하는 방식이며, 이를 통해 그분은 쭉정이와 알곡을 구분하려 한다. 〈출애굽기〉에서 페스트는 신의 적을 물리치기 위한 방식이었듯이, 역병은 하느님이 우리에게 보내주신 영생의 길인 것이다. 역병을 받아들이고 두려워하지 말 것이며 애써 멀리하지도 말라는 것이다. 죽음마저도 두려워 말라 한다. 신부는 당당한 위로의 말을 전했으나, 시민들의 공포는 걷잡을 수 없이 커졌다. 그래서 성경의 말씀보다는 부적을 찾았다.

신부의 설교는 소설의 주인공인 의사를 곤혹스럽게 만들었다. 그는 도시 밖에서 죽어가는 아내를 홀로 남겨두고 온몸으로 역병과 싸우는 인물이다. 이 싸움은 불확실한 병과의 싸움이자 인간의 날 선 욕망과 시퍼런 편견과의 싸움이기도 하다. 신부의 말과도 싸웠다. "인간의 구원이란 나에게 너무 거창한 말이다. … 나는 그저 인간의 건강을 염려하고 그걸 최우선으로 삼을 뿐이다." 구원을 이유로 눈앞의 생명에 눈감을 수는 없었다.

한 아이의 죽음으로 이 불화는 정점에 달한다. 발병 때부터 아이의 고통과 사투를 보아온 의사는 혈청주사마저도 아무런 효과가 없자 절망한다. 가망 없는 싸움에 패배하고 아이는 죽어간다. 아이의 죽음은 째깍거리는 초침처럼 다가오고, 의사는 아빠의 소식을 묻는다. 그가 격리수용소에 있다는 답만 돌아온다. 부를 사람이 없다. 아이의 외로운 마지막 비명은 모든 고통받는 자들이 같이 쏟아내는 소리 같다. 신부는 이 모든 것을 받아들이자 한다. 의사는 신부에게 묻는다. 저 아이에게 무슨 죄가 있나요.

신부는 잠시 흔들리지만 곧 두 번째 설교를 한다. 썰렁해진 성당에서 그는 페스트가 신의 뜻임을 다시 선언한다. 그 후 그도 앓아 쓰러지지만 의사를 부르지는 않는다. 신부는 끝내 일어나지 못하고 죽고, 의사는 사인을 페스트라고 진단하지 못한다. 병명 미상.

늦은 여름비가 쏟아지는 날, 책을 덮는다. 역병의 시대란 "낮이고 밤이고 어느 인간이나 비겁해지는 시간"이다. 두려움과 공포와의 싸움이다. 부유한 자는 부족함이 없었고, 가난한 자는 기댈 곳이 없다. 누군가는 떼돈 벌 궁리도 하고, 또 누군가는 도시를 홀로 빠져나가려고 한다. 의사 리외는 늘 흔들리면서도 굳건했다. 그래서 종교와 거침없이 불화한다. "성자들보다는 패배자와 더 연대감"을 느낀다고 고백한다. 이념과 이해를 자양분으로 삼는 영웅주의와도 멀리하면서 그의 눈은 오직 "단 한 명의 인간"에만 향해 있다.

그래서 역설적이게도 가장 '종교적인' 사람은 의사 리외다. 그는 왜 역병과의 싸움에 자신이 나서야 하는지를 묻고 고뇌한다. 답을 멀리서 찾지 않았다. 답답해서 창문을 열자 도시의 소음이 몰려왔다. "가까운 공장으로부터 짧게 반복되는 날카로운 기계톱 소리", 그 소리에서 그는 깨닫는다. 인간의 확신은 확성기를 통해 터져나가는 '구원의 진실'이 아니라 바로 저 "매일매일의 노동"에 있다. 그리고 그 노동이 가져다주는 '구원'. 카뮈는 말한다. "페스트 시대의 종교는 여느 때의 종교일 수 없다." 콜레라 시대에도 유효한 얘기이고, '코비드19'라는 암호명 같은 이름을 가진 바이러스 시대도 예외는 아닐 것이다.

불평등
바이러스

유럽에서 코로나바이러스가 퍼지기 시작했을 때, 남의 집에 생긴 나쁜 소문처럼 여겼던 것이 세상의 모든 집 구석구석을 노려보는 역병이 되리라고 예상한 사람은 없었다. 적어도 내가 읽고 얘기 나눈 것으로 기억하자면 그런 예상은 없었다. 아프리카를 한 계절 스쳐가는 전염병처럼 여기는 분위기였고, 어느 아시아 신흥 졸부의 몰지각한 행실 탓에 생긴 자승자박의 병치레라는 싸늘한 반응도 있었다. 누구도 알지 못한 길로 같이 들어서고 있다는 것을 알지 못했다. 모른 것인지, 애써 모른 척한 것인지도 묘연하다.

그해 봄을 생생하게 기억한다. 이미 마당까지 바이러스가 들어섰지만, 뒤늦게라도 대문을 걸어 잠그고 집 안에 머물러 있었다. 참혹한 전쟁 중에도 나다니던 거리를, 이제는 허가증을 가지고서야 나갈 수 있었다. '삼면이 바다로 둘러싸인' 나라에서 온 촌놈이 경탄해 마지않았던 열린 국경도 닫혔다. 가로등만 조는 듯 깜박거리던 국경 출입국관리소에는 근엄한 제복이 돌아왔다. 나는 여권, 체류증, 근무확인증, 서류 뭉텅이를 보여주고서야 겨우 통과했다. 한때는 바람처럼 지나다니던 곳이었다.

볼멘소리가 나오려 할 무렵 효과가 나타났다. 확진자 수도 줄고 사망자 수도 같이 줄었다. 봉쇄조치로 봄은 잃었으나 여름은 온전히 즐기겠다는 마음이 컸다. 마치 바이러스가 그렇게 끝나는 것처럼 들떴던 여름, 그 끝은 가혹했다. 바이러스는 다시 돌아왔다. 하지만 사람들은 지난봄의 '간힘'으로 돌아가고 싶어 하지 않았다. 정부는 제한조치를 다시 도입했으나 빈틈투성이였다. 그 사이로 바이러스는 부단히 옮겨 다녔다. 2020년 1월 23일, 중국 우한이 처음으로 바이러스로 빗장을 걸었다. 2021년 1월 23일 세상은 아직도 우왕좌왕이었다. 1년이라는 시간을 온전히 잃고도 우리는 백신의 기적만 바라보고 있었고, 유럽의 국경도 다시 닫혔다.

도대체 얼마나 잃은 것일까. 바이러스는 생명만 빼앗은 것이 아니다. 살아남은 사람들의 생계도 빼앗았다. 그리고 그 규모가 아찔할 정도다. 2020년 동안 바이러스에 대처하기 위해 취한 각종 제한정책과 이에 따른 경기·침체 등으로 생긴 노동시간 손실분은 8.8퍼센트에 달한다. 워낙 큰 수치에 익숙해져서 10퍼센트도 안 되는 숫자에 시큰둥할 사람도 있을 것이다. 그래서 덧붙이자면, 일주일에 48시간 일한다고 가정하면 2억 5,000만 명의 일자리와 맞먹는 숫자다. 모질었던 2008년 세계 금융위기 때와 비교하면 2020년의 노동시간 손실 규모는 4배 이상 크다. 남미의 경우는 노동시간 손실이 16퍼센트를 넘는다.[35] 사실상 일자리의 빈사 상태다.

이런 노동시간 손실 중 상당 부분은 고용은 유지하되 노동시간을 줄여서 생긴 것이다. 총손실의 절반 정도가 여기에 해당한다. 적게 일하는 만큼 버는 것도 줄었겠지만, 그 부족분은 정부가 빚을 내서라도 메꿔주었다. 물론 잘사는 나라들에서 괜찮은 직장을 가진 사람들에게만 해당되는 얘기다.

노동시간 손실의 나머지 절반은 일자리 소멸로 연결되었다. 실업자는 3,300만 명이 늘었다. 하지만 더 큰 부분은 따로 있다. 통계상으로 일자리를 잃었다고 무조건 실업자로 분류되는 것은 아니다. 꾸준히 구직활동을 해야 실업자로 '인정'받는다. 구직활동을 하지 않으면 경제활동인구에서 아예 제외된다. 이런 사람들은 실업자 수보다 훨씬 많다. 8,100만 명 정도로 추산한다. 일자리를 잃고 구직마저 포기하는 사람들은 경제위기 때 일반적으로 늘어나지만 이런 규모는 그야말로 사상 초유다.

그다지 놀랍지 않은 것이 있다면 어려운 처지에 있는 사람은 어려운 시기에 더 고생한다는 '고생 가속화 법칙'의 유효함이다. 일자리가 없어진 직종은 저임금·저숙련 직종이다. 청년과 여성이 집중되어 있는 직종이기도 하다. 자영업자의 처지도 아주 어려워졌다. 이 와중에도 굳건한 직종이 있다. 많은 나라에서 고

임금·고숙련 직종은 거의 영향을 받지 않았거나 심지어 일자리가 늘어나기도 했다. 금융이나 기술통신 관련 직종은 일자리도 늘고 임금도 늘었다. 세계 전체 평균으로 보자면 고용감소 규모가 고숙련 직종의 경우는 '이상 무', 중간숙련 직종의 경우는 5퍼센트다. 저숙련 직종은 10퍼센트 이상의 고용감소를 겪었다.[36] 바이러스는 결코 공평하지 않다.

그래서 'K(케이)자 회복'이라는 말도 정확하지는 않다. 코로나 위기로 모든 일자리가 타격을 입었지만 회복과정은 양극화되는 현상을 지칭하는 말이지만, 사실 고숙련·고임금 직종은 처음부터 고용위기에서 비켜나 있었다. 잃은 것이 없으니 회복할 것도 없다. 다른 한편으로, 회복해야 할 곳에서 회복이 불가능한 경우도 많다. 없어진 일자리가 돌아오지 않을 것이기 때문이다. 관광업이나 일부 도소매업종은 대규모 조정이 불가피해서 바이러스 이전의 시간으로 돌아가긴 힘들 것이다. 청년도 마찬가지다. 졸업 후 첫걸음이 어긋나면 평생 회복하기 쉽지 않다. 순탄한 출발을 한 사람보다 실업 위험도 높고 소득도 시원치 않을 가능성이 크다. 이런 상황을 흔히 '낙인효과'라는 무시무시한 말로 묘사하는데, 이번에는 이 표현마저도 과하지 않다.

일자리를 잃거나 일거리가 줄어든 사람들의 노동소득은 당연히 줄었다. 월급봉투가 약 8.3퍼센트 얇아졌다. 액수로 환산하면 3.7조 달러 정도 되고, GDP와 비교하면 4.4퍼센트에 해당한다. 하지만 여기서도 명암이 갈린다. 유럽과 미국에서는 이런 노동소득 손실분을 정부가 꼼꼼하게 메꿔줬다. 영국과 이탈리아의 경우 노동시간 손실이 20퍼센트 안팎 수준인데, 정부 지원 덕분에 실제 소득 손실은 3~4퍼센트에 그쳤다. 개발도상국의 경우에는 이런 완충장치가 없었다. 코로나바이러스로 노동시장 충격이 유난히 컸던 페루에서는 노동시간이 59퍼센트 줄었고 노동소득은 56퍼센트 줄었다. 물론 선진국에 산다고 해서 모두 사정이 같은 것은 아니다. 소득지원 혜택에서도 자영업자와 청년은 홀대를 받았다.

마침 '공교로운' 숫자가 나왔다. 최근 옥스팜에서 발표한 통계를 보면,[37] 10억 달러 이상을 보유한 '억만장자'는 지난해에 무려 3.9조 달러를 벌었다. 노동소득 손실 추정치 3.7조 달러와 비슷해서 '그 돈이 그 돈 아니냐'는 억측이 생겼다. 여하튼 이들의 연간 수입은 G20이 코로나바이러스에 대응하기 위해 천문학적으로 쏟아부었다는 돈(12조 달러)의 3분의 1에 이른다. 이 정도의 돈이면 전 세계 사람들이 백신을 맞을 수 있다고 한다. 그래서 옥스팜의 보고서 제목은 '불평등 바이러스'다. 코로나바이러스가 간 뒤에도 이 바이러스는 우리 곁에 꽤 오래 머물 것이다.

갈림길

결국 취소되었다. 에스토니아에서 급하게 연락이 왔다. 2020년 초부터 코로나바이러스 상황을 면밀히 지켜보고 12월로 날짜를 정한 뒤, 1,000여 명에 이르는 사람이 참석하기로 한 행사다. 여기서 참석은 고전적 의미에서의 참석이다. 비행기 타고 호텔에 체크인하고 행사장에서 배지를 받아서 발표 듣고 손을 번쩍 들어 올려 발언하는 과정을 말한다. 하지만 상황은 나아질 기미가 보이지 않았다. 60퍼센트에 가까운 사람이 백신을 맞았으나 미접종자 중심으로 코로나19가 걷잡을 수 없이 퍼졌다. 대규모 행사는 다시 불가능해졌고, 1년 동안의 노력은 물거품이 되었다.

그동안 걱정도 컸지만 희망의 불씨도 많았다. 각종 국제기구 및 정부 보고서도 비관적 얘기만 하는 대신, 백신을 불쏘시개 삼아 희망적 메시지를 내보려고 애썼다. 대부분 곧 코로나의 긴 터널에서 빠져나와 경제와 고용의 회복이 본격화할 것으로 내다봤다. 결과적으로는 섣부른 낙관이었다.

경제성장만 두고 보면 나쁘지도 좋지도 않다. IMF는 세계경제의 회복세에도 불구하고 코로나19 상황의 유동성 때문에 회복이 탄력을 잃고 있다고 했다. 이런 전반적으로 '부드러운' 전망에는 치명적인 함정이 숨겨져 있다. 저소득 개발도상국의 상황이 악화일로에 있었기 때문이다. 선진국이 예상외로 선방하는데도 세계 경제성장률 전망을 계속 하향 조정한 이유였다. 게다가 저소득 개발도상국가의 절반 정도가 부채 위기에 직면해 있었다. 파국을 막으려면 이들 국가를 도와야 한다는 목소리가 높았지만, 소문만 무성하고 도움의 손길은 좀처럼 나타나지 않았다.

2021년, 일자리 상황은 좀 더 심각했다. 노동시간 손실 규모는 2020년 사사분기 이후로 줄어들지 않았다. 노동시장 회복이 지난 1년간 사실상 중단된 상태라는 뜻이다. 코로나19 발생 이전 시기와 비교해 보면, 약 1억 2,000만 개 이상의 일자리가 줄어들었다. 그리고 두 가지 '착시' 현상에 주의해야 한다. 첫째, 일자리 회복의 양극화가 더욱 극명했다. OECD 국가를 비롯한 선진국에서는 노동시장 회복에 제법 가속도가 붙었다. 반면 많은 개발도상국가는 다시 후진 중이었다. 2020년 말에 선진국과 저소득 개발도상국의 노동시간 손실 규모는 모두 5퍼센트를 약간 상회하는 엇비슷한 수준이었는데, 2021년에는 두 배 가까이 차이가 났다. 따라서 선진국을 보고 세계 상황을 유추하지 말아야 했다. 둘째, 일자리 감소는 실업으로 연결되는 것이 아니라 대부분 노동시장 퇴출로 이어졌다. 일자리를 잃은 사람 중 3분의 2 이상은 일자리를 찾는 것을 포기하고 비활동인구로 전환했다. 구직을 포기한 사람은 실업 통계에 포함되지 않는다. 따라서 실업자 수만 보고 일자리 사정을 판단하지 말아야 했다.

이런 갈림길이 나타난 것은 운명 탓이 아니다. 갈라짐의 이유가 돈에서 기인하기 때문이다. 우선 부양책에서 갈렸다. 코로나19 이후 이제까지 약 17조 달러가 경제와 일자리를 지키는 데 투입되었는데, 그중 오직 14퍼센트 정도만 개발도상국에 사용되었다. 부양책은 부자 나라의 얘기인 것이다. 경기부양책에 GDP의 1퍼센트를 투입할 때마다 노동시간 손실을 평균 0.3퍼센트 정도 줄이는 것으로 추산되었으니, 선진국과 개발도상국의 일자리 회복 격차는 '뻔히 보였던 길'이었다.

부양책이 어렵다면 백신 도입에서 회복의 동력을 찾을 수도 있었다. 접종률이 높아지면 방역조치도 완화되면서 생산과 소비 활동이 회복될 수 있다. 하지만 이마저도 여의치 않았다. 선진국의 백신 접종률이 60퍼센트에 이르는 동안 대부분의 개발도상국은 10퍼센트의 문턱에도 도달하지 못했다. 백신 접종률을 10퍼센트포인트 높이면 노동시간 손실을 1.9퍼센트 정도 줄일 수 있는 것으로 추정되었다. 이른바 '백신 제국주의'는 은유적 표현이나 메타포가 아니라 수억 명의 삶에 고통스럽게 각인된 현실이다.

여기에 이젠 물가 걱정까지 겹쳤다. 세계 공급망에 비상이 걸렸기 때문이다. 개발도상국의 회복이 더뎌지면서 선진국으로의 물자 조달이 어려워졌다. 공급이 줄고 조달 시간과 비용도 늘었고, 전자제품부터 에너지까지 모두 들썩거렸다. 영국에서는 자전거를 못 구한다고 난리고, 크리스마스 때 칠면조를 어찌 구할지 고민이었다. 코로나19로 선진국의 생산은 줄고 부양책 덕분에 소비 수요는 강하게 버티고 있으니 나라 밖에서 해법을 찾을 수밖에 없었다. 그리하여 세계 공급망은 개발도상국의 고통을 선진국으로 고스란히 전달하는 '고통 전달망'이 되었다.

임금 상황도 만만치 않았다. 선진국 경제는 뚜렷하게 회복했지만 노동시장을 떠난 노동자들은 아직 돌아오지 않고 있다. 언제 돌아올지를 두고 날 선 논쟁은 계속되지만 사실 누구도 알지 못한다. 떠난 이유를 정확히 알지 못하니 돌아올 날을 파악하기 힘들었다. 실업은 확연히 줄어들었지만 고용 회복은 느렸다. 구인난, 임금 폭등, 이에 따른 물가 대란. 친숙하지만 무시무시한 말들이 오갔다. 물자 부족과 사람 부족으로 시작된 인플레이션이지만 곧 화살은 임금으로 향할 가능성이 높았다. 정치의 또 다른 균열도 멀지 않았다.

사실 균열은 이미 시작되었다. 여론조사를 보면 민주주의에 대한 신뢰는 매년 바닥을 갱신했다. 라틴아메리카의 경우, 2021년 50퍼센트만이 민주주의를 선호한다고 밝혔다. 다행히 권위주의적 체제를 선호한다는 응답 비율은 13퍼센트에 그쳤지만, 25퍼센트 이상이 어떤 체제든 상관없다고 했다. 당혹스러운 정치적 실용주의다. 불과 10년 전만 하더라도 문제가 많긴 해도 민주주의가 최고라고 했던 비율이 80퍼센트였는데, 지금은 60퍼센트를 겨우 넘긴다. 민주주의의 신세가 간당간당하다.

이런 걱정이 아프리카로 건너가면 이미 총칼의 문제다. 코로나바이러스가 창궐하던 2021년 아프리카에서는 20년 만에 가장 많은 쿠데타가 발생했다. 민주적으로 선출된 정부가 무능과 비리로 무너지고 있었다. 시민들은 정부의 붕괴에 항거하지 않고, 젊은이들은 거리로 나와 쿠데타를 환영하기도 했다. 선진국의 기자가 왜 그런지 물었다. 답변은 간단했다. "우리가 매일 요구해도 물과 전기도 제대로 나오지 않는 나라에서 정부는 도대체 뭘 하는가." 백신이나 일자리는 심지어 '사치스러운' 사안이다. 또 다른 전염병, '쿠데타 전염병'이 퍼지고 있다.

몇 년 전에 부자 나라들은 코로나19 앞에는 너와 내가 따로 없다는 연대의 맹세를 했다. 그게 무슨 소용인가 싶다가도, 거기에 수억 명의 삶이 달려 있다는 생각에 '헛된 맹세'를 믿고 또 믿었다. 세계는 끊임없이 갈림길에 서고 번번이 분열한다.

인간의
역병

노벨경제학상 수상자 아마르티아 센Amartya Sen은 "역사상
제대로 작동하는 민주주의에서 기근이 생긴 적은 없다"는 말로
유명하다. 선거철만 되면 나오는 "민주주의가 밥 먹여주나"는 볼
멘 질문에 이보다 명징한 답은 없을 것이다.

이 유명한 언설의 역사적 사례는 많지만, 센은 대표적인 것
으로 1840년대 아일랜드의 감자 역병을 들었다. 미국 동부에서
시작된 역병은 미국을 순식간에 휩쓸고 배를 타고 아일랜드로
넘어왔다. 확산 속도와 범위가 엄청나서 역병을 피한 감자농장
은 드물었다. 감자 수확량이 적게는 30퍼센트, 많게는 50퍼센트
줄어들었다.

아일랜드에서 감자는 생명줄이었다. 잉글랜드가 아일랜드를
점령하고 땅을 강제로 몰수하면서 아일랜드인은 대부분 소작인
이 되었다. 손바닥만 한 땅에 가족을 먹여 살리려면 예전처럼 밀

을 심고 목축을 할 수 없었다. 그 대안으로 감자 농사가 도입되었다. 지배층도 지배전략의 일환으로 부추겼다. 가난과 빈부격차가 워낙 심했으니, 모든 것이 감자로 쏠렸다. 감자밭에서 일하고 삶은 감자로 한 끼를 때우는 '감자 경제'였다. 인구도 급속히 늘었다. 맬서스의 악명 높은 《인구론》도 상당 부분 아일랜드에 근거한 것인데, 그는 감자가 없었다면 인구가 늘지 않았을 것이라고 단언했다.

따라서 감자 역병은 소득의 위기이자 식탁의 위기였다. 사실 대재앙이었다. 인구 800만 명 남짓한 나라에서 100만 명이 굶어 죽고 100만 명이 굶주림을 못 견디고 다른 나라로 떠났다. 역사책은 "아일랜드 대기근"이라고 기록했다. 수없이 많은 아일랜드 가족들이 창백하고 지친 모습으로 미국 뉴욕항에 발을 내디디던 때였다.

감자 역병에서 이런 역사적 대참사가 시작되었지만 기근과 굶주림은 인간이 빚어낸 또 다른 역병 때문이었다. 아일랜드는 당시 영국의 일부였고, 의회에 아일랜드 대표도 있었다. 고통받는 아일랜드를 도와야 한다는 목소리도 나왔다. 덕분에 감자 역병 초기에는 영국 정부가 나서서 밀을 보내고 다른 구호 조치도 취했다. 충분하지는 않았지만 굶어 죽는 최악의 상황은 그럭저럭 피할 수 있었다.

그때 정권이 바뀌었다. 이른바 자유방임의 기치를 높이 든 정부가 들어섰다. 정책은 순식간에 바뀌었다. 직접적 구호·지원이 아니라 '감자 중심' 경제의 체질을 개선하고 운송 인프라를 확충하며 고용을 늘리면서 아일랜드인이 직접 번 돈으로 식량을 사 먹을 수 있도록 해야 한다는 것이었다. '감자 경제'가 잉글랜드 '식민정책'의 결과물인 점도 간단히 무시했다. 아일랜드인들의 고통의 목소리는 영국 의회에 전달되지 못했다.

이런 정책 변화와 함께 식량 위기의 원인에 대한 진단도 슬그머니 달라졌다. 감당할 수 없을 만큼 자식을 많이 낳은 무책임함 때문이라는 맬서스적 진단은 그나마 나았다. 원색적인 주장이 쏟아졌다. 잉글랜드의 빈곤은 경기순환과 관련된 것이지만 아일랜드의 빈곤은 기본적으로 게으름에서 비롯된 것이기 때문에 당장의 고통 완화가 아니라 인간 교화 활동에 집중해야 한다고 했다. 이렇게 게으름과 자업자득의 신화는 인간이 실패한 역사적 사건에 빠짐없이 등장한다.

심지어 요리에 대해 비평할 처지가 못 되는 잉글랜드의 정치인들은 아일랜드에 감자를 삶는 것 말고는 요리라고 할 만한 것이 없다고 비아냥댔다. 피해자를 비난하여 사태를 무마하는 전형적 수법이었다. 그렇게 영국과 아일랜드 간에 상처도 깊어졌고, 향후 참혹한 폭력의 씨앗도 뿌려졌다.

한 가지 더 있다. 이 역사적 비극의 주연은 정치인들만은 아니었다. 경제관료의 역할도 상당했다. 대표적 인물이 찰스 트리벨리언Charles Trevelyan이다. 그는 대기근 시기에 아일랜드 구호정책을 총괄하는 차관보였는데, 처음부터 일관되게 구호 반대론을 외쳤다. 최고위직 경제관료로서 자유방임적 경제철학과 엄격한 재정 건전성을 확고하게 믿었을 뿐만 아니라, 이를 복음주의적 기독교주의와 통합시켰다.

그는 시장은 곧 신의 뜻이라는 경지에 도달했고, 그 심오한 경지를 아일랜드에 철저하게 적용했다. 신의 섭리를 가난한 자들이 알기 어려운 것이니, 신이 굶주림을 통해 아일랜드인에게 가르침을 주고자 한다고 했다. 따라서 아일랜드인의 고통을 해소할 것이 아니라 그들의 도덕적 해악을 일소할 것을 주장했다. 빵을 줄 것이 아니라 채찍을 들어야 한다는 것이다. 경제정책이 종교적 신념이 되었고, 아무도 그를 막지 못했다. 정치인들의 만류에도 불구하고 그는 거침없이 자신의 '채찍정책'을 다양한 방식으로 언론에 알렸다. 언론도 열광했다. 정책은 파국적 결과를 낳았지만 그는 승승장구했다.

두 세기 전 일을 새삼스레 떠올린 까닭은 역병이 결국 인간의 역병으로 귀결된다는 생각 때문이다. 감자 역병은 감자의 일이었는데, 이 일로 사람이 죽게 되는 것은 사람 때문이었다. 대책과 정책, 그리고 그 뒤에 깔린 이해관계, 신념으로 포장된 편견 때문이었다. 인간 사이에 이미 떠돌던 역병이 사물 세계의 역병을 만나 인간의 고통을 증폭하고 죽음으로 내몰기 때문이다.

코로나바이러스의 세상도 많이 다르지 않다. 완벽하지는 않으나 적어도 완충책은 될 수 있는 백신이 개발되었을 때 '백신 박애주의'의 요구는 높았다. 모두가 안전하지 않을 때까지는 누구도 안전하지 않다는 구호를 너나없이 외쳤다. 하지만 백신 공급이 시작되자 순식간에 '백신 제국주의'가 대세였다. 한쪽은 백신이 넘치고 다른 한쪽은 백신을 구한다고 아우성이었다. 그 결과, 아우성치던 곳에서는 바이러스가 활력을 더해 변이가 만들어졌고, 백신이 넘치는 곳으로 퍼져갔다. 한때 백신의 희망으로 들떴던 유럽은 다시 봉쇄의 길로 들어섰다. 아일랜드 대기근 때 정치인들이 외쳤던 자업자득이라는 말이 지금보다 더 적절한 순간이 있을까.

먹고살게 하는 정책도 마찬가지다. 방역으로 영업을 제한하면 마땅한 보상조치가 필요하다. 그렇지 않다면 땅을 빼앗긴 뒤 감자를 심으며 연명하다가 감자 역병을 맞은 사람에게 왜 감자만 심었냐고 타박했던 19세기 영국인들과 다를 바 없다. 늘어가는 감염자를 막을 수 없다면 공공 의료체계에 과감하게 투자해서 대처 능력을 키워야 한다. 희생, 헌신, 협조에만 의존할 수는 없다. 그렇게 하지 않는다면 고통을 통한 극복을 외친 19세기 복음주의 경제정책과 다를 바 없다.

아마르티아 센은 지배자와 피지배자의 거리를 대기근의 이유로 보았다.[38] 멀리 있는 고통은 적극적 공감과 정책 대상이 아니라 통제 대상이다. 오늘날 이 '정치적' 거리는 단순한 물리적 거리가 아니다. 우리가 같이 살아가는 불평등한 공간은 이미 "우리가 빛의 속도로 갈 수 없는" 곳들을 무수히 만들어 놓았기 때문이다.

5부

사방의 이웃을 두려워할 때:
경제학의 그늘

경제학자를 포함한 경제전문가들은 힘이 세다. 일터의 어둠이 짙어지고 불평등의 그늘이 길어진 데는 이들의 역할이 만만치 않았다. 일터의 안전과 생명을 걱정하는 소리가 높아지면 경제학은 은근히 계산기를 내밀고 비용 걱정을 앞세운다. 안전과 생명을 지키는 일에는 돈이 들고, 그러면 기업비용이 늘어 일자리가 줄어들 것이라고 한다. '네 무덤을 네가 판다'는 식의 얄미운 논리를 개발하는 데 경제학은 특출한 재능을 가졌다. 때로는 일관되지도 않다. CEO의 연봉을 올리는 것은 '인센티브'를 강화해서 기업성과를 높이는 일이지만, 일반 노동자의 임금 인상은 '노동비용'을 악화시켜 기업을 힘들게 하는 것이라고 한다.

그렇다고 경제전문가를 가벼이 여겨서도 안 된다. 노동자들이 몇 달 동안 힘겹게 싸워서 몇백 개의 일자리를 지키고 겨우 임금 몇 퍼센트 올릴 때, 경제정책의 간단한 실수 하나로 수천 개의 일자리가 하룻밤 새 사라지기도 하고 월급봉투가 반토막이 나기도 한다. 노동자가 경제위기를 초래하는 경우는 드물지만, 위기의 고통은 노동자의 몫이 되는 경우가 대부분이다. 심지어 위기 수습이 어려워져 곤란해지면 '사실은 모두 노동자 탓'이라는 경제전문가들도 나온다. 그래서 경제정책이 노동자에게 남의 일일 수는 없다.

경제학자와 경제전문가들은 실수나 잘못을 좀체 인정하지 않는다. 이론과 숫자로 무장한, 사회의 유일한 '과학'이라 믿기 때문이다. 경제전문가로 모인 정부의 경제부처도 마찬가지다. 또한 역설적으로 이들은 가장 정치적이기도 하다. '과학' 뒤에 숨은 정치는 두려움이 없다. 고통을 나누게 하는 데는 탁월한 전문가인데, 이익을 나누는 데는 젬병이다. 나도 경제학자다.

왜 경제학자를
믿지 못하느냐고?

벤저민 프랭클린은 미국을 영국 식민지에서 해방시킨 건국의 아버지다. 미국 독립선언문을 토머스 제퍼슨과 함께 작성했으니, 그의 펜촉에서 흘러나온 잉크처럼 자유와 독립의 정신은 대륙의 곳곳으로 퍼져나갔다. 하지만 그가 미국에 정치적 해방만 가져다준 것은 아니다. 어쩌면 식민지라는 어두운 일상보다 더 무서웠던 번개로부터 인간을 해방시켜 준 사람이 바로 프랭클린이다. 그는 피뢰침을 발명한 당사자이기도 하다.

프랭클린의 피뢰침은 건물과 땅에 굳건히 자리하며 인간의 가장 구체적인 일상에 닿아 있다. 하지만 동시에 종교적이었다. 피뢰침이 대중적으로 사용되자 종교인들이 발끈했다. 당시 신부와 목사들은 신이 불경하거나 큰 죄를 지은 이들을 벌하기 위해 하늘에서 내려보내는 것이 번개라 믿었다. 따라서 피뢰침은 이런 '하느님의 역사'를 방해하고 거스르는 불경한 물건이었다. 심지어 보스턴의 한 신부는 매사추세츠에서 일어난 지진을 두고 프랭클린의 피뢰침에 하느님이 진노한 것이라 했다. 번개를 막으니 지진을 일으켰다는 주장이었다. 버트런드 러셀이 '지적 쓰레기'를 논하는 글에서 대표적인 예로 꼽은 사례다.

또한 정치적이었다. 프랭클린의 피뢰침은 실상 과학의 이름으로 이루어진 사상 논쟁의 결과였기 때문이다. 피뢰침이 불경하지 않다고 믿었던 이들에게는 한 가지 첨예한 문제가 있었다. 프랭클린은 피뢰침의 끝이 뾰족해야 효과적이라 믿었으나, 일군의 영국 전문가들은 '두리뭉실한' 피뢰침이 낫다고 했다. 결국 실험을 통해 과학적으로 입증되면 끝날 문제였는데, 당시 영국의 왕 조지 3세가 이 논쟁에 끼어들었다. 자신의 신하들이 과학의 중심이고 따라서 그들의 견해가 곧 과학적 진실일진대, 듣도 보도 못한 아마추어 미국 과학자가 반기를 들고 나선 형국이었다.

왕의 심기가 불편해졌다. 이 무모한 도전을 이해할 수 없었던 조지 3세는 급기야 프랭클린의 피뢰침은 바로 '미국 해방투쟁'의 일환이라며 그 배후를 의심하게 되었다. 수차례의 실험을 통해 피뢰침의 끝은 날카로워야 함이 입증되고 영국 왕실의 과학자들도 순순히 인정하게 된 순간에도, 조지 3세는 패배를 받아들이지 않았다. 저 뾰족한 피뢰침은 자신의 심장을 향해 있다고 믿었다. 설상가상으로 프랑스가 조지 3세의 불타는 의심에 기름을 부었다. 프랑스의 왕은 뾰족한 피뢰침의 과학적 진실을 믿고 전폭 수용했고, 프랭클린을 칙사처럼 모셨다. 그 덕분에 미국은 식민지 해방투쟁에서 프랑스의 든든한 군사적·재정적 지원을 받게 되었고, 공교롭게도 미국과 영국 간의 평화협정도 프랑스에서 체결됐다. 결과적으로 조지 3세는 과학적으로 틀렸으나 그의 정치적 감각은 옳았다.

프랭클린이 조국에 독립과 피뢰침을 남겨주고 세상을 떠난 지 50년 뒤에 마크 트웨인이 태어났다. 미국 문학을 건설한, 말하자면 "미국 문학의 아버지"다. 그는 따뜻한 눈길로《톰 소여의 모험》을 썼으나 세상의 나머지 모든 것을 조롱했다. 경제인과 경제학자를 그다지 신뢰하지 않았고, 은행가에 대해서는 "해가 쨍쨍할 때 우산을 빌려주고서는 비가 내릴 때 우산을 거두어가는 인간"이라 했다. 경제학자들이 사랑해 마지않는 통계에 대해서는 더 가혹한 비난을 서슴지 않았다. "세상에는 세 가지 거짓말이 있으니, 첫째는 그냥 거짓말, 둘째는 새빨간 거짓말, 그리고 마지막은 통계"라고 했다. 물론 트웨인은 영국 정치인 벤저민 디즈레일리Benjamin Disraeli가 한 말이라고 덧붙였지만 호사가들은 그 증거를 찾지 못했다. 자신이 만들어 낸 말인데도 혹 자신이 기억하지 못한 표절일 것을 두려워해 생긴 해프닝인지, 아버지를 아버지라 부르지 못하는 심정이었는지는 알 수 없다.

여하튼 트웨인은 당시 정치경제학이라 불리던 경제학을 탐탁지 않게 생각했다. 그리고 기어코 세간에 잘 알려지지 않은 단편소설을 썼다. 제목은 〈정치경제학〉인데, 여기에 프랭클린의 피뢰침이 등장한다. 트웨인 자신을 주인공으로 등장시킨다.

어느 날 트웨인은 경제학에 대한 글을 쓰기 시작한다. "경제학이란 모든 훌륭한 정부의 기초다. 모든 시대를 통틀어 가장 현명한 자들이 그들의 천재성 같은 보물과 삶의 경험과 배움을 모두 동원하여 이 주제를 다루었다."[39] 현명함과 지혜에는 누구에게도 지지 않는다고 자부하는 트웨인이 경제학에 대해 한마디 보태지 않을 수 없었던 것이다. 이렇게 딱 두 문장만 썼을 뿐인데, 이미 입가에 미소가 번져나갔다. 그런데 둘째 문장에 마침표를 찍기도 전에 문밖에서 누군가 부른다. 불세출의 작가의 엄숙한 저술을 방해하는 행위이니 짜증이 났다. 하지만 그는 훌륭한 인품마저 겸비했는지라 친절하게 방문자를 맞이한다. 그 낯선 양반이 그런다. 당신 집 지붕을 보아하니 무슨 까닭인지 피뢰침이 없는데, 혹시 필요하지 않으시냐.

트웨인은 순간 당황한다. 잘나가는 작가이지만 집 안 살림은 전혀 모른다. 해본 적이 없다. 그렇지만 존경받는 작가로서 이런 걸 인정하기가 싫다. 게다가 지금은 경제에 대해 서술하는 중이다. 천기누설은 안 된다. 그 마음이 앞선 나머지 트웨인은 특유의 언변으로 대답한다. 잘 오셨수다. 그러지 않아도 피뢰침을 설치하려던 참이었소. 기왕에 하는 거, 나는 한 여섯 개나 여덟 개 정도 할까 하오. 공격은 최고의 방어라는 말은 스포츠에만 적용되는 것이 아니다. 과감한 선언과 행동은 자신의 무지를 감추는 가장 효율적인 방법이다.

선제공격이 주효했는지 피뢰침 수리공은 약간 당황한다. 이제껏 그렇게 많은 피뢰침을 가정집에 한꺼번에 설치해 본 적이 없다. 딴에는 이 분야의 전문가인지라 의구심이 들지 않을 수 없지만, 저쪽에서 상당한 전문가인 것처럼 나오니 피뢰침 전문가도 헷갈린다. 게다가 천재적인 작가이고 경제에 대해 저술하는 분의 말씀 아닌가. 피뢰침 전문가는 자신이 없어졌고 트웨인은 승리의 기쁨을 누린다. 빨리 저 두 번째 문장을 마무리해야 하기 때문에 마음이 조급해졌다. 이때 피뢰침 사나이가 묻는다. "네, 그러면 피뢰침은 어떤 종류로 할까요?"

트웨인은 다시 잠시 당황한다. 재료, 크기, 모양이 죄다 다르다. 요모조모 따져보아야 할 일이었지만 이미 전문가 행세를 시작한 마당에 물어보자니 모양새가 빠진다. 역시 선제공격밖에 없다. "아, 그런 거 다 잘 아는데, 아무래도 최고급 제품이 낫지 않소." 이렇게 시크하고도 품위 있는 답을 뒤로하고 트웨인은 다시 책상에 앉는다. 세 번째 문장을 이어간다. "문명 대대로 뛰어난 자들 중 이렇게 위대한 학문인 경제학을 다루지 않은 자가 없거니와…" 그때 피뢰침 사나이가 다시 부른다. 짜증이 맥주 거품처럼 부글부글 올라오지만 트웨인은 마음을 다독거린다.

사나이는 다시 구체적이고 실용적인 문제에 봉착해 있었다. 당연히 주인장과 의논해서 해법을 찾아야 했다. 사나이가 묻는다. "피뢰침 여섯 개를 설치하려니 각이 잘 나오질 않아 배치가 어렵습니다. 어찌할까요?" 따지고 보면, 이런 복잡한 상황은 트웨인이 피뢰침을 양껏 설치하자고 해서 시작됐다. 사나이는 아방가르드 같은 주문을 한 주인장이 마땅히 답을 가지고 있으리라 믿었다. 역시 주인장은 거침없다. 그럼 여덟 개로 합시다. 사나이는 다시 묻는다. "그러면 피뢰침의 길이가 중요한데, 그건 어떻게 하나요?" 트웨인은 이제 질주 중이다. 제일 긴 걸로 하라고 답한다. 사나이의 질문도 같이 질주한다. "그러면 지붕만 보호할 건가요?" 주인장의 답은 당연히 "아니지". 기왕에 시작한 것이니 부엌, 창고 이런 데도 쫙 다 설치하라고 한다. 이제 피뢰침 사나이는 전문성에 대한 자신감을 완전히 잃었으나 그 대신 자신에게는 큰돈을 벌 기회가 다가오고 있음을 알게 된다. 돈 벌자고 하는 일 아닌가. 이렇게 다독이며, 견적을 낸다. 그리하여 마침내 무려 900달러(1870년 당시)에 달하는 대규모 피뢰침 설치 사업이 시작된다. 4대강 사업의 씨앗은 이렇게도 오래전에 저 멀리서 뿌려졌다.

그 와중에도 세상의 모든 이치를 깨치신 트웨인 선생께서는 경제에 대한 집필을 이어가신다. "위대한 공자 선생께서는 일찍이 경찰청장이 되느니 차라리 위대한 경제학자가 되겠다고 하셨다. 키케로는 경제학이란 무릇 인간의 마음을 몽땅 소모해 버릴 만한 대단한 것이라고 했다." 이 문장을 쓰고 나니 트웨인의 정신은 절정의 단계로 나아간다. 화룡점정의 문장이 남았다. "경제학은 하늘이 인간에게 내린 최고의 선물이다."

이 문장이 마무리될 무렵, 피뢰침의 대역사는 순조로이 끝났다. 역사상 진귀한 프로젝트에 구경꾼이 없을 수 없다. 피뢰침으로 촘촘히, 하지만 예술적이고 고급스럽게(트웨인은 키치한 걸 싫어하니까) 번개로부터 완벽하게 보호받는 집을 보러 동네 사람들이 구경을 온다. 저렇게 몰려다니는 대중이 성가시고 이해 불가이지만, 성숙한 작가는 글로 말할 뿐 투덜거리거나 저들을 내치지는 않으리라. 경제석학 트웨인은 이렇게 마음을 다져먹는다.

그날 밤, 정확히 피뢰침 공사가 완료된 지 사흘 만에 번개가 친다. 얼마나 기다렸던가. 수십 개 피뢰침들 간의 일사불란한 공조를 통해 번개를 가장 정교한 방식으로 격파해 나가는 장관이 곧 펼쳐질 것이라 기대했다. 하지만 트웨인이 정작 본 것은 놀랍게도 원맨쇼였다. 피뢰침 하나의 영웅적 투쟁이었다. 나머지 피뢰침들은 머쓱하게 그 외로운 투쟁을 지켜볼 뿐이었다.

멋쩍어진 트웨인은 심혈을 기울인 광고를 조그마하게 낸다. 피뢰침의 충격과 광고 문안 작업에 따른 피로로 인해, 그는 경제(학)에 관한 집필을 아쉽게도 끝내지 못한다. 그나마 남아 있는 힘을 모아 작성한 광고 문안은 그가 경제에 대해 이제껏 쓴 문장 중 가장 경제적이고 구체적이고 정확한 문장이었다. 한 치의 오차도 허용할 수 없어서 다소 장황했던 문장을 간단히 요약하면 이렇다. "혹 피뢰침 필요한 분 계신가요. 제가 싸게 드립니다. 일부 손상됐지만, 그래도 쓸 만해요. 연락 주세요."

트웨인이 이 소설을 쓴 때가 1870년이다. 정확히 3년 뒤에 세계자본주의는 처음으로 '공황'이라는 번개를 맞는다. 물론 그 이후로는 잊을 만하면 오는 불청객이다. 그 뒤 120년의 시간이 지났으니 이 독특한 번개를 막는 피뢰침이 개발될 법도 한데 아직 소식이 없다. 그 정확한 연유를 알 길 없으나 트웨인의 잘못이 참으로 크다. 그가 저지른 '대참사' 이후 사람들은 경제학자들이 파는 피뢰침을 사려고 하지 않는다. "인간에게 내린 최고의 선물"을 이렇게 차버리니, 인간을 벌하려 밤낮없이 번개가 치나 보다.

경제예측이라는
점쟁이

이솝우화에 나오는 얘기다. 제 딴에는 세상일을 내다보는 재주가 있다는 점쟁이가 장터에 자리 잡고 앉아서 지나가는 사람들의 운세를 봐주었다. 오늘 장사는 어떨지 시시콜콜하게 얘기해 주며 마치 그들의 운명이 자신의 손바닥에 달려 있는 행세를 했다. 더러 솔깃한 사람도 있었지만 점쟁이의 설레발을 못마땅해하는 이들도 적지 않았다.

그러던 어느 날, 한 젊은이가 헐레벌떡 달려와서 점쟁이에게 알렸다. 그의 집 앞을 막 지나왔는데 문은 사방으로 열려 있고 세간도 몽땅 사라졌다고 했다. 필시 도둑이 든 것이라는 말도 보탰다. 점쟁이는 화들짝 놀라 죽자 살자 집으로 달려갔다. 하지만 집은 멀쩡했고, 점쟁이는 영문을 몰랐다. 그때 젊은이가 말했다. "이보시오, 자신의 일도 내다보지 못한 자가 어찌 남의 앞날을 말할 수 있단 말이오." 짐짓 아는 체하며 권위를 누려온 그에게 주는 따가운 충고였다.

제 앞가림도 못 하는 자가 점쟁이 행세를 할 수 있는 것은 미래에 대한 어쩔 수 없는 불안 때문이다. '삶은 불확실하다'는 일반적인 명제는 숙명처럼 받아들이지만, 막상 그 불확실성이 내 삶에 구체적으로 스며들기 시작하면 조그마한 실마리라도 하나 얻을 양으로 주위를 두리번거리고 운세를 찾아보게 된다. 대개는 그냥 심심풀이라고 하지만 돈 몇 푼 주고 얻어낸 '운세'를 곱씹어 보기 마련이다. 마음의 평화를 얻으려 주머니를 조금 더 털어서 새로운 운세라도 구매하려 한다.

그래서 듣고 싶은 얘기를 알아채고 들려주는 것이 어쩌면 점쟁이의 능력이겠다. 이솝우화에 나오는 점쟁이는 사람들이 원하는 얘기를 들려주지 않고 점쟁이의 신분을 넘어 훈계를 했기 때문에 장터에서 공분을 샀을지도 모른다. 그랬다면 그로서도 할 말은 많겠다.

'미래'라는 본질적인 불확실성에 대한 궁금증은 개별적인 삶에만 국한되는 것이 아니다. 수많은 개인이 모여 있는 사회집단 전체에도 적용되고, 집단적인 살림 문제인 경제도 예외는 아니다. 올해 경제가 어찌 될지 알면 내 주머니 사정이 어떨지 짐작해 볼 수 있다. 경제에 먹구름이 몰려온다고 하면 매주 금요일에 살뜰히 챙기던 '치맥'을 줄여볼 계획도 세우게 된다. 경제가 화창한 봄날 같을 것이라고 하면 새해 명절마다 들던 짠돌이라는 원성을 피할 여유를 갖는다.

조그만 가계도 이러한데, 나라 살림을 책임지고 운영하는 이들에게 경제의 향방을 제대로 내다보는 것은 곧 공기와 물을 얻는 것과 마찬가지다. 봄날이 올 것이라고 생각하고 경제 살림을 꾸렸는데 천둥 번개만 계속된다면 바깥에는 미처 준비하지 못한 탓에 온몸에 비를 맞고 서 있는 사람들이 생겨날 것이다. 그런 이들이 없도록 하는 것이 나라 살림을 꾸리는 자들의 책무다.

다행스럽게도 경제예측은 점쟁이와 다르다. 적어도 표면적으로는 그렇다. 최소한 점쟁이처럼 '기운'을 믿지 않는다. 치밀한 경제이론에 입각하여 수백 개의 방정식 체계가 정밀하게 짜이고, 이렇게 정밀한 방정식 체계는 오로지 컴퓨터만이 풀어낼 수 있다. 그리고 여기에 도저히 눈으로는 식별할 수 없는 거대한 통계자료가 투입된다. 그래서 경제예측은 과학이고, 굳이 말하면 일기예보와 같다. 가끔 강우량이나 태풍 속도를 잘못 계산하는 '사소한' 실수는 있겠지만 대체로 비 오는 날에 우산을 준비하고 바람 많은 날에는 바다에 나가지 말라고 한다. 그래서 신문과 방송에는 경제예측 보도가 넘친다. 소수점 한 자리까지 붙여서 딱 부러지게 '몇 퍼센트'라고 한다.

물론 수치에 대한 해석은 늘 비슷하다. 나빠지면 나빠지는 대로 허리띠를 졸라매야 하고, 좋아지면 좋아지는 대로 '샴페인을 터뜨려서는 안된다'. 그래서 경제 날씨와 관계없이 늘 우산을 써야 한다. 또 하나, 경제예측 수치는 그야말로 요해 불가다.

일기예보는 고기압과 저기압을 보여주면서 설명하니 학교 다닐 때 졸면서 배운 지식만으로 이해할 수 있고, 그래서 기상청이 틀리면 전화기를 잡고 항의해 볼 수도 있다. 하지만 경제예측은 '상식' 바깥에 자리한 영역이다. 경제학자들이 담당하는 초전문적 영역이고, 그래서 토 달기가 힘들다. 틀렸다는 직감은 어디까지나 직감일 뿐이다. 경제예측이 틀렸다고 정부나 한국은행에 따지는 사람은 드물다. 게다가 일기예보는 길어야 일주일 뒤를 예상하는 것이지만, 경제예측은 몇 달뿐만 아니라 몇 년 뒤도 수월하게 내다본다. 과연 전능의 영역이다.

경제예측의 역사상 2007년은 치욕의 해였다. 이런저런 불길한 징조도 보이고 저기압 전선이 빠르게 움직이는 조짐도 보였지만, 경제예측 모델은 한결같이 가벼운 비구름 정도만 예상했다. 그런데 초대형 태풍이 와버렸고 경제는 빈사 상태에 빠졌다. 20세기 초 세계 대공황에 버금가는 경제위기가 터진 것이다.

물론 '점쟁이 능력'을 가진 금융가의 현인 누리엘 루비니Nouriel Roubini와 경제학 교수 로버트 실러Robert Shiller와 같은 이들은 오랫동안 경제위기의 가능성을 경고해 왔다. 하지만 절대다수는 '대체로 맑음'이라 했다. IMF를 비롯한 국제기구나 각국 정부가 운영하는 경제예측 모델에는 파국의 그림자조차 보이지 않았다. 일분일초의 숨 막히는 찰나의 거래를 통해 막대한 돈을 벌어들이는 금융기관의 모델도 마찬가지였다. 로켓이나 위성을 발사할 때 쓰는 정밀한 프로그램까지 동원해서 한때 '초과학'의 경지를 구가하며 수많은 투자자에게 미래에 대한 조언을 아끼지 않았지만, 경제 시스템이 무너지는 사태를 예상하지 못했다.

이런 참담한 상황이 닥치자, 영국 엘리자베스 여왕도 한마디 거들었다. 2008년 영국 정경대학을 방문한 그녀는 '존경받는' 경제학 교수들에게 물었다. 금융위기가 오고 있었는데 어찌하여 아무도 알지 못했느냐. 예의 무표정한 표정으로 물었지만 여왕의 지엄한 질문인지라 영국학술원은 부랴부랴 포럼을 조직해서 의견을 모았고 2쪽이 약간 넘는 답장을 여왕에게 보냈다.

답의 요지는 이랬다. 학계, 정책, 기업, 금융 등 각 분야에서 경제학자들이 모두 제 몫을 잘했고, 각자의 분야에서 나타나는 위기의 징후를 포착해 냈다. 하지만 이런 위기가 집단적이고 체계적으로 나타나는지를 책임지고 살피는 곳은 없었다. 각 분야에서 드러난 위기는 조그마한 것이었지만, 이것이 집단적으로 뭉쳐서 큰 위기를 만들어 내는 것은 알지 못했다. 궁극적으로는 집단적 상상력 부족이 원인이라고 결론지었다. 집단적 책임이라는 이름으로 개별적 책임을 피하는 영민한 방식이었다.

하지만 각종 시장이 서로 얽혀서 작동하는 큰 그림을 보아야 한다고, 좀 더 전문적인 표현으로는 부분균형이 아니라 일반균형을 보아야 한다고 늘 주장하고 훈계해 왔던 경제학자들이 내놓은 해명치고는 치졸했다. 이솝우화의 점쟁이가 억울해할 만한 상황이었다.

어느 누구도 책임질 수 없는 집단적 문제 때문이었을까. 이런 난감한 상황은 경제위기 이후에도 계속되었다. IMF의 경제예측 모델을 예로 들어보자. 이 모델은 전 세계 각국의 경제를 예측한다. 그만큼 복잡하고 수많은 전문가가 동원된 모델이다. 그런데 경제위기를 예측하지 못했고, 이후에도 실패는 계속되었다.

경제위기가 터지자 이 경제모델은 세계경제가 약간의 어려움을 겪겠지만 1년 뒤부터 회복기에 돌입한다고 했다. 물론 틀렸다. 2010년에 들어서는 기존 예측이 '낙관적 편향'이었음을 인정하고, 동시에 2011년부터는 경제가 반등한다고 예상했다. 다시 틀렸다. 그 뒤 몇 년 동안 계속 회복과 반등을 예측했으나 번번이 빗나갔다. 그동안 세계경제는 끊임없이 추락했다. 매번 같은 일이 반복되었다. 지난번 예측은 틀렸지만 앞으로 6개월 이내 회복세를 보이다가 1년 뒤 본격적인 회복기에 들어간다는 것이었다. 이렇게 경제예측 실패가 반복되는 동안 선진국에만 국한되었던 경제위기는 서서히 개발도상국으로 번져갔다.

실패는 왜 반복되는가? 물론 미래를 알기 어렵기 때문이기도 하다. 하지만 모델 자체의 비현실성도 큰 몫을 했다. 미국 하버드대학 경제학 교수인 대니 로드릭은 《경제학은 지배한다Economics Rules》라는 책에서 이 문제를 집중 거론했다. 경제적 충격이 왔을 때 시장이 일사불란하게 움직여서 경제를 균형 있게 돌려놓는다는 믿음이 경제예측 모델에 짙게 깔려 있다고 보았다. 노동시장, 재화시장 그리고 자본시장은 모델이 가정하는 것처럼 완전무결하지 않다.

예컨대 경제위기로 실업이 생기면 임금이 하락하고, 이에 따라 기업이 고용을 늘리면서 실업 문제는 해소된다고 본다. 금융시장은 이자율 하락에 발맞추어 투자처에 자본을 공급한다고 가정한다. 게다가 정교한 방정식 체계를 풀어내기 위해 결정적이고 비현실적인 가정을 도입하지만 전문가조차 알아내기 힘들다. 그렇기 때문에 로드릭은 이 모델에서 고용이나 물가 그리고 성장을 예측하기 힘들다고 주장한다. 따라서 경제위기를 예측하는 것을 기대하기는 애당초 무리라는 얘기다. 시장이 제대로 작동하지 않는 경제위기 상황에서 경제예측 모델은 시장의 힘을 여전히 믿는 셈이다.

경제예측 모델의 실패는 학구적인 문제만은 아니다. 시험문제 하나 틀린 것으로 끝나지 않고, 잘못된 정책으로 이어진다. 심각한 경세위기를 겪은 그리스는 IMF의 모델에 기초해서 혹독한 재정지출 축소를 감수해야 했다. 사회보장 지출이 줄어들면서 서민들의 삶이 고단해졌다. 각오는 했지만 그 규모는 상상을 초월할 만큼 가혹했다. 그렇다고 해서 경제가 회복되지도 않았다. 그 이유를 따져보니, 경제분석 모델이 재정지출 축소가 경제에 미치는 악영향을 과소평가했던 것으로 밝혀졌다. IMF가 직접 내놓은 분석이다. 잘못된 분석으로 수십만 명이 '불필요한' 고통을 겪었다. 만시지탄이지만 딱히 호소할 곳도 없었다.

이뿐만 아니다. 세계경제가 곧 회복될 것이라는 전망 때문에 세계 곳곳에서 구조개혁에 열을 올렸다. 곧 병상에서 일어날 것이니 이제 다시 병원에 가지 않도록 체질 개선을 해야 한다는 것이다. 노동시장을 유연화해야 한다는 목소리가 특히 높았다. 해고도 쉽게 하고, 실업수당이나 연금도 줄이며, 임금도 '유연하게' 하자고 했다.

그런데 경제위기로 가뜩이나 가계소득이 위축되는 마당에 이런 유연화 대책은 적어도 단기적으로는 가계소득을 더욱 위협한다. 그러면 소비 수요가 줄어들고, 기업도 생산과 투자를 줄인다. 결과적으로 경기 회복은 더 어려워진다.

그러자 당시 〈파이낸셜 타임즈〉의 저명한 칼럼니스트인 마틴 울프Martin Wolf는 한발 더 나아가 경제위기가 다시 올지 모른다고 경고했다. 이런 우려가 나올 때마다 구조개혁론자들이 내세운 논리는 경제예측 모델에 기반한 '경기 회복론'이었다. 쓸데없는 걱정은 말라는 것이다. IMF는 G20 회의에서 여전히 똑같은 경제예측을 내놓았고, 참석자들은 한숨을 내쉬었다. 이렇게 계속 예측이 틀릴 줄 알았다면 정책 기조는 바뀌었을 것이라 한탄했다. 역시 만시지탄이었다. 그러는 동안에도 경제위기의 어두운 그림자는 여전하고, 최근에는 더 길고 짙어졌다.

이솝은 원래 '충격적일 정도로' 못생긴 노예였다고 한다. 하지만 그는 두터운 지식과 밝은 지혜로 신임을 얻어 자유를 손에 넣었고, 마침내 왕의 조언자가 되었다. 비천한 출신 배경 때문에 그는 추상적이고 철학적인 경구는 피하고, 구체적인 일상에 뿌리내린 사례를 통해 지혜를 나누려 했을 것이다. 그가 어설픈 점쟁이를 경계한 것도 그런 이유 때문이겠다. 틀렸으면 해법을 찾아야 하는 것이지, 그 틀린 말이 내일은 옳을 것이라 몽니를 부리지 말아야 한다는 뜻이겠다. 오늘날 여전히 막강한 힘을 자랑하는 경제모델도 이솝의 낮은 지혜가 필요하다. 그렇지 않다면 "언젠가 진실을 말할 때조차 아무도 믿지 않을 것"이기 때문이다. 이 또한 이솝이 남긴 지혜다.

"경제 방면"의
책을 읽다

"요즈음은 문학 책보다 경제 방면의 책을 훨씬 더 많이 읽게 된다. 그래야만 사회에 대한 무슨 속죄라도 되는 것 같고 저으기 흐뭇한 마음이 든다." 시인 김수영의 〈밀물〉이라는 산문은 이렇게 시작된다. 시 몇 줄로는 돈푼 제대로 벌지 못하는 자신의 '비경제적' 삶이 경제 서적 독서를 통해 위로받는다는 묘책을 말하는 것일 테다. 아내 성화에 집을 고치려는데 건축 허가 비용도 감당하지 못해 낙담한 시인이었다. "참 좋은 세상이다. 할 대로 해보라지" 하며 한껏 저주를 퍼붓는다. 4·19 혁명을 얼마 남겨두지 않은 때였다. 그의 '찌질함'은 가히 혁명적이다.

나는 아무도 신경 쓰지 않는 이 구절을 한참 들여다보고 빨간 색연필로 밑줄을 그어두었다. 시간 나면 두 쪽 남짓한 짧은 글을 읽고 또 읽는다. 특히 경제의 풍경이 살벌해지면 '경제 방면의 책'을 읽었다는 시인을 찾게 된다. 경제의 기억은 짧고 문학의 기억은 길다.

그다지 멀지 않은 2008년. 미국발 경제위기가 시작되어 전 세계로 확산되었다. '경제 방면의 책'을 쓰고 가르쳤던 사람은 많았으나, 위기를 예상하고 경고한 사람은 적었다. 너무 적어서 찾아내기가 수월했고, 숫자를 열렬히 사랑하는 경제학자는 정확한 수치 12명을 확인하고 이를 논문으로 남겼다.

무너지고 또 무너졌다. 기업이 무너지는 것보다 일자리가 더 빨리 무너졌다. 순식간에 2,200만 명의 실업자가 생겼다. 자본주의 시장경제의 맹점이 드러났고 불평등 확대가 그 근저에 있는 것이니, 이번에야말로 근본적인 개혁이 필요하다고 했다. "이번에는 다르다"는 문학적 메타포가 경제의 상상력을 끌어올렸다. '이번에는'이라는 단어는 마치 디스토피아와 유토피아를 경계 짓는 마법의 주술 같았다. 하지만 문학적 마술을 차용한 경제학의 현실은 금융시장의 버블, 공기 방울이었다. 현란한 찰나가 끝나자 아무 일도 생기지 않았다. 거품이 터지며 나는 '펏' 하는 소리마저 나지 않았다.

일자리를 지키자는 목소리도 높았다. 그런데 그 뒤를 꼭 따르는 소리가 있었다. 서민의 일자리를 위해서는 기업에 대한 과감한 지원을 아끼지 말고 돈줄을 쥐고 있는 은행을 전폭적으로 지원해야 한다, 물론 경제위기를 초래한 '피고인' 신세이지만 서민들의 삶을 위해서는 이들의 잘못을 시시콜콜하게 따져서는 안 된다, '꼰대'의 잔소리가 아닌 '용서와 단합'의 시간이라는 것.

앞뒤가 착착 연결되는 '경제 방면의 책' 논리는 순식간에 정치적 언어가 되었다. 정책이 만들어지고 나랏돈이 기업과 은행에 쏟아졌다.

효과는 있었다. 2~3년이 지나면서 여기저기 청신호가 들려왔다. 금융권도 좋아지고 기업 사정도 나아졌다. 이제 아랫목이 따뜻해지자 방 안의 불편한 온도가 느껴졌다. 정부의 나랏돈 인심이 과해서 엉덩이가 뜨거워져 온다는 것. 이제 군불은 충분하니 귀한 장작을 아끼라고 요구했다. '경제 방면의 책'에 따르면, 이는 인플레이션의 위험을 방지하기 위한 재정 긴축이다.

듣기에는 그럴듯했다. 하지만 그건 아랫목에만 해당되는 얘기다. 경제의 온돌방에는 구들이 부서지고 무너져서 열이 잘 전달되질 않는다. 아랫목이 들끓는다고 해서 윗목이 따뜻하지 않다. '낙수효과'의 부재는 낡은 온돌방의 고질적 문제다. 그러니 윗목에 자리 잡은 사람들은 여전히 춥다. 웃풍도 심하다.

그래도 아랫목에 앉은 이들은 아궁이에 더 가까우니, 그들의 소리도 더 가깝다. 윗목은 아직 춥다고 소리쳐도 소용없다. 윗목 사람들의 목소리는 방문을 치고 들어오는 찬바람에 쓸려갔다. 병들고 죽고서야 그들이 보였다. 아랫목 사람 성화 탓에 아궁이로 들어가는 장작은 줄었다. 하지만 그들은 장작을 줄였다고 말하지 않았다. 대신 아궁이를 건실하게 하는 '건전화 consolidation'라고 불렀다. 항간의 오해와는 달리 경제학은 필요하다면 기꺼이 문학적 표현을 사랑한다.

윗목까지 미열이 가는 데 참으로 장구한 시간이 걸렸다. 세계 전체를 보자면, 실업률은 꼭 10년 만에 경제위기 이전 수준을 회복했다. 임금이나 노동소득은 더 심한 느림보였다. 아직 회복하지 못한 나라도 있다. 이 와중에 노동생산성은 꾸준히 올랐다. 윗목에서 춥게 살아도 이를 악물고 열심히 일했기 때문이다. 노동생산성과 임금의 격차는 여전하고, 온돌방의 갈림은 심해졌다. 기업은 구제되었으나 노동자는 배제되었다.

젊은 사람들의 사정은 더 어려웠다. 실업률은 아직 2008년 이전 수준으로 회복되지 못했다. 아예 온돌방 바깥으로 내쫓기는 일도 빈번해졌다. 이들을 위한 거처도 생겼다. '경제 방면의 책'에 따르면, 이 새로운 형태의 온돌방은 '플랫폼 경제'라고 불린다. 이 신세대 온돌방은 독특하게도 아궁이를 아예 없애서 아랫목과 윗목의 갈등을 원초적으로 없앴다고 한다. 위와 아래의 구분이 없어서 선진적이지만, 방 구석구석이 한결같이 춥다는 소문이다.

이런 경제의 기억이 매듭을 짓기 전에 한파가 다시 닥쳤다. 이번에도 예상치는 못했지만 '경제 방면의 책'이 딱히 할 수 있는 일이 없었다. 온돌방에 바이러스가 덮쳐서 너나없이 다 쫓겨나서 임시천막 신세다. 기업은 잠시 또는 영원히 문을 닫고, 일자리도 삭풍의 계절에 들어섰다. 얼마나 무너질지 아무도 몰랐다. 문학의 기억을 빌리자면, "먼 곳에서부터/ 먼 곳으로/ 다시 마음이 아프다".[40]

이번에도 '이번에는'이라는 말이 넘친다. '뉴노멀New Normal' 이라는 표현도 인기몰이다. 기억이 힘이라면, '이번에는'은 이번 에도 지난번과 같을 것이라 의심해야 할 일이다. 뉴노멀도 지난 경제위기에 나왔던 새롭지 않은 수사다. 저번의 '뉴노멀'도 이루 지 못했으니 '노멀'이 뭔지도 모른다.

대신 우리는 물어야 한다. "이번에는 다르다"고 하면, 이번에 는 누가 무엇을 바꿀 것인지를 물어야 한다. 세상이 전혀 달라 질 것이라고 하면, 아랫목과 윗목이 갈라지는 온돌방을 어찌할 것인지부터 따져야 한다. "일자리 창출을 위하여"라고 외치면, 고개를 끄덕이기 전에 누구를 위한 일자리가 얼마나 만들어지 는지를 따져야 한다. 이를 위해 돈은 어디로 누구에게 가는지를 물어야 한다. 같은 온돌방에 산다고 '좋은 게 좋다'고 퉁치는 일 도 없어야 한다.

그래서 나는 선택적으로 문학적인 '경제 방면의 책'보다 찌 질한 살림살이를 살피는 '문학 책'을 읽는다. 그러면 경제학자로 서 "사회에 대한 무슨 속죄라도 되는 것 같고 저으기 흐뭇한 마 음이 든다". 갑자기 힘도 생겨서 "개가 울고 종이 들리고 달이 떠 도" 나는 "조금도 당황하지" 않게 된다.[41]

사방의 이웃을
두려워할 때

해는 굳건하게 변하고 나도 변함없이 결심을 한다. 그러자니 오스카 와일드의 야유가 들린다. 새해 결심이란 그 시작은 허영이고 결과는 공허한 법, 마치 '잔고 없는 통장에서 수표를 남발하는 것'과 같다고 했다. 나는 그의 날 선 혀를 두려워한다. 짐짓 준엄한 결심은 접고, 마음을 다잡아 보려 한다. 이것마저 없으면 새해 새날이 무슨 소용이겠는가.

내 눈과 내 마음을 의심하라고 늘 알려주는 사람은 당대의 평론가 존 버거다. 그는 영국을 떠나 프랑스 농촌에서 안거하며 일하고 보고 썼다. 왜 쓰냐는 질문에 그는 "말하려고 애쓰지 않으면 아예 말해지지 않을 위험이 있는 것들" 때문이라고 했다. 그래서 자신은 "그저 빈 곳을 메우는 사람"이라고 했다. 어디가 '빈 곳'인지조차도 모르는 나는 그저 마음이라도 북돋워 애써야 한다. 술잔과 수다를 멈추고, 보고 살핀다.

우선 나는 할리우드 액션 영화를 심심풀이 땅콩으로 취급한 것을 반성한다. 몇 년 전, 직원들에게는 박하고 자신에게 관대했던 르노-닛산 사장은 기상천외의 작전을 펼친 끝에 일본을 탈출했다. 부당한 사법체계에 맞선 저항이었다는데, 그 작전을 진두지휘한 사람은 온갖 전쟁에서 뇌물 주고 수천만 달러의 군수계약을 따냈던 이라고 한다. 내 것을 위해서라면 물불을 가리지 않는, 닮은꼴의 두 사내가 '정의'의 이름으로 뭉쳤다. 기업을 키운 건 자신의 공이라며 저들의 정의는 통곡한다. 지구의 정의를 위해 찾아온 외계인들, 어쩌면 존재할지 모른다.

기술혁신도 아찔할 만큼 눈부시다. 월스트리트는 한 치의 오류도 허용하지 않도록 한다길래 금융개혁을 하는 줄 알았는데, '퀀텀 금융quantum finance'을 도입하여 빈틈없는 컴퓨터 체계를 만들겠단다. 금융위기가 미숙한 컴퓨터 탓이라는 것 같다. 그런데 정작 이런 눈부신 컴퓨팅이 필요한 곳에서는 무소식이다. 온갖 잔꾀가 동원되는 탈세와 불법을 잡는 데 디지털 기술만 한 묘약이 없다고 OECD가 10년째 노래를 부르고 G20에서 합의도 했건만, 여긴 절간처럼 조용하다. 환자 이동을 돕는 로봇 개발은 더디지만 의료보험 처리비용을 줄이려고 인공지능은 바쁘다. 또 첨단기술은 방위산업에 몰려든다. 힘센 나라끼리 주먹질해대는 판에 방위산업의 주가는 높아지고, 이른바 혁신의 선두주자들은 '구시대 산업' 국방 용역을 따내려고 경쟁하고 있다.

이렇게 보란듯이 '나쁜' 경제는 도처에 널려 있다. 그리고 그

이면에는 '나쁜' 경제학이 자리하고 있다. 2019년 노벨경제학상을 받은 배너지와 뒤플로 부부는《힘든 시대를 위한 좋은 경제학》을 펴냈는데, 결론이 도발적이다. "경제학은 경제학자에게 맡겨두기에는 너무 중요하다"였다. 소수의 금전적 이해가 아니라 모든 인간의 삶에 복무하는 '좋은' 경제학을 키우려면 '나쁜' 경제학이 서성거리지 못하도록 바짝 긴장하라는 뜻이다.

긴장해야 할 이유는 많다. 나쁜 경제학은 많고 집요하며 적극적이고 얼핏 듣기에 그럴듯하다. 좋은 경제학은 원론적이면서도 복잡해서 "그래서, 뭐"라는 볼멘소리를 듣기 십상이다. 나쁜 경제학은 내버려 두어도 되니 걱정 말라며 사람을 안심시키지만, 좋은 경제학은 숙제거리만 안겨주고 사람을 불편하게 한다. 이래저래 악화가 양화를 구축하기 쉬운 상황이니, 이 경제학자 부부는 자기부정적인 결론을 경구 삼아 남겼다.

나 같은 삼류 경제학자는 좌불안석이다. 내가 경제학으로 밥벌이를 한다는 것은 설익은 쌀을 한 끼로 내놓는 일이다. 혹 배탈이 날 수도 있음을 알지만, 그것 말고는 달리 배를 채울 방도를 알지 못하니 그저 정성스럽게 챙겨 내놓을 뿐이다. 그나마 내게 위안이 있었다면, 그건 밥 짓는 방도를 신통방통 잘 아는 경제학자들 덕분이었다.

조지 애커로프George Akerlof도 그런 '좋은' 경제학자다. 사람의 행동과 심리를 '경제적 합리성'으로 뭉뚱그리지 않고 있는 그대로 관찰하여 경제현상을 설명했다. 1980년대에는 아내와도

의기투합해서 '공정임금fair wages'이라는 파격적인 이론을 내놓았다. 노동자는 자신의 임금이 공정하다고 느끼는 만큼 일하기 때문에, 넉넉한 임금은 높은 생산성으로 돌아온다. 공정한 임금은 곧 효율적인 임금인 것이니 기업이 짠돌이 노릇을 할 필요가 없다는 말이 되겠다. 그는 노벨상을 받았고, 그의 아내 재닛 옐런Janet Yellen은 미국 연방준비제도 의장을 지냈다. 경제학계의 스타 부부다.

그가 얼마 전 나쁜 경제학의 역사를 반추하는 글을 썼다. 경제학이 경제위기를 예측하지도 못하고 어설픈 위기극복 정책만 쏟아내게 된 연유를 개인적인 소회까지 곁들여서 설명했다. 노학자의 자조와 한탄이 진하게 배어 있는 이 논문은 "딴에는 노력했으나 나도 결국 그렇고 그런 경제학자"였다는 아픈 고백으로 맺는다.[42] 이런 뼈아픈 통찰 때문에 그의 글은 열정적이고 진보적이었으며, 심지어 정의롭기까지 했다. 그의 '좋은' 경제학에 나도 모르게 벌떡 일어날 뻔했다.

하지만 나는 일어나지 못하고 미적거렸다. 그의 짧은 글에 소개된 논문 때문이었다. 유난히 꼼꼼하게 소개된 이 논문의 저자도 역시 애커로프다. 조지 애커로프가 아니라 그의 아들 로버트 애커로프. 부모의 가업을 이어받은 견실한 연구실적을 가진 경제학자다. 영국의 어느 대학에서 조교수를 하고 있다. 그러나 아무리 살펴보아도 '아빠'가 아니었다면 인용될 이유가 없는 논문이었다.

물론 대수롭지 않은 에피소드일 수 있다. 간간이 있어왔던 관행이기도 하겠고, 부모 사랑을 '학문적으로' 표현했다고도 할 것이다. 세계적 거물의 속 보이는 사랑 표현이라며 피식 웃을 수도 있다. 그런데 세상은 변화무쌍하고 사람들이 세상을 보는 눈도 변한다. 애커로프가 예전에 쓴 것처럼, 우리의 관념도 변하고 사회적 규범도 변한다. 예전에는 웃고 넘겼을 일이 이제는 더 이상 우습지 않다. 그의 글은 '좋은' 메시지를 담고 있지만, '옳지'는 않다. 그를 개인적으로 타박하자는 것이 아니다. 이제 우리의 문제다. 옳음을 말하는 우리가 실상 길을 막고 서 있다는 것이고, 존 버거가 말한 "말하려고 애쓰지 않으면 아예 말해지지 않을 위험이 있는" 문제다.

　　정약용의 호는 여유당이다. 노자에게서 따왔다고 한다. "망설이기를 겨울에 시내를 건너듯, 겁내기를 사방 이웃을 두려워하듯 한다." 같은 동네 사람만 두려워하고 정의의 핏대를 올릴 일이 아니다. 동네 밖의 '사방 이웃'을 두려워해야 할 때다. 쓰고 말하는 힘을 가진 사람들이 기억해야 할 말이다. 무엇보다도 내가 나에게 하는 말이다. 와일드의 야유가 다시 들린다.

낮은 소리에
자유를 준 경제학자

"무지개를 보면 가슴이 뛰노라"라 하고 "늙어서도 그렇지 않으면 차라리 죽는 게 나으리라"고 했던 영국의 시인 워즈워스도 나이가 들어서는 시큰둥해졌다. 말년에 써서 잘 알려지지 않은 시에서 그는 청춘이 뭐냐고 묻고는 답한다. "뒤에선 바람 불고 앞에는 바위가 막고 선 곳에서 춤추는 파도." 한때 프랑스혁명에 열광하며 혁명 정신을 영국에 전파했던 그가 세파에 춤추다가 요샛말로 보수 꼰대가 되었던 사정에 비춰보면, 그리 놀랍지는 않다. 〈희망, 너는 무엇이냐?〉라는 시에는 그의 무지개는 온데간데없다. 희망은 그저 "가느다란 칼날 같은 잔디에 매달린 아침 물방울, 또는 좁은 배신의 골목을 꾸며놓은 거미줄"이라 했다. 물론 그는 "차라리 죽지" 않고 여든까지 넉넉하게 살았다.

그의 삶이 어찌 되었든 간에 그의 시를 읽고 구원을 얻은 청춘은 많았다. 대표적인 인물이 존 스튜어트 밀이다.[43] 그가 쓴

《자유론》을 둘러싸고 한국에서 난데없이 논란이 벌어져서 뜬금없이 유명해진 인물이다. 밀은 손꼽히는 천재였다. 3살에 그리스어를 배웠고 8살에 라틴어를 깨쳤고, 나를 지금도 전전긍긍하게 하는 두툼한 책을 10대에 깨쳤다. 이런 성취 뒤에는 유별난 아빠가 있었다. 꽤 유명한 경제학자였던 아빠의 뒷바라지는 극성스러웠다. 자신이 추종했던 "최대다수의 최대행복"의 창안자 벤담의 세계에 아들을 끌어들였고, 아들은 이에 부응하여 그 바닥에서 주요 인사로 자리 잡았다. 행복의 크기를 계산기로 두들겨 대는 냉정한 과학을 앞세운 벤담의 사회'개혁'의 전도사가 되었다.

빨리 세상을 배운 만큼, 위기도 빨리 왔다. 스무살. 똑똑한 그는 물었다. 내가 지금 믿는 대로 세상을 개혁하면, 나는 그런 세상에서 행복할 것인가. 그는 고개를 절레절레 흔들었다. 우울해졌고 눈물이 쏟아졌다. 하지만 이런 삶의 질문에 아버지의 도움을 청하지 않았다. 그가 훗날 고백했듯이, 그와 아버지의 관계에는 살가움이 없고 "인위적"이었다. 위기는 왔으나 구원은 보이지 않았다. 그는 "잘 만든 배에 키도 있건만 돛은 없어서 나의 항해는 시작하기도 전에 좌초했다"고 적었다.

좌초 직전에 그를 구원해 준 것은 워즈워스의 시였다. 특히 〈송가Ode〉. 밀은 그 시에서 인간의 느낌, 감정 그리고 가슴을 회복했다. 당시 영국에서는, 특히 벤담과 아버지의 삭막한 공리주의 속에서는 삶의 감성적 이해는 주관적 환영일 뿐이라 했는데,

밀은 워즈워스의 시를 읽으면서 이런 이해방식 자체가 세상의 변화를 가로막는 걸림돌임을 깨달았다. 아마도 이런 구절에서 그는 가슴을 쳤으리라. "내가 봐왔던 것들, 이제 더 이상 볼 수 없네" "한때 눈부시게 빛나던 것들, 이제 내 눈에서 영영 사라진다 할지라도 … 나는 슬퍼하지 않으리. 남아 있는 것들에서 힘을 얻으리라."

그 이후 밀은 다시 항해에 나섰다. 아버지와의 대화는 줄었고 그나마 의례적이었다. 지도 없는 항해가 으레 그렇듯이 좌충우돌이었다. 그렇다고 해서 방향이 없었던 것은 아니다. 그는 세상의 다면성에 주목하면서, 당시 급속도로 분화하던 사회의 여러 목소리를 변화의 중심으로 끌어들이려고 했다. 숫자로는 다수이지만 정치적으로는 소수인 계층의 행복이 진정한 다수의 행복이 되는 방안을 고민했다. 그러면서도 자신이 물려받은 정신적 자산을 냉담하게 물리치지 않으려는, 가망 없는 노력도 아끼지 않았다. 당연히 '절충주의'라는 비난이 쏟아졌다. 공리주의를 지킨다면서 핵심을 뒤집어 버린 철학자, 임금 억제를 주장하는 고전파 경제학을 계승한다면서도 임금 인상의 긍정적 효과를 인정한 반란의 경제학자, 그리고 아버지를 옹호하려다 그를 온전히 부정해 버린 아들이었다.

이런 부정과 모순을 온전히 받아들이면서 밀은 그의 '가슴을 뛰게 하는' 것들을 따라갔고, 또 과감하게 실천했다. 여성과 노동자의 참정권을 내걸고 하원 선거에 출마했다. 선거구 예산을 따내는 데만 골몰하지 않겠다고 했다. 이런 공약을 내걸면 당연히 낙선할 것으로 짐작했던 탓인지 선거에 돈도 따로 쓰지 않겠다고 했다. 하지만 그는 놀랍게도 당선되었고, 하원 시절 내내 낮은 소수의 목소리를 울리는 확성기 노릇을 했다.

실망과 좌절이 왜 없었겠는가. 민주주의라는 외관을 가지긴 했으나 당시 영국 정치의 벽은 높고도 높았다. 이를 핑계 삼아 따듯한 안락의자로 돌아갈 수도 있었을 테다. 하지만 밀은 그럴수록 더욱 거친 목소리를 내고 과격해졌다. 시장경제의 수요공급론이 야만스러운 짓을 할 때가 있으니, 궁극적으로는 "사상가, 교사, 예술가, 생산자 그 누구이든 간에 능력만큼 일하고, 일한 만큼 보상받아야 한다"는 기본원리를 내세웠다. 양성평등은 절대 양보할 수 없는 정언명령이었다. 그는 사유재산제를 옹호했으나, 만일 사유재산제가 이 원리를 저해하는 방향으로 운용된다면 마땅히 수정되어야 한다고 주장했다. 조세에 대한 생각도 변했다. 일하여 얻은 소득에 대해서는 가혹하지 말되, 재산과 상속에 대해서는 엄격해야 한다고 했다.

밀은 잘 짜인 논리틀이나 정치신념에 현실을 투영하지는 않았다. 변화무쌍한 현실을 보고 '소수'의 행복이 기존 제도와 편견 때문에 희생되고 있음을 확인할 때마다 자신의 생각을 다시 가다듬었다. 그가 삶을 항해하는 방식이었다. 그리고 그것이 바로 세상의 이치라고 믿었다. "정치제도란 절대적이 아니라 상대적이다. 인류가 진보함에 따라 정치제도는 변할 것이고 변해야 한다." 그리고 국가란 "항상 사회적 최강자의 손에 있거나 넘어갈 것"이고, "이 권력의 본질이 곧 정치제도를 결정하기 마련이다". 그가 집중한 사안은 그런 정치제도 안에 늘 있을 소수에게 어떻게 진정한 자유를 확보하게 할 것인가였다. 그래서 모든 노동자를 위한 노조를 지지했고, 노동자의 경영 참여를 주장하는 데 주저하지 않았으며, 자본의 공동소유를 주장하는 사회주의적 흐름에도 공감했다. 이런 과격한 늙은이에게 볼멘소리가 터져나오면, 그의 대답은 단순했다. 이렇게 떠들지 않으면 "상류계급은 가난한 자를 전혀 두려워하지 않을 것이다".

따라서 19세기의 존 스튜어트 밀을 21세기에 불러오는 일은 소수의 진정한 자유를 찾는 일이다. 그들의 목소리를 끌어내고 경제·정치제도를 바꾸는 일이다. 노련함의 목소리가 아니라 세월을 버틴 거칠고 들뜬 목소리로 말하는 것이다. 짐짓 늙은 척하지 않는 것이다.

늙어감이란 무엇인가. 워즈워스는 다시 묻고 답했다. "한가롭게 펼쳐진 해변에 축 처져 비틀거리는 버드나무"다. 단언컨대, 일흔을 향해 가던 밀은 이 구절엔 결코 동의하지 않았으리라.

등대로 함께
찾아가려면

등대는 궁극적인 구원과 안식의 상징이다. 세월이 가르친 경외감 때문인지 그 하얀색의 눈부심 탓인지, 우연히 등대를 찾을 때면 나는 차마 바라볼 수 없었다. 하지만 따지고 보면 등대는 향하지만 가지 않는 곳이다. 눈이 불안하게 향하는 곳이지 발이 부산하게 찾는 곳은 아니다. 먹구름 끼고 바람 찬 날, 우리는 등대 불빛에 기대어 제 길을 갈 뿐이다. 그러니 등대를 바라보는 눈빛은 강렬하게 모이기도 하고, 또 그 때문에 날카롭게 갈라지기도 한다.

버지니아 울프의 소설 《등대로》를 이런 미묘한 모임과 갈림의 회한으로 기억한다. 바닷가 쪽으로 휴가를 간 부부는 앞쪽 섬에 있는 등대를 찾아가는 일을 두고 의견이 갈린다. 아이가 간절하게 원하는 일인지라 아내는 내일 가자고 하는데, 남편은 내일 날씨가 좋지 않을 거라고 심드렁하게 말한다. 좋을 수도 있다고 아내가 따지려 하자, 그 옆에 있던 남편 친구는 바람이 지금 서쪽으로 불고 있기 때문에 그럴 수 없다고 쐐기를 박는다. 바람 방향이 바뀔 수 있다고 따지려니 이젠 대꾸조차 없다. 결국 계획 은 무산된다. 날씨와 바람은 바뀔 수 있겠지만 남편의 완고함은 바뀌지 않기 때문이다. 세월은 무심하게 흘러 아내는 죽고, 남은 가족은 저 멀리 등대가 보이는 곳에 다시 모인다.

이 소설이 갑자기 생각난 것은 지금 우리 처지 때문이다. 큰 파도를 겨우 피했더니 다시 위기의 비바람이 멀리서 모여들고 해는 지고 있으니, 등대 불빛이라도 서둘러 확인해 둬야 할 상황 이다. 이번 뱃길은 누구도 가보지 못한 길이다.

잠시 옛일을 돌이켜 보자. 2007년 말 세계 금융위기가 터졌 을 때, 그야말로 대충격이었다. 경제적 고통은 말할 나위가 없었 고, 무엇보다도 '과학적 엄격함'을 자랑했던 경제전문가들이 위 기를 전혀 예상하지 못했기 때문이다. 희희낙락 꽃향기에 취해 걷다가 덫에 빠진 꼴이었다. 그 꽃향기는 불평등이 뿜어낸 독한 연기였다는 것도 뒤늦게야 알게 됐다.

하지만 덫에 빠진 당혹스러움은 오래가지 않았다. 울프 소 설의 남편처럼, 인간들의 바람과 고통은 제쳐두고 경제정책은 옹 고집스러운 집념의 세계로 돌아갔다. 초특급 재정을 투입해 금 융시장을 살린 뒤 경제 회복과 더불어 물가상승 조짐이 나타나 자 재빨리 긴축정책으로 돌아섰다. 일자리와 소득을 잃고 기력 을 차리지 못한 사람들에게서 응급 수액마저 뽑아버린 꼴이었다. 금융에는 관대하고 사람에게는 가혹했다. 그 결과, GDP로 측정한 경제는 성장했으나 고용과 노동소득은 고통스럽도록 늦게 회복됐다. 세계경제는 3~4년 만에 회복됐으나 고용 회복은 10년 가까이 걸렸고, 노동소득은 더 뒤처졌다. 위기의 원인으로 낙수효과라는 '주술'을 꼽기도 했지만, 위기 회복책도 정작 그 주술에서 벗어나지 못했다.

10년이 넘어 다시 찾아온 이번 위기도 예측하지 못한 것이었다. 중국 어디선가에서 시작된 바이러스가 세계를 순식간에 덫에 가둘 줄은 몰랐다. 자신이 빚어낸 잘못이 아니어서였을까, 경제정책은 이번에는 좀 더 과감했다. 재정적자나 물가를 걱정하지 않고 유례없이 자원을 총동원해서 일자리와 소득을 지켰다. 덕분에 경제적 손해는 컸지만 삶의 고통은 덜했다. 물론 이런 '어둠 속의 빛' 같은 일도 빛을 낼 여력이 있는 나라에서나 가능했다. 이미 빚에 허덕이고 재정이 바닥난 개발도상국들은 엄두를 내질 못했고, 선진국들의 도움은 입으로만 전해졌다. 특히 저소득 국가에서는 바이러스가 경제와 삶을 가혹하게 지배했다. 세계가 등대 불빛을 따라갔으나 도달한 곳은 달랐다. 방향을 알아도 배를 움직일 힘이 없었던 나라들은 암초에 걸려 아직 벗어나질 못했다.

그리고 2022년 가을부터 다시 비구름이 몰려들기 시작했다. 이번에는 또렷이 보이고 모두 이구동성으로 외친다. 마치 서서히 빠지는 늪 같다. 인간이 여기저기 싸움판을 만들어서 이

지경까지 왔다. 빠지는 줄 뻔히 알고 있지만 안간힘을 쓰면서 더 빠져든다. "정책의 시간"이 다시 왔으나 초라한 옛 기억뿐이다. 난해한 개념과 복잡한 통계에 '과학'의 이름을 입혔지만, 그 내용은 단순하다. 늪에서 당장 빠져나올 수는 없으니 이 늪의 끝 어딘가 있을 단단한 흙바닥까지 내려가는 수밖에 없다. 이자율 상승이라는 무거운 추를 우리의 몸에 꽁꽁 묶어서 불황이라는 늪으로 내려간 뒤 끝내 살아남은 자들이 바닥을 딛고 올라오는 날을 기다린다. 늪에 빠져 아우성인 사람들에게 밧줄을 던져줄 생각은 없다. 밧줄을 던지는 방법을 몰라서가 아니라 그래서는 안 된다는 신념 때문이다. 울프 소설의 남편 친구가 말했듯이, 서풍이 부는 날에는 등대로 갈 생각조차 말아야 한다.

이런 신념은 때로는 편리하다. 등대를 향해 가진 않지만 옛 추억으로는 쉽게 돌아간다. 영국에서는 1980년대의 추억을 끌어올렸다. 물가 상승과 경기 축소가 겹치는 상황에서 영국 정부는 감세가 경제성장을 촉진한다는 믿음을 기어코 "450억 파운드 감세" 정책으로 바꾸었다. 세금을 줄이면 가처분소득이 늘어서 소비가 늘어날 수도 있다고는 하나, 문제는 그 혜택의 절반을 상위 5퍼센트가 가져간다는 것. 하위 50퍼센트에게는 기껏해야 총 감세액의 12퍼센트 정도가 돌아간다. 부자에게는 황금 밧줄을, 나머지에게는 새끼줄을 주는 셈이다. 게다가 폭증하는 에너지와 의료비용 같은 민생은 천문학적인 재정적자로 조달하겠다고 하니 당장 파운드가 하락하고 금융시장이 흔들리면서 주택담보대출이 중지되거나 주택담보대출 이자율이 치솟았다. 그 결과, 시민들은 감세 몇 푼을 훨씬 넘어서는 주택비용 증가 앞에 망연자실할 수밖에. 여론은 당연히 들끓었다. 정부 지지율은 27퍼센트로 떨어지고 거리에도 긴장감이 돈다. 이제 불평등은 부끄러움을 모르고 그만큼 불황의 늪은 깊어지고 있다.

소설《등대로》에서 아버지는 아내를 잃고 많은 시간이 지나서야 아이를 데리고 등대로 향한다. 가는 내내 부자 관계는 냉랭하다. 아들은 배를 부지런히 움직이는데 아빠는 낡은 책만 들추며 불안해한다. 아슬하기만 한 여정 끝에 마침내 등대가 보이고, 아빠는 갑작스레 아들에게 "잘했어"라는 말을 건넨다. 머릿속에 쌓아둔 옹골진 세계에서 나오니 야무지게 세상을 움직이는 아들의 모습이 눈에 들어왔다. 화해는 등대와 함께 그렇게 찾아왔다.

나들 폭풍 선야라고 석성이다. 이번에는 모든 정책이 생경한 관념과 살벌한 이익을 벗어나 사람들에게 다정하길. "고통을 나누고" "허리띠를 졸라매자"며 시민에게 고통을 떠넘기는 편리한 정책은 없길. 그래야 등대를 향해 같이 온몸으로 저어갈 것 아닌가.

희망의
뱃고동

아마르티아 센의 회고록이 나와서 읽었다. 자서전을 좋아하고, 센의 문장도 좋아하니 서둘렀다. 대부분 아는 내용이었지만 마치 처음 읽는 것처럼 읽었다. 회고록 아닌가. 그도 회고하고, 나도 과거의 독서를 회고했다. 경제학자 스라파가 철학자 비트켄슈타인의 후기철학 형성에 영향을 미친 얘기는 언제 들어도 흥미진진하다. 철학을 아는 경제학자, 나는 그것이 경제학의 희망이라고 생각하곤 했다.

센의 첫 기억은 벵골만의 뱃고동이다. 3살 쯤이라고 한다. 그의 사색은 이미 거기서 시작되었다. 나도 돌이켜 보았다. 외갓집 옆 조그만 도랑에서 놀다가 갑자기 물이 불어 떠내려 간 것과 부엌 아궁이 속으로 기어 들어가서 주위를 놀래킨 것이 첫 기억이다. 첫 기억에서 삶은 갈라진다.

센은 인도, 영국, 미국을 떠돌아다녔다. 그가 노벨경제학상도 받고 유명해지자 한결같이 물었다. 당신이 생각하는 고향Home은 어디냐. 그의 답은 "내가 살았던 모든 곳이 고향"이었다. 그의 사회적 선택이론의 수학적 입증만큼 밋밋한 답이었지만 본인은 진심이었다. 그래서 회고록의 제목은 《세상이라는 나의 고향Home in the World》이다. 나도 내게 물어보았다. 나의 대답은 정반대, 어느 곳도 고향이 아니다. 이젠 어딜 가도 낯설다. 부모가 사는 곳, 친구가 있는 곳, 내가 공부한 곳으로 세세하게 구분될 뿐, 귀보다 가슴에 먼저 들리는 단어 Home은 없다. 아주 실용적인 Home, 내가 살고 있는 집이 있을 뿐이다. 모두 첫 기억 탓이다. 그는 뱃고동 소리가 들리는 곳으로 끊임없이 찾아들었고, 나는 물더미와 불더미에 떠밀려 다녔다.

센에 대한 나의 첫 기억은 지금도 생생하다. 굶주림은 식량이 부족해서 생기는 게 아니다. 민주주의가 자리 잡고 사람들이 목소리를 내고 듣는 곳이라면 모자란 식량이라도 나누어서 먹기 때문에 굶어 죽는 사람은 없다. 못사는 나라의 경험이다. 잘사는 나라도 마찬가지다. 제2차 세계대전에 가담한 영국은 당장 식량부족 사태에 직면했다. 배급제가 불가피했다. 그러자 굶는 사람은 없어졌고, 국민들의 일반적 영양상태도 오히려 좋아졌다. 먹을 것은 줄었는데 건강은 더 좋아진 것이다. 식량은 뻔한데 인구만 늘어서 굶주린 사람들이 늘어난다는 맬더스식 주장만 듣다가 센의 분석을 듣고 눈이 번쩍 뜨였다. 20대의 "어린" 마음에, 사람과 사회에 대한 희망을 보았다고나 할까. 그때 센은 나의 뱃고동이었다.

그는 여전하다. 회고록의 맨 마지막에 적힌 세 단어는 이렇
다. "세상을 위한 희망Hope for the world."[44]

6부

이제 너에게 묻는다

이제까지 수많은 문제를 따졌다. 정책을 문제 삼고, 정치를 의심했고, 때로는 실명도 거론하며 날을 세웠다. 하지만 이 모든 것으로부터 나도 자유롭지 않다. 일하는 삶의 고단함과 억울함을 마치 고발하듯이 말했으나, 나는 노동과 고용 문제를 다루는 국제기구에서 일하는 사람이다. 일터에서 죽어가고 눈물 쏟아질 때 나는 편안한 의자에 앉아 컴퓨터 자판 앞에서 기관총이라도 쏘아대는 마냥 썩썩댈 뿐이다. 경제적 불평등이 어쩌고저쩌고 해도 나도 경제학자다. 고통을 두루 나누고 이익은 홀로 끌어안는 '경제학적 업무'에서 자유롭지 않다. 울타리 치기와 사다리 걷어차기에 볼멘소리를 하지만 나도 저 울타리 안쪽에 사는 사람이다. 능력주의의 혜택도 한껏 누렸다.

그래서 이제 나에게 묻는다. 몇 시간 달려 투표하러 가는 길에, 민주주의를 더는 믿지 않는 광장에서, 짠 내가 날리는 영도다리에서 묻는다. 시리아 난민들이 모여든 요르단에서 묻고, 버스 타고 국경을 넘어 일하러 가는 길에서도 묻는다. 뒤돌아보며 묻기도 한다. 앞선 세대가, 또는 우리 세대가 이루었다는 것이 단단한 성취인지 그저 '추억'인지를 묻는다. 어린 날 매미처럼 울어댔던 날과 그보다 항상 더 슬프고 고단했던 부모님들의 날들, 다시 돌아보며 내게 묻는다. 그렇게 떨리며 살아가는 모든 것들을 보며, 나는 내게 묻는다. 떨리는 것들이 어떻게 완고한 것을 무너뜨리는지 묻는다.

그렇게 물어야만 나는 저 길 위에 계속 머무를 수 있겠다. 서성거리는 희망에 말 한마디 건네며 늘 어색한 한 발짝 걸어갈 수 있겠다.

투표하러 가며
묻는다

　멀리 떠나서 살면 투표장으로 가는 길도 멀다. 프랑스와 스위스의 국경 언저리에 있는 집에서 차로 두 시간을 달려야 투표소가 설치된 대사관에 도착한다. 새벽부터 서두른다. 아내는 소풍길에 나서는 것처럼 샌드위치와 커피를 준비하고, 강아지는 그 옆에서 닭살 하나 얻어먹을 요량으로 낑낑댄다. 표를 던지는 '찬란한 1초'를 위한 준비치고는 부산스럽다.

　가는 길은 왜 이렇게 추운가. 바깥 공기는 날카롭게 얼어붙었고, 알고 보니 자동차 난방장치는 고장 났다. 차 안에 찬 바람이 가득하다. 마침 계기판에는 "냉각장치 수리 요망"이라는 메시지가 뜬다. 안팎으로 고장 난 것투성이다. 고쳐야 하는데, 나는 투덜대기만 한다. 아내에게는 냉각장치가 아니라 계기판이 고장 났을 것이라며 우겨본다.

　링컨 대통령이 그랬던가. 투표는 총알보다 강하다고. 모두가 믿고 싶어 하는 맞는 말인데, 나는 오늘 이 말이 마뜩잖다. 투표가 총알이 되기도 하기 때문이다. 투표로 이긴 쪽은 총자루를 쥔 사람처럼 휘젓고 다니고, 진 쪽은 총알받이라도 된 양 눈치보기 바쁘다. 이렇게 되면 '존경하는 유권자'는 이런 격투가 벌어지는 링 밖에서 바라볼 뿐이다. 제 삶과는 그다지 관련이 없으면서도 고함지르고 때로는 멱살도 잡지만, 종내는 구경꾼 신세다. 결국 나의 한 표는 너를 위한 총알이다. 그래서 맬컴 엑스 Malcolm X는 "투표는 곧 총알"이고, 그 총알은 나를 위한 총알이어야 한다고 했다. 표적이 정확히 보이면 투표하고, 표적이 사정거리를 벗어나 있으면 투표용지를 주머니에 넣어두라고 했다. 나는 표적이 보이지 않는데 투표하러 간다.

아내가 슬그머니 묻는다. 누굴 찍을 거냐고. 부러 목소리를 높여 아무리 살가운 부부 사이라도 그런 건 묻는 게 아니라고 쏘아붙인다. 지난번 선거에는 아내와 의기투합하여 '투표 공조'를 했다. 지금은 나도 모르겠으니, 공조할 것도 없다. 사실 마음은 정했으나 그 정한 마음에 자신이 없는 탓에 스스로 "나는 모른다"고 되뇌고 있다. 아내는 '치이' 하며 '니 잘났다'는 표정이다. 마침 아침 햇살이 그녀의 얼굴에 스며들었고, 차 안이 쪼끔 따뜻해졌다. 다행이다.

나는 왜 자신이 없을까. 내가 듣고 싶은 얘기를 듣지 못했기 때문이다. 어차피 선거가 '말 잔치'이기는 하지만, 내가 딴에는 소중하게 생각하는 현안에 대해 빈말조차 듣지 못한다면 당최 무얼 기준으로 '총알처럼' 표를 쏠 건지 난감해진다. 표적 자체가 없기 때문이다. 무엇보다도 나는 이번에 '더러운 일'에 대해 그다지 듣지 못했다. 에얄 프레스Eyal Press의 다소 신랄한 정의에 따르자면, 더러운 일은 착한 사람들이 그 사회적 필요성을 인정하지만 명시적으로 그것과 관련되고 싶어 하지 않아 결국 다른 사람에게 떠맡긴 일을 말한다.[45] 좀 더 적나라하게 말하면, 우리가 '착하게' 살아가는 데 꼭 필요하지만 스스로 하고 싶지는 않고 문제가 생기면 놀라는 표정만 잠시 짓고 곧바로 모른 척하면 되는 종류의 일이다.

프레스는 더러운 일의 대표적 예로 화장실 갈 시간도 없이 가축을 도축하는 미국의 이민노동자를 들었지만, 한국으로 오면 더러운 일은 무엇보다도 위험하다. 일하다 다치거나 죽는다. 마치 더러운 일을 하는 용병 같다. 착한 사람들은 죽음의 총량을 줄이는 것이 최선임을 누구보다 잘 알지만, 그들이 택한 방식은 죽음의 위험으로부터 스스로를 보호하는 것이다. 즉 위험의 분배를 바꾸어 특정 그룹의 사람들이 온전히 그 위험을 떠맡도록 한다. 그 그룹의 이름은 명징하게도 비정규직이다. 그들은 일터의 바깥에 있다가 죽을 때만 한가운데에 들어온다. 착한 사람들이 목소리 높인 선거였기 때문일까. 나와 남의 온갖 더러운 사생활을 내놓고 따지면서도 이렇게 '더럽게도 위험한' 일에 대해서는 말을 아낀다.

사회의 허드렛일을 맡아 하는 사람들도 잊혔다. 코로나바이러스는 사회라는 몸뚱이를 수술대에 올렸다. 그동안 피부 속에 숨겨져 있던 동맥과 정맥이 드러났다. 착한 사람의 잘난 얼굴과 빛나는 몸매를 유지하게 하려면 '필수 노동자'가 복잡하게 얽힌 핏줄 속으로 쉴 새 없이 뛰어다녀야 한다는 것. 그간 모질게 감추었던 그들의 값싼 땀, 눈물, 희생도 고스란히 드러났다. 막 학교를 졸업한 앳된 청년도 있고, 갓 결혼한 발그레한 남편도 있고, 이 나이에 일하는 것만도 고맙다며 손사래 치는 할머니도 있다. 착한 사람이 집에 갇혀서도 우아한 삶을 누릴 때는 그들을 영웅으로 치켜세우더니, 이들을 어떻게 영웅 대접할지를 따져야 할 선거판에서는 정작 말이 없다.

사회적으로 '필수적'이라는 노동을 어떻게 보상할지에 대해 다들 아이들처럼 옹알거리기만 하니, 당연히 최저임금 얘기도 없었다. 새 정부가 들어서면 6월에 최저임금 결정에 맞닥뜨릴 텐데, 다들 조용하다. 가뜩이나 어려워진 자영업자 사정까지 고려해서 면밀한 고민과 작전이 필요한 순간에 선거의 눈은 다른 쪽으로만 향해 있다. 최저임금이 다시 한번 '을' 간의 감정싸움이 되도록 내버려 둔다. 이 역시 착한 사람의 방식이긴 하다.

찬 바람을 뚫고 차는 잘도 달린다. 작은 마을들을 연이어 지나간다. 어딘가에 눈이 쌓여 있고 또 어딘가는 겨울 그림자에 갇혀 있었는데, 지나간 것들은 내 눈에 남아 있지 않다. 목적지까지 몇 킬로미터 남았는지 숫자만 바라보고 있었기 때문이다. 쏜살같이 달려온 선거판에서도 출렁이던 여론조사 숫자만 바라보다가 더러운 일을 하는 사람들은 잊혔을까. 그래도 한때는 그랬지 않았나. 늘 잊히는 사람들이지만 선거판이 열리면 갑자기 소환되기라도 했다. 이번에는 그마저도 없다. 착한 사람은 더 이상 착한 척도 하지 않는 걸까. 사회적 망각이 체계화되면 사회적 배제는 제도적 정당화의 길로 들어선다.

차는 이제 시내에 들어선다. 어쩌겠나. 나도 착한 사람이다. 나의 차도 착하다. 그런 '착한' 차는 추웠다. 제 몸은 엔진의 열기로 용광로처럼 타올랐지만 그 따뜻함을 좀체 내게 나누어 주질 않았다. 제 몸만 뜨거우면 그만이라는 듯 달렸다. 착한 사람도 고장이고, 착한 차도 고장이다. 오늘, 모든 '착함'은 고장이다.

자, 이제 누굴 찍을 것인가. 새벽부터 차에 갇혀 잔뜩 짜증이 난 강아지에게 물어봤다. 사람이 개 같은 소리를 한다며 짖는다. 주인이 개에게 왜 갈 길을 묻느냐는 표정이다. 머쓱해져서 투표장에 들어선다. 투표장 직원이 '착하게' 나를 투표장으로 안내해 준다. 문득 옆을 본다. 문 옆으로 낮게 선 자그마한 나무에서 조그마한 꽃봉오리 하나 몰래 피어난다. 그래, 내 표 하나는 네게 주련다. 이러나저러나, 봄이다.

광화문 광장에서
묻는다

무슨 까닭인지 나는 번번이 움베르토 에코의 소설《장미의 이름》을 '장미의 전쟁'으로 쓴다. 분명 전자를 의도했건만, 말과 글로 드러나는 것은 늘 후자다. 심오한 소설을 부부의 시끌벅적한 일상을 다룬 드라마로 격하하는 꼴이니 내심 당황스러워서 15세기 영국의 장미전쟁과 헷갈린 탓이라고 고상하게 우겨본다.

이것으로도 '자위'가 되지 않으면, 나는 소설의 제목을 탓한다. 어차피 저자가 별생각 없이 멋있게 보이려고 지은 제목이란다. 에코가 또 그러지 않았나. 세상은 하나의 거대한 수수께끼인데, 여기에 엄청난 진리가 있는 것처럼 해석하는 사람들 때문에 세상은 끔찍해진다고.

몇 년 전 여름에 휴가 삼아 서울을 잠시 찾았을 때 나는 에코를 읽었다. 그에 대한 심리적 부채감을 덜어내고 싶었고, 무엇보다도 나는 그의 귀향에 대한 시시콜콜한 기록을 좋아한다. 그의 냉철하고 논쟁적이며 희화적인 문체는 그의 고향 알렉산드리아에 도달하면 한없이 부드럽고 따뜻해진다. 가령 이런 것이다.

"알렉산드리아는 휑하고 활기가 없는 커다란 공간들로 이루어진 도시다. 하지만 … 도시가 자욱한 안개에 휩싸이면 텅 빈 공간들이 사라지고 예기치 않던 벽면과 모서리와 모퉁이가 가로등 불빛을 받으며 우윳빛의 단조로운 배경으로부터 갑자기 나타난다. 마치 갓 그려진 형태들이 무에서 튀어나온 느낌이다. … 알렉산드리아는 어둑어둑해져야 비로소 모습을 드러내는 도시다. 이 도시의 진면목은 햇빛이 아니라 안개 속에서 찾아야 한다."[46]

알렉산드리아의 광장은 낮은 건물들로 둘러싸여 있다. 낡았지만 포근하게 광장을 감싼다. 공터가 광장이 되는 것은 바로 이렇게 낮게 임한 건물 덕분이다. 낮에는 오롯이 광장에만 공간을 내어주고, 밤이 되어서야 은은하게 제 모습을 드러낸다. 에코가 안개 속의 알렉산드리아를 아름답다고 한 이유다.

문득 서울의 커다란 공간, 광화문 광장에 가보고 싶었다. 뙤약볕을 피해 어둑어둑해질 때 갔다. 마침 비안개가 내렸고 가로등도 켜졌다. 몇 년 전 추운 겨울을 달구었던 촛불이 사라진 텅 빈 공간에서 나는 그곳의 "예기치 않던 벽면과 모서리와 모퉁이"를 찾았다.

여기는 광화문 광장이다. 빌딩은 여름날 대나무 숲처럼 무자비하게 솟으며 거친 불빛을 쏟아내었고, 그 뒤로는 더 높은 건물들이 쓰나미처럼 달려오고 있었다. 광장을 덮칠 기세였다. 그 언저리에는 '애국'하고자 하는 사람들이 모여 '광장의 점령'을 외쳤다. 바깥의 음모와 안쪽의 불화 때문에 광화문 광장은 잔뜩 움츠리고 있었다. 그 너머로 청와대가 흐릿하게 보였다.

다시 광장을 본다. 광장은 같이 나누고 같이 이루는 곳이다. 대낮에 외치는 맨 목소리의 크기는 같고, 늦은 밤에 들어올리는 촛불의 높이도 같다. 물론 광장의 주위에 자리한 자신의 삶터로 돌아가면 먹고사는 일에 차이가 있다. 광장의 건물에도 층계가 있고 방마다 조망도 다를 터다. 하지만 고층으로 가는 층계가 열쇠를 가진 몇몇에게만 열려 있고 그들에게만 증축이 허용된다면, 저 건물들은 더 이상 광장의 수호자가 아닐 것이다. 광장 주위로 포진한 고층 빌딩의 대형 광고판은 마치 빨간 신호등 같았다.

원래 나는 높은 곳에 살았고 어쩔 수 없다는 항변이 어찌 없겠는가. 내 노력과 능력 덕분이고, 증축도 관련법과 제도에 따랐다고 할 것이다. 새로운 것은 없고 새로운 잘못도 없는데, 이제는 단지 저 고층 건물이 보일 뿐이다. 나도 광화문 광장에 오래 앉아 있고서야 건물의 높음을 알았다. 10층 정도이겠거니 했던 건물들이 죄다 20층, 30층을 넘었다. 고백건대, 나도 거기서 내려다봐서 그러리라. 내려다보는 높이와 올려다보는 높이는 다르다.

그리고 한번 어깨를 나눈 광장은 새로운 광장이다. 광장 밖의 불온한 음모를 이유로 광장 안의 불화를 외면해서는 안 된다.

광장에 가까운 사람과 멀리 있는 사람의 격차가 늘어날수록 광장은 위험하다. '모서리'가 아름다운 광화문 광장을 공터로 만들 수 없지 않나.

가로등 불빛이 깊어진다. 이제 나의 '모퉁이'로 돌아간다. 에코의 마지막 구절이다. "안개가 낀다. 고로 나는 생각한다." 안개를 탓하지 말고, 안개를 보며 깊이 생각해 볼 때다.

바람 부는 영도다리에서
묻는다

산꼭대기에 있는 중학교를 다녔다. 보일 듯 말 듯한 대마도에서 늘 짠 내 나는 바람이 불어왔고, 교실 분위기도 덩달아 거칠었다. 그럴 때마다 창밖을 내다보았다. 퀭한 하늘 밑으로 창백한 영도다리가 보였다. 다리 건너에는 영도 봉래산이 솟아 있었다. 비현실적일 만큼 눈앞으로 성큼 다가와 있던 산에는 허름한 집들이 촘촘히 박혀 있었다. 가난이 이끼처럼 덕지덕지 붙어 있는 거대한 암초 같았던 그곳에 사는 친구들은 영도다리를 넘어 학교로 왔다. 출처 불명의 비린내도 같이 데리고 왔다. 영도가 싫어서 매일같이 영도다리를 건넜지만, 친구들은 그곳으로 돌아가야 했다. 버스비를 탕진해 버린 날이면 다리 위를 걸었다. 그러나 멈추어 서진 않았다. 다리 밑으로 찰랑대는 잔물결 소리의 속삭임이 너무나도 유혹적이었고, 그만큼 영도다리 위의 '고뇌'는 치명적이었기 때문이다.

영도다리의 원래 이름은 부산대교다. 19세기 말에 부산이 개항되면서 일본은 영도에 조선소를 지었고, 사람들은 일자리를 찾아서 영도로 몰려들었다. 배편으로는 감당할 수 없어 1930년대에 "열리고 닫히는" 도개식 다리가 만들어졌다. 일본의 알뜰한 경제계산으로 만들어진 다리, 그래서 이름에도 "대교"가 붙었다. 날로 번성하는 일본 기업의 물건이 부산대교를 통해 건너올 때 서러운 사연들이 영도다리를 넘었다. 취업을 미끼로 강제로 끌려가 영도에서 '위안부' 생활을 한 윤두리 할머니가 울면서 건넌 다리가 영도다리였고, 노수복 할머니도 영도다리 근처 우물가에서 납치되어 낯설고도 모진 곳에서 고된 생활을 했다. 윤두리 할머니는 다시 부산을 찾지 않았고, 노수복 할머니는 끝내 한국에 돌아오지 못했다. 부산대교는 식민지 백성들에게는 호기심의 대상이기도 했다. 런던에 '런던 브릿지'가 있다면, 부산에는 부산대교가 있었다.

식민지 조선 곳곳에 입소문이 났다. 소문 속의 영도다리는 한국전쟁 중 피란민들에게 만남의 장소이자 희망이었다. 황급하게 피란길에 나서면서 헤어진 피란민들은 부산에서 만나자고 했고, 그 넓고 낯선 천지에 서로 알고 있는 유일한 곳인 부산대교를 약속 장소로 삼았다. 그들은 그곳을 대교가 아니라 다리라고 불렀다. 사람이 만나는 곳, 영도다리.

그곳에서의 한없는 기다림은 곧 절망으로 변했다. 다리 위에서 서성이다가 절망한 이들이 뛰어내렸다. 나라가 백성을 지키지 못했던 그때, 경찰관은 "잠깐만"이라는 팻말을 붙여둘 뿐이었다. 더 서러워진 사람들은 영도다리를 건너 섬 반대편에 있는 자살바위를 찾았다. 현인이 부른 '굳세어라 금순아'도 그때 나왔다. 흥남부두에서 헤어진 오빠를 기다리는 여인의 얘기로 만든 노래다. 현인이 "금순아"를 외쳐대면, 너 나 할 것 없이 모두 금순이가 되었다. 하지만 나랏일은 여전하여 보안당국은 '영도다리 난간 위에 초생달만 외로이 떴다'라는 가사를 문제 삼았다. 왜 보름달이 아니고 초생달이냐고 따졌다. 정부가 때아닌 '달 타령'을 하고 있을 때, 지친 사람들은 한 치 앞의 삶을 살펴보려 점집을 찾았다. 영도다리 주위로 점집이 퍼져나가 '점바치 골목'을 이루었다.

전쟁이 끝나고 피란민이 떠난 뒤에도 영도다리에는 사람들이 서성거렸다. 헐렁한 주머니로 술 한잔 하러 오고, 세상을 저주하며 한바탕 퍼부으러 오고, 쫓겨 갈 데가 없어 왔고, 만사가 귀찮아서 왔다. 시인 김광균은 다리를 건너며 "살기가 왜 이리 고달프냐"고 "혼자서 중얼거"렸지만,[47] 그가 떠난 후에도 이런 중얼거림은 계속되었다.

영도다리도 같이 고달팠다. 군인들이 밀고 온 탱크 소리를 가장 먼저 들었고, 그에 맞선 민주주의의 외침도 가장 먼저 들었다. 영도다리 밑으로 젊은이들이 숨어들었다. 다리 밑은 언제나 어두웠지만 따뜻했다. 다리 건너편 조선소에서는 노동자들이 싸우고 있었다. 영도다리보다 더 높은 크레인에 올라갔고, 살아서 내려오지 못한 이도 있었다. 아들을 찾는 어미들의 울부짖음도 들었다. 영화 〈변호인〉에서 다룬 부림사건에 연루된 아들의 행방을 찾는 어미들이었다. 3·15 부정 선거를 고발하다가 마산 앞바다에 시체로 떠오른 김주열을 기억해 내고, 어미들은 미친 듯이 영도다리 주위를 찾아다녔다. 고 노무현 대통령이 그렇게 기억하고 적어두었다.

인간의 사연이 쌓여가는 만큼 영도다리는 퇴락했다. 다리를 끌어올리지 못한 지는 이미 오래되었다. 결국 옆으로 새로운 다리가 만들어졌고, 이내 부산대교라는 이름마저 내주었다. 누구도 부르지 않은 이름이었으니 아쉬울 것 없었다. 대신 영도대교라 불렀다. 하지만 '대교'라고 하기에는 이미 쇠약해져 사람과 차의 무게를 견디지는 못했다. 게다가 인간의 목소리마저 험악해졌다. 16년 전, 한때 부림사건의 젊은이를 지키려 했던 어느 변호사는 사신이 만든 성냥이 실패한다면 "부산 시민 모두 영도다리에서 빠져 죽자"고 했다. 그보다 8년 전, 그 유명한 초원복집사건에서 어느 힘센 법무장관은 "부산 경남 사람들 이번에 김대중이 정주영이 어쩌냐 하면 영도다리(에서) 빠져 죽자"며 크게 웃었다. 평범한 삶마저 유지하기 힘들어서 뛰어내린 사람들을 기억하는 영도다리는 말을 잃어갔다.

그래서인지 쇠약한 영도다리를 살리자는 말도 나왔다. 그 젊었던 옛날처럼 도개식으로 만들고, 사람들도 불러 모으자고 했다. 마침 돈을 대겠다는 이도 있었다. 부산을 떠나 '큰 나라'

일본에서 성공하여 영도다리 옆에 큰 백화점을 세우려 한 사업가, 롯데그룹 회장이었다. 그의 돈 덕분에 영도다리는 2013년에 다시 세상으로 불려왔다.

그렇게 역사는 반복되었다. 일본의 돈으로 만들어진 다리는 일본에서 큰돈을 번 '한국기업'의 손에서 다시 살아났다. 그래서 영도다리에는 핏줄이 벌겋게 서 있다.

몇 년 전, 어느 유명한 정치인이 영도다리 위에 섰다. 고뇌하는 표정으로 다리 아래를 바라보았다. '옥새 투쟁'을 한다는 그는 "영도다리에서 빠져 죽자"고 하지는 않았다. 대신 "정치하는 사람이라면 오직 국민만 두려워하는 마음으로 정치를 해야 한다"고 했다. 옳다. 하지만 그가 서 있었던 바로 그 자리에 이미 고달픈 국민들이 서 있었다. 자그마치 80년의 세월. 뛰어내릴 수도, 그렇다고 다리 바깥으로 나갈 수도 없었던 사람들. "몰아치는 바람결에 발길이 가로막혀 영도다리 난간 잡고" 울었던 사람들.[48] 그가 기억하고 두려워해야 할 국민이다.

오늘은 다시 바람이 분다. 오랜만에 '영도다리' 친구들은 안녕한지 물어봐야겠다.

눈물을 믿지 않는 곳,
요르단에서 묻는다

요르단에 왔다. 물보다 돌이 많은 나라. 물이 부족해서 만성적 갈증과 같이 살아가야 하는 요르단 사람들은 모래 빛깔의 돌로 집을 짓는다. 수도인 암만 한복판에는 이런 집들이 언덕 위로 촘촘히 쌓여 있다. 그늘진 곳에서 빛을 잃은 집들은 모두 석회빛이다. 그 사이로 매캐한 먼지와 이슬람 사원의 확성기 소리가 차량들과 얽혀 있다. 한 치의 빈틈도 허용하지 않겠다는 의지로 굳어진 거대한 암석 같다. 그곳을 벗어나면 봄이 있고 꽃도 핀다. 외교관저가 모여 있는 외곽 쪽으로 펼쳐진 들판은 초록이다. 모래빛 벽돌이 제 빛을 내며 고요한 그곳에 세상의 빛이 다 모여든다. 물보다는 돌이 많은 곳에서 초록이란 모든 이에게 허용되지 않는 여유다.

하지만 제한된 여유와 평화는 허점투성이다. 시원하게 빠진 길을 나가면 영락없이 중무장한 군인과 탱크가 서 있고, 그 뒤

쪽으로는 미국 대사관이다. 헤아릴 수도 없는 무기와 돈이 여길 거쳐서 국경으로 간다. 평화의 이름으로 가서 날 선 분쟁으로 돌아온다. "우리의 평화"를 위해 무기가 건네지지만, 그 무기가 때로는 엉뚱한 이의 손으로 넘어가 총부리는 반대로 향한다. 이걸 막자고 무기를 더 가져오고, 분쟁은 곧 전쟁이라 불린다.

평화로운 길 주위에는 텃밭들이 있다. 여섯이나 일곱이 될 법한 무리들이 손으로 땅을 고른다. 벌써 5년이 넘어가도록 이어지는 전쟁터, 시리아에서 겨우 몸을 피해온 시리아 난민이다. 이게 마지막이겠지 했던 봄은 다시 돌아왔다. 귀향의 날만 꼽아보던 손가락으로 이제 씨앗을 뿌린다. 땅을 제법 일구어 두면 철없는 아이들이 그 위로 뛰어다닌다. 어른들은 내버려 둔다. 아이들의 웃는 모습이 얼마 만인가. 땅은 다시 손보면 된다. 재잘대는 웃음보다 더 현실적인 것은 없다. 그리고 이제는 먹고살 궁리가 우선이다.

인간의 동정심이란 찰나보다 더 짧다. 2015년 9월 튀르키예의 바닷가에서 죽어서 발견된 아이를 찍은 사진 한 장은 세계인의 마음을 흔들었다. 이제는 도와야 한다는 목소리가 드높았다. 난민들이 도착하는 곳에 가서 박수를 치며 환영했다. 유럽은 목숨을 걸고 바다를 건너는 시리아 난민들에게 문을 활짝 열어야 한다고 했다. 그러나 이제 바닷가는 쓸쓸하고 유럽의 문은 다시 닫혔다. 찰나 같은 동정심의 결말은 친숙한 삼류영화 같다. 미안하다. 어쩔 수 없다. 이해해 주길 바라.

잠시 흔들렸던 인류의 마음은 재빨리 계산에 착수한다. 문단속만 할 것이 아니라 그들이 오지 못하게 해야 한다. 시리아로 돌아갈 수는 없는 형편이니, 이미 정착해 있는 주변국에서 아예 터전을 꾸리게 해야 한다. 그러려면 생계거리를 마련하고 일자리가 있어야 한다. 시리아 난민들에게 못내 미안했던 사람들은 이것을 "합리적이고 근본적인 대응책"이라 부른다.

마음을 모으는 것은 어려운 일이지만 셈법을 같이 하는 것은 외려 쉽다. 힘 있는 나라들이 런던에 모여서 시리아 주변국을 대대적으로 지원할 방안을 논의했다. 너도나도 돈을 내겠다고 했다. 시리아 난민들의 뛰어난 지적 능력과 노동 의욕은 모두 경제적 자산이므로, 이를 적극적으로 활용하는 개발 전략을 세우자는 선언문이 근엄한 목소리에 실려 발표되었다. 이런 '합리적' 해법을 바라는 이유는 물론 단 한 가지다. 시리아 난민은 우리의 문제, 즉 유럽의 문제가 아니다. 너희들의 문제다. 다만 '착한' 유럽이 도와줄게. 이런 유럽의 항변은 이제 우리 모두의 항변이 되었다.

덕분에 요르단은 대표적인 수혜국이 되었고, 제법 멋진 이름도 붙여졌다. '요르단 협약Jordan Compact'. 요르단 입장에서는 마다할 게 없었다. 그렇지 않아도 미국을 비롯한 강대국의 '인도적(군사적)' 지원으로 버티고 있는 나라다. 이미 공식적으로 60만이 넘는 시리아 난민들이 와 있다. 돈을 대고 도와주겠다니 환영하고 고마울 일이다. 목표도 거창했다. 시리아 난민들을 위해서

20만 개의 일자리를 만들고, 요르단 국민들의 반감을 고려해서 그들을 위해서도 비슷한 숫자의 일자리를 만들기로 했다. 유럽 연합은 이참에 현행 무역협정을 바꾸어서 요르단 제품이 유럽 시장에 진출하기 쉽게 해주겠다고 했다. 세계은행에서는 경제특별구역을 만든다는 계획을 냈다. 이 모든 것이 성사된다면 시리아 난민은 귀향의 꿈을 대신해서 평화로운 정착의 희망을 품을 수 있다.

시리아 난민들이 그동안 배운 것이 있다면 타인이 심어주려는 희망을 의심하는 법이다. 이젠 눈물조차도 믿지 않는다. 믿지 않는다기보다는, 눈물의 지속성을 믿지 않는다. 눈물은 왜 떨어지는가. 결국은 땅 위에 부딪혀 산산이 부서지기 때문이다.

요르단의 고용 사정은 이미 악화일로다. 매년 6만 명에 달하는 젊은이가 꿈을 안고 일자리를 찾아나선다. 이들을 좌절시키지 않으려면 경제가 6퍼센트는 성장해야 한다. 하지만 지금은 3퍼센트 성장도 버겁다. 여성 경제활동 비율도 20퍼센트가 채 되질 않아서 여성 일자리도 우선순위다. 여기에 시리아 난민들을 위한 일자리까지 만들려고 하면 경제는 매년 10퍼센트 정도는 성장해야 한다. 모두 힘들어 보이는 숫자들이다.

물론 불가능하지는 않다. 수출이 획기적으로 늘고 투자도 눈부시게 늘어나면 된다. 하지만 이런저런 대책으로 경제 분위기가 갖추어지면 수출이고 투자가 늘어날 것이라고 할 뿐, 정작 투자하겠다는 곳이나 수출문을 열어주겠다는 이들은 드물다.

희망에게 번번이 배신당한 이들에게 '가능성'을 말하는 대책, 하지만 우리들은 그것을 합리적이라 부른다. 경제란 본디 불확실하니 우리는 오로지 가능성만을 말할 수 있을 뿐이다. 어느새 우리는 뱀의 혀를 닮아간다.

암만을 떠나던 날, 시리아 난민들은 여전히 텃밭에서 분주했다. 값싼 눈물 대신 흙탕물을 땅 위에 뿌리고 있었다. 합리성과 가능성의 요설 대신에 제 손만을 믿고, 그 손으로 심은 씨앗만 믿는 듯했다. 그들 앞에 닥칠 시간은 곧 다가올 여름보다 힘겨울 것이지만 아이들의 웃음소리는 여전히 와자지껄했다.

차별하지 않는다는
네게 묻는다

내가 한심스러울 때가 있다. 자주 있는 일은 아니고 남들도 그리리라 여기면서 어물쩍 넘기지만, 오늘처럼 온갖 차별의 해악을 설파하는 '반차별의 전도사' 노릇을 하다가 사무실로 돌아오면 창문 밖을 한참 바라보게 된다. 나도 어찌할 줄 몰라 하는 것들을 단호한 언어에 담아 말하고 나면 어김없이 찾아오는 후유증이다.

한국에 있을 때는 남들 좋다는 대학에 다녔고 게다가 남자였으니, 차별이 뭔지를 몰랐다. 그런 온실을 떠나 외국에서 밥벌이하다 보니 차별의 설움이 목청까지 차오르는 일들이 생겼다. 물론 하찮은 언어능력 때문에 남의 말귀를 못 알아들어 상대가 잘 들으라고 소리 높인 것을 나는 짐짓 차별이라고 화를 내는 부작용이 더러 있긴 하지만 차별은 이곳의 공고한 일상이다. 하지만 고백건대, 내가 겪은 차별은 깃털보다 가볍다.

차별을 다루기 힘든 까닭은 뻔뻔하고 교활하기 때문이다. 주먹으로 폭력을 휘두르는 자는 제 주먹이 하는 일은 안다. 하지만 차별하는 자는 자신이 하는 일을 알지 못한다. 왜 차별하느냐며 소리치고 울부짖어야 그제야 알게 되는데, 이런 '인지'의 순간에도 가장 흔한 답은 "내가 언제 차별했다고 그래?"다. 나는 이런 대답의 뻔뻔함을 안다.

하지만 내가 누군가에게 똑같은 뻔뻔함을 행하지 않았다고 자신할 수는 없다. 내가 누구보다도 차별의 피폐함을 아는데 어찌 그럴 수 있느냐는 존재론적인 부정에만 슬그머니 기대고 있을지도 모른다. 그러고 보니 차별에 대해 불평하는 이들의 목소리가 가끔 거칠다는 생각이 들고, "저들이 말하는 품새"가 점잖지 않다고 느낀 적이 있다. 그것이 불안하다. 또 예컨대 여성차별을 비난하는 '올곧은' 발언을 할 때마다 나는 아내 얼굴을 힐끗 보게 된다. 결혼생활이 20년을 넘었지만 도무지 줄어들지 않는 말과 행실의 간극 때문이다. 그리고 다시 고백건대, 일터에서 여성, 소수인종, 성적 소수자들이 겪는 차별의 아픔을 정확히 헤아릴 재간은 내게 없다. 나의 계량기는 늘 형편없이 과소평가다. 계량기를 고칠 방도를 아직 찾질 못했으니 이제 나는 상습적인 과소평가를 경계하며 살 뿐이다.

이렇게 진퇴양난일 때마다 나는 이스트리트 밴드의 리더인 브루스 스프링스틴을 떠올린다. 7~8년 전이었을 것이다. 그는 한바탕 난리를 피웠다. 노스캐롤라이나주에서 성소수자를 대놓고 차별하자는 법안이 통과되자 그는 콘서트를 취소하겠다고 선언했다. 록 가수에게 생명과 같은 콘서트지만 그는 편견과 차별에 대항해 같이 싸우는 것이 더 중요하다고 했다. 콘서트 취소는 노래를 부르지 않음으로써 낼 수 있는 가장 큰 목소리라는 말도 남겼다. 얄미울 정도로 멋있다.

브루스와 그의 밴드를 세상에 널리 알린 앨범은 '달려야 하는 인생Born to Run'이다. 1975년에 나온 이 앨범 재킷 표지에는 6명의 밴드 멤버가 아니라 단 2명만이 나온다. 한 명은 브루스고, 다른 한 명은 크라렌스 크레몬스다. 크라렌스는 록 밴드에는 드물었던 색소폰 연주자이고, 그보다 더 드문 흑인이다. 그는 두 눈에 잔뜩 힘을 주어가면서 색소폰을 불고 있고, 그 옆에 선 브루스는 장난스럽게 그의 어깨에 기대어 그를 지켜보고 있다. 흑백의 조화와 평화를 완벽하게 표현했다. 흑인 인권운동이 거세었던 1960년대 성과 덕분에 흑인의 처지가 나아지고는 있었지만 차별의 일상은 여전히 강고했던 때였다. 그저 버스 타고 가게에 다녀오기가 편안해졌을 뿐이었다. 그래서 백인이 흑인에게 기대고 있는 사진은 충격적이었다.

재킷 표지는 브루스의 작품이었다. 노래처럼 사진을 통해서도 하고 싶은 얘기, 차별 없는 우정과 연대를 표지에 담고 싶었다고 회고했다. 브루스가 그 이후 고단하게 지켜온 메시지이고, 40년 묵은 우정의 시작이었다. 크라렌스는 키가 2미터에 육박하고 몸무게도 120킬로그램에 달하는 '거인'이었다. 첫 만남 이후

둘은 짝꿍이 되어 "섹스 다음으로 가장 열정적인" 무언가를 서로 나누고 있다고 너스레를 떨고 다녔다. 크라렌스는 밴드에서도 최고의 대접을 받으며 살다가 2011년에 세상을 떠났다. 그때 브루스는 이렇게 썼다. "크라렌스가 죽었다고 우리 밴드를 떠나는 것은 아니다. 우리가 모두 죽게 되면 그때 같이 떠날 것이다." 차별 없는 연대와 우정의 궁극이라 할 것이다.

그러나 2016년에 출간된 자서전에서 브루스는 예상치 못한 고백을 했다.[49] 그의 절대 절친이었던 크라렌스는 사실 백인들만 가득한 밴드에서 살아가느라고 힘들어했다. "아주 오랫동안 그는 외로웠고, 우리가 아무리 가깝다고 한들 나는 백인이었다. 우리가 살았던 현실에서는 그 어떤 것도, 심지어 신의 사랑조차도 인종의 흔적을 지우질 못했다." 브루스는 세상의 어느 백인보다도 크라렌스를 존중했지만 갈등은 계속되었고 밴드도 때때로 시끄러웠다. 하지만 브루스는 인내했다. 아니, 인내하고 있다고 믿었다.

이런 믿음은 간단히 깨졌다. 1988년에 브루스와 이스트리트 밴드는 인권 신장을 위한 콘서트에 참석해 세계 곳곳을 돌아다니게 되었다. 그중 한 나라가 아프리카의 코트디부아르였다. 그곳은 당연히 '완전히 까만 얼굴'이 백색 관객 속에 점처럼 꽂혀 있는 미국 콘서트장이 아니었다. 거대한 스타디움 전체가 까만 얼굴로 가득 찼다. 그렇게 완벽한 암흑 속에서 브루스는 비로소 알게 된다. "크라렌스가 이제껏 어떤 느낌으로 살았는지." 우정을 싹틔운 지 무려 20년 후의 일이다.

차별당해 보지 않은 자가 차별의 고통을 알기란 힘들다. 좀 안다는, 그리고 할 만큼 했다는 미망이 차별의 그림자를 길고 깊게 한다. 차별은 옆에 서 있는 사람이 많아야 아주 서서히 사라지는 놈이다. 싫은 소리도 옆에서 해야 한다. 지레 이해했다고 앞에 서서 목청 높여 말하는 순간 그것은 훈계가 되고 때때로 혐오에게 보내는 초대장이 된다. 차별은 악착같은 놈이다. 우리가 차별이 없다고 외치는 순간 우리 머리 위로 차별이라는 놈은 고개를 내밀며 뱀의 혀처럼 날름거린다. 브루스는 이걸 알게 되었을 것이다.

크라렌스가 세상을 떠난 뒤 브루스는 모든 콘서트에서 그를 회상하는 노래를 부른다. 그때마다 브루스는 아프게 기억할 것이다. 차별의 깊은 그림자를. 그리고 나는 고장 난 계량기를 다시 만지작거리며 오늘 브루스로부터 배운다.

유럽에서
소심하게 묻는다

내가 태어난 곳을 떠난 지 25년이 지났다. 대략 삶의 절반을 유럽이라 불리는 바깥에서 보낸 셈이다. 고국이라고 하지 않고 '태어난 곳'이라고 한 것은 고국이라는 단어가 딱딱하고 준엄하여 영영 돌아가지 못할 곳이라는 느낌을 주기 때문이다. 고국이라고 말하고 나면 사라져 버릴 것 같은 곳. 고향이라고도 하지 않는다. 돌이켜 보면 그곳에서 살 때도 옮겨 다녔다. 지금은 사천이 되어버린 삼천포에서 10년, 부산에서 10년, 서울에서 10년을 보냈다. 내 피를 당기는 곳을 고향이라고 한다면, 내 고향은 여전히 순환하고 있다. 덕분에 몸은 떠돌고 마음은 부산하다.

곤란한 일도 많다. 바깥에 산다고 해서 바깥 사정을 묻는 경우가 그렇다. 내가 하는 일과 관련된 것이라면 전문가 후광을 끌어다가 어찌 해보겠지만, 복잡하고 넓은 세상사를 물어오면 난감하다. 유럽의 정치 상황은 나도 여느 한국 사람처럼 인터넷이

나 언론을 통해 안다. 유럽 뉴스를 한국 포털에서 듣기도 한다. 간혹 세세한 사정을 물어볼 사람이 있다는 정도가 바깥살이의 이점이다. 하지만 그렇게 얻은 정보가 신통치 않거나 틀린 경우도 적지 않다. 유럽 정치의 민감한 내막은 유럽 친구들도 잘 모른다. 특정 정당을 지지하는 친구라면 정보의 편향성도 감수해야 한다. 사정이 이러해서 잘 모르겠다 하면 묻는 쪽은 성의가 없다고 섭섭해할 터라 짐짓 아는 척하기도 한다. 또 그런 어정쩡한 답을 저쪽에선 대단한 것인 양 고마워할 때 나는 속수무책 뒷머리만 긁적인다.

아무래도 가장 조심스러운 것은 내 편견을 바깥에서 만난 편견으로 증폭시키는 경우다. 유길준이 19세기 말 유럽을 오랜 시간 다녀온 다음에 꼼꼼하게 남긴 기록인《서유견문》에는 풍요로운 서양에서 사람들이 가난한 이유는 '게으름' 때문이라고 적혀 있다. 또 새로운 공장 기계를 경탄하면서 "이따금 못난 자들이 뜻있는 사람들의 … 위대한 공적을 이해하지 못하고 … 정교한 기계를 깨뜨려 부쉈다"[50]고 한탄했다. 러다이트 운동에 대해 아마도 한국 최초로 적어둔 이 책은 기계 때문에 일자리를 잃은 사정은 따로 기록하지 않았다. 실업은 곧 게으름 때문이라고 믿었기 때문이다. 바깥의 '힘'을 빌려 나의 편견을 정당화하는 방법이다.

위안이 되는 길잡이도 있다.《열하일기》는 '황제의 나라' 중국 청나라를 찾아 나선 박지원의 복잡한 심사를 기록했다. 중국의 화려한 문물에 눈이 멀어 탄성만 쏟아내는 부류와 그래 봐야 싸움질이나 잘하는 오랑캐라고 무시하려는 부류 사이에서 연암은 "삼류 인사"를 자청한다. 자신이 본 장관은 자금성도 아니고, "머리란 머리는 죄다 깎아버린" 권력층도 아니고, 길거리에 흔한 "깨진 기와"와 "똥거름"이라 했다. 깨진 기와를 버리지 않고 집과 담장을 알뜰하게 장식하고, "세상에서도 가장 더러운 물건"인 똥오줌을 모아 네모반듯하게 쌓아두는 것을 보고, 일상적인 삶을 이롭고 정갈하게 하는 문물의 고갱이를 눈치챘다. 그래서 연암은 "천하의 문물제도는 벌써 여기 버젓이 서 있음"을 보았다고 단언했다.[51]

나의 "깨진 기와"와 "똥거름"은 이곳의 재채기 예절이었다. 한국에서 재채기는 자유로움의 영역이었다. 침 뱉는 것은 째려봄의 대상이었지만 재채기는 막힌 몸을 푸는 행위로서 더러 주위에서 같은 표정을 지어가며 응원까지 해주었다. 거침없이 해도 좋은 것이요, 호탕한 재채기에는 시원하겠다는 인사가 돌아왔다. 그런데 바깥은 달랐다. 재채기를 할 때마다 손수건이나 휴지로 입을 틀어막든지, 아니면 옷소매로 입을 가리고 고개를 돌려야 했다. 남에게 병균을 옮기는 것을 막기 위함이다. "실례했습니다"라는 말도 덧붙인다. 그렇게 하라는 법은 없지만 싸늘한 눈치와 무거운 공기는 법보다 더 선명했다. 게다가 조금 성가시더라도 남의 건강을 살뜰히 챙기려는 공동의 노력이 아닌가. 그 노력이 위대해 보여서 한국인의 재채기가 난데없이 야만스럽게까지 느껴졌다. 연암의 표현을 빌리자면, 나는 그들의 "문물제도가 여기 버젓이 서 있음"을 보았다.

그뿐만이 아니다. 그렇게 조심스럽게 재채기를 하면 옆에 있는 영국 사람들은 "신의 은총을!", 프랑스와 독일 사람들은 "건강하라"는 인사를 알뜰하게 전한다. 이런 인사법의 기원에 대해서는 여러 말들이 있다. 재채기를 하면 몸에서 영혼이 빠져나간다는 종교적 염려도 있고 흑사병이나 스페인 독감 시절의 섬찟한 경험 탓도 있다고 한다. 여하간 타인의 건강과 영혼을 걱정하는 것임은 분명하다. 그리고 유럽 사람들은 느리다는 편견을 단박에 깨줬다. 내가 가끔 사무실에서 재채기를 해 '실례'를 범하면 10미터가량 떨어져 있는 동료가 순식간에 반응한다. 어찌나 빠른지, 재채기 소리보다 동료의 목소리가 먼저 들린다는 착각마저 든다. 모두 입으로 만들어 낸 풍경이고 의례일지언정, 내게는 저 공동체적 배려심이 에펠탑보다 높고 버킹엄 궁전보다 장엄했다.

하지만 오래 살다 보니 나의 "깨진 기와"가 와장창 부서지기도 한다. 약간의 불편을 감수하면서 타인의 건강을 지키고 서로 걱정해 주는 재채기 에티켓이 이 정도라면, 나는 유럽에서 코로나바이러스로부터 서로를 지키기 위해 마스크를 쓰고 다른 안전조치에 따라주는 것은 아주 쉬운 일이라고 생각했었다. 하지만 상황은 정반대였다. 마스크 착용이 처음부터 어려워지면서 바이러스 확산을 막는 데 애를 먹었다. 마스크 공급이 부족한 탓도 있었지만 그나마 있는 마스크도 이런저런 이유로 기피했다. 마스크가 바이러스 전파를 막는 과학적 근거가 없다고 했다가 이후에는 "개인의 자유 침해"라는 목소리도 높았다. 도시 곳곳에 항의 시위도 벌어졌다. 다른 방역조치들도 비슷한 어려움을 겪었다. 그래서 유럽은 여전히 바이러스 전투의 최전선에 있다. 서로의 건강을 지킨다는 뜻은 같을 터인데 재채기 예절과 마스크 착용이 이리도 다르다. 이 다름의 이유를 알지 못함은 필시 내가 바깥에 오래 살고도 이방인 신세를 벗어나지 못하고 있기 때문일 것이다.

이래저래 바깥에 살면서 바깥을 잘 알지 못한다. 앞서 편견이 가득한 책이라고 불평했던 《서유견문》에는 이런 구절이 나온다. "파리에 괴상한 질병이 크게 번지자 파리의 여러 의사들이 심력과 기술을 다하여 치료법과 예방법을 실시하였는데, 어리석은 소인배들은 괴상한 질병이 전염된다는 사실은 모르고 도리어 의사들을 탓하였다. 의사가 독약으로 사람을 해친다고 생각하여 흉악한 사람같이 적대시하였으며, 심한 경우에는 상해를 입히기까지다. 참으로 개탄할 일이다." 나는 그걸 읽고는 '그렇지' 하며 장단을 맞추었다. 또 이렇게 줏대 없는 나를 보며 긴 한숨을 쉬었다.

추억의 성곽에서
묻는다

난 루이를 단박에 알아보았다. 아흔에 가까운 세월의 무게를 견디지 못하고 휠체어에 앉아 있었지만 덩치는 여전히 압도적이었고 목소리는 호탕했다. 한때 유명세를 떨쳤던 인물들이 이미 그의 주위에 둘러섰다. 나는 그 사이를 비집고 들어가서 그에게 인사했다. 그에 비하면 내 몸집은 반절. 내 목소리마저 반토막 났다.

화려한 시절을 추억하자고 만든 행사였다. ILO가 노벨평화상을 받고 의욕적으로 세계고용 프로그램을 만든 것이 1969년이다. 지금 내가 맡고 있는 부서의 출발이었다. 야심 찬 기획이었고 세계적인 관심을 끌었다. 루이가 선두에서 진두지휘했다. 그리고 50년이 지났고 그 '영광의 시절'은 여전히 '집 나간 후 소식 없는 아이' 신세다. 그때의 업적을 회고하고 지금 고군분투하는 세대에게 지혜와 용기를 전해달라는 취지로 당대의 용사들을 불러 모았다.

행사 내내 회고담이 이어졌다. 지금으로서는 불가능한 것투성이였다. 출중한 경제학자들을 데려온 사연부터 나왔다. 젊은 경제학자는 고용하고, 중견 경제학자들은 프로그램에 참여시켰다. 훗날 노벨경제학상을 받게 되는 아마르티아 센, 아서 루이스 Arthur Lewis, 바실리 레온티예프Wassily Leontief, 얀 틴베르헌Jan Tinbergen도 모두 이 프로그램에 참여했다. 마음에 드는 사람을 그 자리에서 채용했으며, 30대의 나이에 모두 고위직급에 임용했다고 했다. 귀한 분 모시는 데 지칠 대로 지친 21세기의 비정규직 연구원들은 부러움과 탄식이 뒤섞인 소리를 내었다.

아직도 경탄의 대상인 개발도상국의 비공식 부문 연구도 이 세대가 주도했다. 사연을 듣자 하니 박사 수십 명이 케냐를 동시에 방문해서 몇 주 동안 분석하고 토론해서 만든 것이란다. 흐릿해진 흑백사진을 보면서 그들은 잊힌 인물을 찾아내고 생존 여부를 물었다. 옅은 떨림으로 시작된 말들은 짙은 자부심으로 마무리되었다. 이런저런 눈치를 보며 연구하는 게 일상화된 젊은 직원들은 '늙은 패기'에 쪼그라들었다.

지금 현안이 되는 문제도 그때 죄다 다루었다. 불평등이 경제성장을 저해하기 때문에 '분배를 통한 성장'을 주장했고, 이를 위해 '기본수요'를 근간으로 하는 소득 및 고용 정책을 개발했고, 특히 하위 40퍼센트 소득층에 집중해야 하는 정책전략의 실현을 위해 GDP 계산 방식도 소득분배를 고려해서 바꾸자고

했다고 한다. '소득주도성장'의 아이디어는 그렇게 나왔고, 세계
은행의 빈곤 대책과 유엔의 개발지표도 마찬가지라고 지적했다.
관련하여 수많은 증언이 쏟아졌다.

곧이어 아쉬움과 한탄이 이어졌다. 그때의 영광을 이어가지
못한 조직과 기구에 대한 힐난이 뒤따랐다. 직원들의 얼굴에서
흥분과 설렘은 사라지고 하나둘씩 자리를 떠나기 시작했다. 뒤
늦게 나는 "당신들이 떠난 뒤 세상이 얼마나 바뀌었는지, 지금
세대가 당신들의 깃발을 끌고 가기 위해 얼마나 노력하는지 아
느냐"고 따졌지만 원망의 얼굴은 좀체 풀리지 않았다. 그들의 시
작이 오늘의 우리였지만 그들은 좀체 우리를 향해 말을 건네지
않았다. 세대 간 대화는 없고 무용담만 넘친 행사였다. 루이는
"젊은 애들 꽤 괜찮네"라고 하며 떠났다. 그의 친구들도 고개를
끄덕이며 내 어깨를 톡톡 쳤다. 그들은 여전히 멋지다. 그들이 멋
진 만큼 오늘의 우리는 초라하다.

다음 날, 나는 인턴 수십 명을 만났다. 전날에 비하면 평균
연령이 40살 이상 낮아졌다. 내 마음은 한결 가벼워졌다. 어렵
사리 인턴 자리를 찾았으나 안도할 틈도 없이 다음 단계를 고민
하는 이들이었다. 그들은 나의 취업과 직장생활을 가감 없이 알
고 싶어 했다. 나는 '뒷문'을 통해 쉽게 채용된 과정, 내 앞 세대
보다는 낮은 직급에서 시작했지만 '운 좋게' 빨리 승진한 과정을
얘기했다. 어려움과 보람이 뒤죽박죽인 생활을 말하면서도 큰
야심 없이 부지런히 일하다 보니 여기까지 왔노라는 식의 겸손

도 빼먹지 않았다. 나는 취한 듯 말을 이어갔다. 화들짝 놀라 깨어보니 약속한 시간은 지났다. 무표정한 인턴들을 발견하고 질문은 없느냐고 물었다. 아무도 묻지 않았다. 고요함이 참담함이 될까 두려워서 서둘러 회의실을 나왔다.

추억이란 때로는 내가 쌓아 올린 강고한 성곽이다. 타인을 허용치 않는 그곳에서 쏟아내는 말은 성곽 안에서만 증폭되는 메아리다. 바깥으로 나온 추억은 정체불명의 소음이 되기 십상이다. 그래서 추억이란 말하는 자에게는 달콤하고, 듣는 자에게는 씁쓸하다.

어버이날에
묻는다

마크 트웨인은 100명 남짓 사는 조그마한 마을에서 태어났다. 자신의 탄생으로 마을 인구가 1퍼센트 늘었는데, 이게 자기 아버지가 해낸 가장 위대한 일이라고 너스레를 떨었다. 도무지 끝나지 않을 만큼 긴 자서전에서 이런 진상 발언이 아버지에 대한 추억의 전부다.[52] 자신의 눈앞에서 노예를 무자비하게 때리는 것을 보고, 그는 아버지를 지우고 어머니에게 기대었다.

내가 태어났을 때 아버지는 없었다. 어머니와 결혼하고 서둘러 군대에 가 있었다. 영어 한마디도 못 했던 아버지는 어찌어찌하여 카투사 부대에 배치되었다. 내가 시커먼 아궁이 속으로 기어들고 갑자기 불어난 도랑물에 떠내려갈 때, 아버지는 빵과 '빠다'와 외롭게 싸우고 있었다. 어머니는 '아비 없는' 아들에게 때깔 좋은 옷을 입혀 사진관을 찾았다. 사진만 보면 어엿한 부잣집 아들이었다. 어머니의 고집과 수완이 대단했다.

군대에서 돌아온 아버지는 다시 떠났다. 이번에는 외항선원이 되어 바다로 떠났다. 조금이라도 자주 보려고 가족은 항구 옆으로 이사했다. 아버지는 얼굴이 잘 떠오르지 않을 때쯤 돌아와서는 곧 가버렸다. 내가 학교 시화전에 처음 출품한 시는 '수출역군' 아버지가 땡그랑 문소리를 내며 집에 들어오는 장면을 그린 것이었다. 대문 위에는 조그만 싸구려 종 하나가 걸려 있었다.

아버지가 손님이 된 집에는 늘 사람들로 북적거렸다. 시골 친척들이 불쑥 찾아와 기약 없이 머물던 숙소였고, 도시 진출의 베이스캠프였다. 어머니는 외롭게 큰 살림을 꾸렸다. 내 도시락에는 늘 달걀프라이가 있었다. 어차피 주판셈으로는 불가능한 살림이었다. 아버지의 월급은 안정적이었지만 뻔했다. 어머니의 서러운 노력이 보태져야 굴러가는 살림이었다. 대책 없이 '큰' 살림은 어머니가 처한 궁박한 역경이자 당신의 자부심이었다.

어머니와 아버지의 삶은 내가 방학 때마다 호기 좋게 그려대던 생활계획표일 수는 없었다. 나는 방학 때마다 계획하고 실패했지만, 당신들은 계획조차 불가능했다. 어쭙잖게 합법과 불법의 경계를 따지는 일은 로마 시대의 스토아 철학자 세네카의 위선스러운 여유 같았다. 그는 온갖 부와 권력을 다 누린 뒤에 금욕과 금기의 삶에 대해 설파했다. 나의 어린 눈에 비친 세상은 그저 발각되고 처벌되느냐의 문제만 있었다. 항구를 통해 실려 온 크고 작은 가방들이 집을 거쳐서 부산 깡통시장으로 팔려나갔다. 사람들은 아들이 법관이 되길 바란다는 부모의 바람을 살짝 전해주고 갔다.

바닷가에서 태어나 바다에서 평생 일했던 아버지는 바다에서 아슬한 사고를 겪고 나서야 돌아왔다. 가족으로의 복귀였으나 그때 아들은 이미 대학생이 되어 집을 떠난 뒤였다. 살가운 정이라고는 없는 아들이 아버지에게 《자본론》 영문판을 일본에서 구해달라고 부탁한 적이 있었다. 그렇게라도 말의 길을 터준 아들이 고마워서 아버지는 천신만고 끝에 책을 구해서 전했다. 아들은 책만 챙겨 들고 서울로 떠났다. 어머니는 말없이 차비만 챙겨주었다.

바다를 떠난 아버지는 육상의 '파도'와 싸워야 했다. 이젠 혼자가 아닌데도 어머니의 생활전선도 쉽지 않았다. 경계가 애매했던 일 때문에 아버지와 어머니가 연이어 고초를 겪기도 했다. 나는 법대를 가지 않은 것을 처음으로 후회했다. 민주주의를 위한 싸움이 내게는 고귀한 환상이었다면, 부모의 '살림 투쟁'은 손쓸 수 없는 무거운 현실이었다. 지금은 누구도 그때를 얘기하지 않는다. "가벼운 슬픔은 말이 많고 큰 슬픔은 말이 없다." 탐탁지 않지만, 세네카의 이 말만은 진실하다.

땅에 살면서 멀미를 달고 살았던 두 분은 타락한 정치인에게 관대하다. 천하의 파렴치한 자들이 국익을 명분으로 벌인 일에 세상이 분노할 때, 두 분은 짧게 화낸다. 그러면서 그럴 사정이 있었을 것이라는 말을 꼭 보태고야 만다. 내 부모 속에서 '어버이 연합'의 그림자를 보고 나는 언성을 높이면서도 늘 마음 한쪽은 짠하다. 아들은 서둘러 티브이 화면만 바라본다.

얼마 전 어버이날이었다. 동생들은 5만 원짜리 지폐가 선명하게 꽂힌 선물을 두 분께 안겼다. 더 이상 파도처럼 출렁거리는 삶이 싫으신지 노골적으로 선명한 용돈박스를 받고 함박 웃으신다. 얼굴이 카네이션처럼 붉고 환하다. 바쁘다는 전매특허 핑계로 아들은 이번에도 시간 맞춰 전화하지 못했다. 그리고 마크 트웨인도 아닌 나는 찌질한 마음만 이렇게 적어둔다.

매미가 뜨겁게 울던
여름날에 묻는다

덥다. 산자락 언저리에 자리해서 늘 서늘한 이곳도 찜통이다. 바짝 날 세운 햇볕이 피부와 땅을 찔러댄다. 기어코 쩍 하고 벌어진 틈을 만들겠다며 필사적이다. 추워지면 코로나바이러스가 다시 기승을 부린다고 하더니, 유럽에서는 땡볕에도 바이러스가 맹렬하다. 더위를 못 견뎌 바깥으로 몰려나온 사람들이 바이러스를 옮기는 탓이라고 한다.

그래도 사람들은 개의치 않는다. 여름휴가가 없는 세상은 바이러스가 창궐한 세상만큼 끔찍하다고 생각하는 이들도 있고, 벌금을 매기고 운전사가 소리를 쳐도 마스크 한 장이 가져다주는 불편함을 거부한답시고 당당한 사람들이 있다. 어느 더운 여름날, 나는 버스에서 내리면서 "조그만 일에 분개"한다. 그래서 더 덥다.

더우면 매미 소리가 들린다. 내가 사는 곳은 매미가 없다. 하지만 독기 품은 햇볕에 살아 있는 것들이 모두 지쳐가서 숨소리마저 버거운 오후, 실 같은 바람 하나가 옅은 구름 하나를 겨우 밀어낼 때 매미 소리가 들린다. 어릴 적 징그럽게 더웠던 날에 들었던 소리다.

10살 정도 되던 때였다. 늘 그랬던 것처럼 여름에는 시골에 갔었다. 개울에서 물놀이하다가 물때가 되면 바다로 나갔다. 고둥, 게, 새우 등 닥치는 대로 잡아오면 할머니는 저녁거리를 해왔다며 조그만 접시에 담아 저녁상 모퉁이에 올려주셨다. 모두 칭찬했지만 아무도 먹지는 않았다.

낮은 개천에서 놀자면 크고 작은 돌로 물을 막아야 했다. 매일 조금씩 쌓아 올리면 목 밑까지 차오를 정도로 물은 깊어졌다. 너나없이 좋아서 하는 일이지만 딴에는 계획과 조정이 필요했다. 나이가 많고 거친 남자애가 나섰다. 요령도 좋고, 필요한 장비도 '수완'을 발휘하여 슬쩍 훔쳐왔다. 큰 돌이 필요하면 논물 대려고 막아둔 돌을 거침없이 빼왔다. 논 주인이 알아채고 한바탕 야단을 치면 그는 별일 없다는 듯이 그 돌을 빼다가 제자리에 되돌려 두었다. 논 주인이 더 따지면 그는 아예 눈을 흘겨댔다. 이렇게 그는 우리의 지도자이자 영웅이 되었다.

그의 영향력은 급속도로 커졌다. 누가 뭘 해야 되고, 누가 언제 물놀이를 할 수 있는지도 정했다. 다그치기도 하고 야단도 쳤다. 자신은 물에 들어오지도 않았다. 홀딱 벗기도 하고, 구멍 숭숭한 팬티만 입고 개헤엄을 배우는 것을 지켜보았다. 레이저 광선처럼 날씬하고도 멀리 침을 뱉는 연습에 열중이었다. 그와 눈이 마주치면 우리는 박수를 쳤다.

매미가 유난히 많이 울던 날이었다. 개울의 깊이가 낮아졌다. 돌이 무너진 탓이었다. 그는 모두를 불러 모았다. 개울 옆, 일본인들이 심었다는 아카시아 숲으로 갔다. 숲 안은 서늘했고, 땅만 내려다보고 있는 그를 보자 우리는 한기마저 느꼈다. 어깨를 두 손으로 감싸 안았다. 다짜고짜 그가 팬티를 다 벗으라고 했다. 다들 멈칫하자 그는 아카시아 줄기를 다듬어 만든 작대기를 땅에 내려쳤다. 모두 벌거숭이가 되었다. 물속에서 너나없이 벗고 놀았지만 지금은 오줌 지린 팬티를 들고 도망치고 싶은 생각뿐이었다.

고개를 숙이고 있자니 공기를 가로지르는 소리가 들렸다. 매질이었다. 엉덩이도 종아리도 아닌, 공포에 바싹 쪼그라든 고추였다. 매년 조금씩 커진다고 낄낄대던 곳에 빨간 선이 그려졌다. 신체의 '비밀'을 알 듯 모를 듯한 나이였지만, 아픔보다는 부끄러움이 앞섰다. 부끄러움이 더 아프다는 것을 처음 알았다. 눈망울은 붉어졌지만 아이들은 울지 않았다. 공기마저 텅 비어 버린 듯 적막하고 공허했다. 숲속을 내려다보던 플라타너스 나무에서 매미만 죽을 듯이 소리 내고 있었다. 매미는 울지 않는다. 그저 한없이 소리를 지를 뿐이다.

발갛게 부어오른 부위를 손에 쥐고 개울 속에 오랫동안 앉았다가 집에 가까워져 오니 그제야 눈물이 났다. 할머니를 보자

눈물이 터졌다. 이유를 묻는 할머니에게는 맞았다고만 했다. 할머니는 어딜 맞았는지를 묻지 않았다. 대신 고구마를 삶아주었다. 할아버지는 "남자가 그런 일로 우나"라고 했다. 그다음 날부터는 나는 물놀이를 가질 않았다. 옷 챙겨 입고 홀로 자유로운 갯가에 갔다. 그곳에는 매미도 울지 않았다.

나는 워즈워스의 벅찬 시구절, "저 하늘 무지개를 보면/ 내 가슴은 뛰노라/ 나 어린 시절에도 그러했고/ 어른인 지금도 그러하고/ 늙어서도 그러하리"를 믿지 않는다. 어릴 적 가슴이 뛴 적도 없고, 무지개를 닮았던 아카시아 숲의 서늘한 기억만 남았다. 그래서인지 나는 워즈워스가 청년 혁명가로서 프랑스혁명을 열렬히 옹호했다는 것에 심통스러워 한다. 혁명의 이유를 공감하기보다는 혁명의 열기에 가슴이 뛰었을 것이다. 그가 곧 꼰대 같은 보수주의자가 되었다는 것에 더 수긍한다.

이렇게 남을 타박이라도 해야 속이 편한 연유는 따로 있다. 왜 나는, 아니 10여 명이나 되었던 '우리'는 아무 말도 못 하고 따지지도 못하고 한 명씩 아프게 맞았어야 했을까. 같이 도망이라도 갔으면 될 일이었다. 누구도 대들지 않았다. 그리고 나서는 누구도 그날 얘기를 꺼내지 않았다. 마치 아카시아 숲에 비밀을 묻어두고 나온 것처럼. 그 숲을 지나 세상에 나오고 보니, 사람들은 모두들 더 큰일만 말해야 한다고 했다. 자유, 민주주의 그리고 더 크다고 하는 것들. 나의 조그만 고추가 비집고 들어갈 자리가 없었다. 김수영 시인의 표현을 빌리자면, 그건 '옹졸'한 것이고 남자가 "스펀지 만들기와 거즈 접고 있는 일"을 하는 것이다.

그래서 나의 반항은 사소했다. 그 아카시아 숲 사내의 비극적인 삶을 전해 듣고, 나는 잠시 놀라는 척만 했다. 마치 내가 그때 마음속으로 퍼부었던 저주가 수십 년 동안 매미의 목청이 되어 세상을 깨어나게 한 듯 뿌듯해했다. "조금쯤 비겁한 것이라"는 것, 알고 있다.

시인 김수영이 "왜 나는 조그만 일에만 분개하는가" 하고 일갈할 때, 그 특정 부위를 포함하여 나의 모든 신체 부위는 쪼그라들었다. '큰일'에 분개하려 했다. 그렇다고 '조그만 일'은 그저 사소하다는 뜻은 아닐 테다. 시인의 구차하리만큼 사소한 생활 투쟁이 입증하는 바다. '큰일'로 '조그만 일'을 막아서도 안 된다. '조그만 일'도 어떤 이에게는 세상의 전부이기 때문이다. 시인은 "설렁탕집 돼지 같은 주인 년한테 욕을 하고" 나서 자신을 타박했다. 그런 "조그만 일에 분개하는" 자신을 미워하면서 그가 정작 설렁탕집 주인에게도 미안했는지 궁금했다.

어느 누구에게도 하지 않은 얘기다. 모래, 바람, 먼지, 풀보다도 작은 얘기를 또 기억해 내고 오늘에야 적어두는 것은, 덥기 때문이다. 여긴 매미도 없는데, 너무 덥기 때문이다.

샤워하며
은밀히 묻는다

샤워를 한다. 물론 안다. 아름다운 상상을 허하지 않는 내 몸의 허허함을 아는 이들은 민망할 것이다. 더러는 극소량의 샴푸도 넘치게 하는 내 모발과 한 줌의 샤워젤도 과분한 내 알뜰한 몸매를 부러워하거나 안타까워할 것이다. 하지만 샤워는 도저한 사색과 예술의 시간이 아닌가. 위대한 그리스 수학자 아르키메데스는 모처럼 목욕을 하면서 "유레카"를 외쳤고, 일상의 찌질함에 목욕하는 우리는 늘 샤워를 하면서 노래방에서 폼 나게 부를 노래 한 자락을 연마한다. 깨달음이 터지고, 목청이 터지는 시간이다.

그래서 나도 생각한다. 아르키메데스가 욕조를 바라보았듯이, 나는 샤워실 바닥부터 바라본다. 가로 80센티미터, 세로 60센티미터. 샤워기가 걸린 정면의 80센티미터는 어찌 해보겠으나 60센티미터의 좁은 폭은 미천한 몸도 감당하기 어렵다. 샤워기를 건드려서 열탕과 냉탕을 넘나들며 비명을 지르고, 그 사이 샤워커튼은 몸에 은밀하게 달라붙는다. 마침 비누가 바닥에 떨어졌다. 에휴.

날마다 이곳저곳을 떠돌아다니며 일하는 신세임에도 살고 있는 집은 20년째 그대로다. 시간에 추억이 얹혀 생겨난 익숙함과 게으름 탓이기도 하지만 무엇보다 '저 들에 푸르른 솔잎'처럼 변함없는 월세 탓이기도 하다. 괜한 욕망이 안개처럼 덮쳐와서 바깥 사정을 알아볼 때마다 우리 부부는 다른 집의 변화무쌍한 월세에 눈만 동그래진 토끼가 되어 '우리 집'으로 돌아왔다. 우리는 '집토끼'였다.

그렇다고 마냥 수세적일 수는 없었다. 우리의 장기체류가 '아, 우리 집'이라는 자존감 넘치는 선택이길 바랐다. 그래서 2평 남짓 되는 베란다에 꽃을 심고, 인조 잔디도 깔고, 심지어 나무 데크도 들였다. 그곳을 맨발로 나다니면 '내 집' 같다 느꼈다. 하지만 이 좁은 샤워실 안에 서면 '내 집'은 가고 '남의 집'만 남았다.

늦바람 난 중년 부부는 결국 이사를 가려 한다. 괘씸한 일 투성이다. 집을 비운다고 하니 집주인은 20년 만에 처음으로 수도꼭지와 마루를 수리하고 페인트칠도 한단다. 덕분에 오랜 '요실금' 때문에 바닥 신세를 졌던 샤워기는 이제 저렇게 당당하게 걸려 있고, 나는 그 당당한 물줄기를 받으며 집토끼의 처지를 억울해한다. 월세에 대한 고마움은 흘러간 목욕물처럼 잊은 지 오래다. 또 은행 창구에 앉아 계산기를 두들기면서, 저 '새집'은 기실 은행의 것임을 알게 된다. 집주인이 부동산 회사에서 은행으로 바뀌었을 뿐이다. 날마다 열두 번 후회하고 열두 번 마음을 다잡는다.

계산 맞지 않는 일을 하면서도 우리가 한 가지 믿는 것이 있었다. 조금 불편하게 멀리 나가 살더라도, 앞뜰이 있는 집에서 우리의 삶을 살자. 뒷산을 든든한 배경으로 삼아 뜰도 가꾸고 잔디도 심자. 그러니까 휴머니스트한 삶의 프로젝트가 되겠다.

그때 하필 유발 하라리의 책《호모 데우스》를 읽었다. "미래의 역사"라는 부제를 보고 내 미래가 더 궁금했다. 첫째 장을 시작하기도 전에 하라리는 묻는다.[53] 너는 왜 잔디밭을 원하냐? 아름다워서라고 하겠지. 내가 역사를 알려주마. 중세 후기 전에는 잔디 깔린 정원은 없었어. 아크로폴리스에 잔디가 있더냐. 저 옛날에는 땅이 귀했으니 누가 멀쩡한 땅에 곡식을 안 키우고 잔디를 심었겠어? 힘 있고 돈 있는 자들이 잔디 심을 땅도 있다고 자랑하고 싶었던 거야. 그래서 영국과 프랑스에서 좀 있다 하면 너나없이 잔디밭 사업을 일으킨 거지. "잔디 출입금지"라는 팻말, 참으로 상징적이지. 지금 혹시 잔디밭 딸린 집을 계획하고 있니? 그렇다면 다시 한번 생각해 봐. 그런 것 하지 말라고 역사를 배우는 것 아니겠어.

그래서 나는 샤워를 하며 쏟아지는 물 아래서 고민한다. 앞뜰 잔디밭이라는 역사의 미아 같은 욕망을 포기할까, 아니면

"나, 역사책 읽는 사람"이라는 가오를 포기할까. 아니면 일본식 돌 정원 '가레산스이枯山水'가 어떻겠냐는 하라리의 말을 들을까. 물은 왜 이리 뜨거워!

샤워를 끝낸다. 묵힌 때는 덜었지만, 잡스러운 생각은 늘었다. 좁은 샤워실에서 벗어나려고 몸을 돌렸다. 80센티미터를 옆으로 하고, 60센티미터를 보고 섰다. 샴푸와 비누 담는 통도 거기에 있다. 세상에! 이렇게 돌려서 본 샤워실은 넓었다. 움직임도 수월하고, 샤워기 헤드도 커튼도 간단히 제어할 수 있다. 샤워기 헤드를 보고 샤워해야 한다는 편견에서 벗어난 샤워실은 꽤 넓었다. 20년 만이다. 유레카!

떨리는 것들을
보며 묻는다

비행기가 이른 새벽에 떠올랐다. 떠남에 떨림이 없을 수 없지만, 많이 만나고 떠나오는 날에는 유독 흔들리는 것들이 있다. 차가워진 새벽 공기에 비행기가 잠시 흔들렸다가 별일 없다는 듯이 능청스럽게 날아간다.

김훈의 《하얼빈》을 꺼내 읽었다.[54] 안중근의 뜨거운 삶을 그린 글은 서늘했다. 손을 움켜쥐고 가슴을 터지게 하는 용광로의 역사를 기어이 빙하 계곡으로 끌고 갔다. 식히고 난 뒤 남은 것들을 무심한 듯 기록해 두었다. 안중근은 평화를 온전히 말하기 위해서 총을 들었으나 그 "총을 쥔 자가 살아 있는 인간이므로 총구는 늘 흔들렸다". 그러니 총성이 울리던 "하얼빈역은 적막했다". 죽음의 광경마저도 고요하고 짧았다. "옥리가 안중근의 겨드랑을 팔에 끼고 계단 위로 올라갔다. 옥리가 안중근의 목에 밧줄을 걸고, 교수대 바닥을 밟았다. 바닥이 꺼졌고, 안중근의 몸이 허공에 매달려서 아래쪽으로 내려갔다." 이 짧은 세 문장 끝에서 내 몸도 같이 내려앉았다.

수다스럽지만 '말'하지 않는 이들이 떠들어 대는 영웅서사는 제쳐두고, 김훈은 인간 안중근의 앙상한 살가죽과 뼈만 기록했다. 그가 남긴 가족들이 겪었던 "굴욕"도 빼지 않았다. 차남 안준생은 한 번도 본 적 없는 아비가 죽기 전에 '오해에서 비롯된 폭거'임을 인정했다며 이토 히로부미의 아들에게 사죄했다. 기록해야 하나 차마 적지 못한 김훈은 이를 '후기'에 꾹꾹 눌러 담았다. 아비를 부정해야 살 수 있는 가족의 엉킨 미래를 직감하고 있었기에 그의 총구는 조금 더 떨렸을 것이다. 그 떨림이 전해지고 나서야, 나는 인간 안중근의 역사적 성취를 뜨겁게 이해하게 됐다. 서늘한 글이 가장 뜨겁다.

또 생각해 보면, 가야 할 곳이 분명하고 그 방향으로 온몸을 온전히 돌려세운 사람은 끊임없이 떨리는 자다. 그래서 신영복이 말하기를 "북극을 가리키는 지남철(나침반)은 무엇이 두려운지 항상 바늘 끝을 떨고 있습니다. 여윈 바늘 끝이 떨고 있는 한 바늘이 가리키는 방향을 믿어도 좋습니다. 만일 바늘 끝이 전율을 멈추고 어느 한쪽에 고정될 때 우리는 그것을 버려야 합니다. 이미 지남철이 아니기 때문"이라 했다.

방향과 떨림이 섞여서야 비로소 세상의 나침반이 된다. 내가 그 방향을 향해 제대로 서 있는지를 끊임없이 묻는 것이 나침반이라면, 방향과 떨림 어느 하나만 봐서 될 일은 아니다. 나침반 끝이 흔들린다고 방향을 부정하는 것이 반동이고, 방향의 존재를 이유로 제가 선 곳이 옳다고 목소리만 높이는 것이 퇴보다. 둘 다 앞길을 막기는 매한가지다.

떨리면서 나아간다는 것은 길 위의 사람들에게 앞뒤가 없다는 뜻이기도 하다. 일본은 안중근과 함께 총을 겨눴던 공범 우덕순을 단순한 '하수인'으로 규정하려고 했다. 안중근을 국제정세를 오해한 사상적 기형아로, 우덕순은 그런 사상적 동기마저 결여한 우매한 하수인으로 만들면 이 두 사람의 총알은 방향 잃은 오발탄이 되기 때문이었다. 게다가 '담배팔이'에 불과한 자가 뜻한 바가 있어 권력의 핵심을 쏘려 했다는 것을 용인할 수 없었다. 재판과정은 이를 증명하기 위해 집요하게 파고들었다. 하지만 안중근은 둘의 독자적 행동이 같은 방향을 가리켰음을 분명히 했다. 대화와 설득도 없었으며 나침반이 가리키는 방향이 같았다는 것뿐. 그래서 우덕순은 말했다. "아니다. 나는 안에게 명령을 받을 의무가 없다. 또 명령을 받을 의무가 있다 하더라도 이런 일은 명령으로 하는 일이 아니다. 나는 내 마음으로 한 것이다." 이에 김훈이 쓰기를 "우덕순은 마음속의 사실을 들이대며 질문에 답했고, 사실을 들이대며 질문을 부수었다." 우덕순은 떨림의 동지였다.

《하얼빈》을 덮고 송경동의 《꿈꾸는 소리 하고 자빠졌네》를 읽었다.[55] 거기도 온통 떨림이다. 떨림으로 버티는 얘기다. 떨리는 사람은 굳건하게 버티는 자다. 끝이 보이지 않는 세상의 현장에서 단식을 밥 먹듯이 해서 "단군신화에 나오는 곰처럼 사람이 될" 것 같다는 시인은 "내가 얼마나 얄팍하고 얍삽한 인간인지를" 괴로워한다. "노동자 민중 정치를 하겠다는 이들 중에도/ 나는 대장만 하고 싶어요 하는 이 많"은 곳에서 그는 "어느 틈에/ 내 안에도 들어와 사는 큰 원숭이 한 마리를 본다/ 작은 재주에 으쓱하고 쉬지 않고 재롱을 부리며/ 광대처럼 무대에서 박수만 받고 싶어 하는 원숭이/ 사회를 검색하는 일보다 자신을 검색하는 일이 더 많고/ 숨겨진 진실을 캐는 일보다/ 눈곱만 한 자산을 계량하는 일이/ 더 많아진 원숭이". 저렇게 흔들리다가 나이 사십에 첫 시집을 낸 시인은 "나는 계속 꿈꾸는 소리나 하다/ 저 거리에서 자빠지겠네"라고 한다. 그러면서 "시인이 되는 것보다 인간이 되는 게 중요하다"고 단언한다. 떨림은 이렇게 그의 운명이고, 그래서 그의 '말'은 뜨겁고 아프다.

떨림의 말은 작으나 어디에나 있다. 잘 들리지 않을 뿐이다. "나는 글을 쓸 때만 정의롭다"고 자백하면서 외려 자유로워진 조형근은 젊은 시절의 떨림에서 벗어나지 못했다.[56] 1980년대 말 사당동 철거촌의 기억, 무엇보다도 "백골단과 철거용역이 진압하러 왔을 때 나는 걸음아 날 살려라, 하고 도망쳤다. 그리고 다시는 돌아가지 않았다. (그때 가까웠던) 할머니 가족은 떠날 수 없었다"는 기억에서 여전히 맴돌고 있다. 공부하는 일을 밥벌이로 삼다가 "인간이 되는 게" 중요해서 교수라는 학문의 업을 버렸다. 돌아갈 수 없는 길에서 다시 돌아갈 방법을 찾으려 하니, 그의 글은 나침반 바늘보다 더 흔들린다. 하지만 불안하지 않고 외려 든든하다.

떨리지 않는 자는 기본적으로 지배하려는 자다. 그러려면 '큰 말'이 필요하다. 정의, 역사, 국민 그리고 민주주의. 이것마저 여의치 않으면 떨리지 않는 자들끼리 짐짓 싸우는 듯 연합하면 된다. 잔을 높이 올리며 건배를 하면 된다. 베르나르 베르베르의 《상대적이며 절대적인 지식의 백과사전》은 '건배'에 대해 이렇게 적어뒀다. "건배는 프랑크족의 전통이다. 그들은 건배를 하면서 각자 자기 잔의 술 방울이 다른 사람의 잔에 떨어지게 했다. 그럼으로써 그의 술잔에 독을 넣지 않았다는 것을 증명해 보이는 것이었다. 술잔을 세게 부딪칠수록 흘러넘치는 술이 많아지므로 서로의 술이 섞일 가능성도 커진다. 따라서 술잔을 세게 부딪칠수록 더 정직한 사람으로 여겨지게 된다." 무릇 건배를 높이 들어 즐기는 자를 경계해야 한다.

밤새 시간을 거꾸로 달려온 비행기는 이제 땅으로 내려간다. 고도를 낮춘다. 구름은 자욱하고, 비행기는 다시 떨린다. 모든 변화는 떨린다. 조금 남은 와인, 나는 건배하지 않고 훌쩍 마셨다. "말은 자욱했는데, 아무도 말을 믿지 않"는 곳으로 간다.

마무리하는 글:
회복하는 인간, 회복하는 사회

마당에서 한참 서성거렸습니다. 밤새 산바람이 거칠게 굴어서 별빛마저 초췌한 새벽입니다. 어둠의 시간에 무슨 일이 있어도 결국 아침 빛이 오더군요. 비와 눈이 섞여서 매섭게 대문을 몰아붙이던 어젯밤도 그랬습니다. 빛이라고 하기에는 민망할 정도로 흐리멍텅한 밝음이 반대편 산꼭대기에 힘겹게 올라서고 나니, 어둡고 찬 기운은 큰 꾸중이라도 들은 것처럼 뒷걸음질하며 물러났습니다. 새벽은 태양의 밝음이 아니라 매일 스스로를 다그치며 일으켜야 하는 태양의 거친 호흡 때문임을 알게 됩니다. 매일 이른 아침 길을 나서야 하는 사람들은 이미 아는 것일 텐데, 저는 책상머리 50년이 지나서야 깨닫게 됩니다. 화려한 빛에 눈을 빼앗긴 사람이 애쓰는 노동을 보지 못한 탓이겠지요.

몹쓸 바이러스와 힘겹게 싸워온 만큼 회복에 대한 생각도 많아졌습니다. 선천적 장애를 갖고 태어난 아이를 요란하지 않으면서도 뜨거운 마음으로 키웠던 일본 소설가 오에 겐자부로가 내린 결론은 "인간은 회복하는 존재"라는 것이었습니다.[57] 10여 년 전에 그의 글을 처음 접했을 때는 짧은 느낌을 기록하고 책장에 꽂아두었습니다. '회복'이란 잘해야 도돌이표일 것이니 애당초 세상의 '진보'와 어울리지 않는다고 지레짐작한 탓입니다. 요즘은 가까이 두고 자주 꺼내봅니다.

최근에 조그마한 마당이 있는 집으로 이사 왔습니다. 도시의 안락함을 버리고 마당의 고적함을 얻겠다는 심사였는데, 만만치 않더군요. 처음에는 마당이 주는 공간적 여유만으로도 좋다고 하다가, 금방 '가꿀' 궁리를 하게 되었습니다. 잔디도 심어보고, 꽃도 때깔 좋은 것으로 골라다가 심었지요. 화려한 꿈에 도취되어 시작한 일이 잘될 수는 없지요. 손과 발이 부지런해야 될 일을 머리로 했으니 당연히 엉망진창이었습니다. 그러다가 알게 되었습니다. 옛 주인이 오랫동안 방치했던 마당은 회복을 원했는데, 새 주인은 꽃단장에 열중했다는 것을.

잔디와 잡초를 깎는 일도 마찬가지였습니다. 무수한 생명체가 제각각 자라나는 자연의 공간을 원하면서도 내 마당은 아스팔트 길처럼 미끈하길 바라는 것이지요. 그래서 마당의 혼을 쏙 빼놓을 정도로 시끌벅적한 기계를 사다가 잔디를 매끈하게 깎았습니다. 딴에는 그런 생각도 했습니다. 내 마당은 한 치의 불평등도 허용하지 않노라고. 마당의 '평등주의'. 한심한 노릇이지만, 정치적 수사에 익숙해진 마음은 이렇게 매사에 이런저런 딱지를 붙이느라고 분주합니다. 무작정 깎아대었습니다.

그런데 잔디를 깎는 이유는 따로 있더군요. 잔디를 제 마음껏 자라도록 내버려 두면 잘 자라는 놈만 계속 하늘 높은 줄 모르고 자란다고 합니다. 조금 뒤처져 자라는 잔디에는 햇볕과 물의 '기회'가 적어지고, 그러다 보면 잔디는 옆으로 퍼지지 않고 잘난 잔디만 경쟁적으로 위로 뻗쳐오르지요. 마당의 흙도 황폐해지고 마당의 풍경도 싸늘해집니다. 그래서 특출한 재주로 자라난 빛깔 좋은 잔디라 할지라도 더 자라지 못하도록 잘라내어야 합니다. 그래야 옆이 튼튼해지고 잔디밭이 건강해집니다. 그렇다고 잔디를 너무 짧게 잘라도 안 됩니다. 강한 햇살을 피해 빗물을 품어둘 공간이 없어지기 때문입니다. 고질병 같은 망상을 접고 제품설명서를 꼼꼼히 읽고서야 알게 된 사실이지요. 덕분에 마당은 조금씩 회복하는 중입니다. 물론 아직도 곁을 내어주지 않는 잘난 잔디가 골칫덩어리입니다.

집 안쪽에도 손을 부지런히 움직여 보았습니다. 못된 성정 탓인지 내 손이 닿지 않는 곳은 내 집 같지가 않았습니다. 손이 불어터지면서도 화장실의 틈새에 실리콘을 붙이고 나서야 편안하게 일을 볼 수 있고, 지하에 나무 바닥을 자르고 붙이고 나서야 지하의 어둠에 익숙해졌습니다. 이도 저도 못할 상황이면 걸레질이라도 했습니다. 집이 머무는 곳이 아니라 살아가는 곳이려면 몸과 집이 친해져야 하더군요.

어릴 적 시골 생활만 믿고 몸을 움직였으니 손에 상처가 끊이지 않았습니다. 걱정하고 타박하는 소리가 없을 수 없지요. 피가 삐죽 밀고 나오는 곳에 밴드를 하나 붙이고 나서면, 서두르지말라, 조심하라, 아내의 걱정스러운 잔소리가 뒤따랐습니다. 저는 당연히 장비 탓으로 돌렸습니다. 그러면 아내는 장비는 돈 아깝다고 사질 않는 '모순적인' 남편이라면서 아프게 꼬집어 버립니다.

겐자부로는 어렸을 때 날카로운 작은 칼을 선물로 받았다고합니다. 어머니가 아이는 잘 드는 칼을 쓰면 안 된다고 걱정하자그는 당돌하게 답했습니다. "다치는 것은 칼이 잘 들어서가 아니라 안 들기 때문이야." 그의 아버지는 옆에서 아들 편을 들었습니다. 별것 아닌 이 얘기가 기억에 남았습니다. 자신이 입은 상처만의 문제는 아닐 것이기 때문입니다. 내가 '소중한 타인'에게상처를 주는 것은, 또는 그들을 상처로부터 막지 못하는 것은내가 가진 칼이 무뎌서일까 아니면 지나치게 날카로워서일까요. 요즘 세계 곳곳에서 칼부림의 결기가 도드라졌습니다. '혈투'를연상케 하는 장면도 더러 있었고, 싸움판이 변화무쌍할수록 애당초 왜 싸웠는지가 묘연해지기도 했지요.

한번은 크게 베인 적이 있습니다. 그때는 장비 탓인지 내 탓인지조차 모르겠더군요. 오로지 피를 막고 얼른 나아서 상처가덧나지 않기만을 바랐습니다. 보잘것없는 상처에도 그런 생각이들었습니다. 상처가 깊고 넓을 때는 누구 탓인지 따지느라고 진검승부하는 일도 중요하지만, 상처와 고통으로부터 회복하는 일이 우선입니다. 그리고 회복을 돕는 것이 칼을 쥔 사람들이 서둘러야 할 일이고요.

물건 만들다 죽고, 만든 물건 배달하다가 죽고, 심지어 자다가 추워서 얼어 죽기도 합니다. 그 뜻마저 모호해진 '진보'를 바라지는 않습니다. 어려움과 고통을 잔디 자르듯 싹둑 잘라낸 세상은 당분간 화려한 꿈으로 남겨둡니다. 상처 하나 넘으면 다음 상처가 오겠지요. 하지만 한 상처가 오면 세상이 기민하게 회복의 힘을 모아주길 바랄 뿐입니다. 겐자부로는 '회복'함으로써 "그 이전보다 확실히 한 걸음 더 앞으로 나갈 수 있다"고 합니다. 의지적 낙관주의지요. 저는 한 걸음 나가는 것까지 바라지는 않겠습니다. '회복하는 사회', 그것만으로도 좋습니다. 일하다가 죽지만 않으면, 적어도 회복의 희망은 있겠지요. 어떻게든 살아내겠지요.

오늘도 안녕하셨냐고 묻지 않겠습니다. 아침마다 기어이 찾아 오르는 태양처럼 사느라고 애쓰셨습니다. 제가 태어난 곳에서는 '욕봤다'고 하고, 또 그뿐입니다. 내일도 어렵고 상처투성이겠지요. 하지만 늘 그랬듯이, 뻔한 처지에 있는 사람들끼리 온기 모아서 회복하겠지요. 아침 해가 꾸역꾸역 떠오르는 것처럼. 저는 새벽마다 마당에 나가 그런 당신을 오랫동안 바라보겠습니다.

나가며

　이 책은 내 생각의 움츠린 여정이다. 내 글의 움츠림은 새삼스럽지 않다. 지금 내가 직장에서 하는 일에 필연적으로 따라다니는 수많은 제약 때문에 글의 표현과 주장이 우회적이거나 암시적일 때가 많다. 타이핑으로 손이 분주할 때도 머리 뒤편에는 외교적 중립성이란 단어가 감시카메라처럼 내려다보고 있다. 일종의 자기검열이다. 따지거나 비판해야 할 대상에 선뜻 칼날을 세울 수 없는 경우도 부지기수다. 그나마 다행인 것은 그 덕분에 보다 엄격하고 치열하게 생각할 기회를 가질 수 있다는 점이다. 논란과 오해를 피하면서 비판적으로 글을 쓴다는 것, 앞으로도 피할 수 없는 나만의 싸움이다. 승산은 없지만 지레 물러서지 않으려고 한다.

　이런 싸움에서 내가 그마나 버텼다는 것은 그만큼 도와준 사람이 많았다는 뜻이다. 하루가 멀다 하고 그만 쓰겠다고 칭얼

델 때 못 들은 척해준 신문사 담당 기자분들 덕분에 여기까지 왔다. 일일이 이름을 나열하지는 않겠으나 그들의 인내가 맺은 결실이 어쭙잖게나마 바로 이 책이다. 고맙다.

김훈 선생님과 송경동 시인께서 너그럽게 큰마음을 내어주셨다. 잘 알지도 못하는 자의 거친 원고를 읽고 분에 넘치는 추천의 글을 보내주셨다. 어찌 감사해야 할지 몰라 아직 전전긍긍이다. 두 분처럼 치열하게 살아야겠다는 설레발 다짐만 할 뿐이다. 늘 어려운 곳에서 묵묵하게 자리를 지키고 계시는 송경용 신부님께도 존경과 감사를 보낸다.

이번에도 생각의힘 출판사가 '손해 보는 장사'를 기꺼이 맡아주었다. 김병준 대표에게 고마움을 전한다. 정혜지 편집자는 다시 한번 잡다한 글 묶음을 번듯한 책으로 만들어 내었다. 재주는 특출하나 마음과 말씨는 더없이 따뜻한 사람인지라 고맙다는 말만으로는 부족하다. 김서영 편집자도 큰 힘을 보태주었다. 덕분에 책이 더 훤칠해졌다.

아내를 어찌 빼놓을까. 그녀는 이 책에 실린 모든 글의 초고를 읽고 평해주었다. 한글로 글을 써서 신문과 잡지에 기고했던 지난 10여 년 동안 그녀는 남편 마음을 다치지 않게 하면서 무엇이 부족한지를 알려주었다. 내 글을 섬세한 빛깔로 살펴준다. 그녀는 나의 사랑스러운 리트머스 종이다.

딸 승은과 아들 재원도 늘 큰 힘이 되었다. 언제 그렇게 자라버렸는지, 이젠 둘 다 직장생활을 한다. 벌써 직장을 여러 번

바꿨고, 노동법 '위반' 사례도 수차례 겪었다. 안정적인 직장 한 군데서 늙다리 나무처럼 수십 년을 일한 나는 지금 그들의 '노동'을 열심히 배운다.

양쪽 부모님이 모두 살아계신다. 그것만으로도 눈물겹게 고맙다. 부모님들은 책을 낼 때마다 몰래 몇 권씩 사다가 주위에 나눠주고 은근슬쩍 자랑하신다. 그때만은 내가 책을 쓰길 참 잘했다 싶다.

시대의 풍운아 정태인 박사가 이 세상 한바탕 시끌벅적하게 살다가 얼마 전 홀연히 먼저 떠나버렸다. 이 책은 그에게 바친다. 거기서도 "그래서, 뭐" 하며 따지겠지만. 고약하고도 그리운 사람이다.

글이 길이 될 리가 없다. 내가 쓴 글에 내가 떠밀려 길에 나선다면, 그걸로 족하다.

출처

2부 100년의 거친 꿈: 당당한 노동

—"노동의 미래와 '어제의 노동자'"(〈경향신문〉, 2016년 9월 8일)

인공지능: 인간을 인간적으로
—"인공지능 개척자의 일자리 걱정"(〈한겨레〉, 2020년 7월 7일)

3부 울타리 치기와 불평등: 사람, 경제 그리고 권력

키 작은 능력주의
—"키 작은 능력주의"(〈한겨레〉, 2021년 4월 13일)

우리 시대의 울타리 치기
—"우리 시대의 울타리 치기"(〈경향신문〉, 2016년 6월 16일)

또 다른 울타리 치기: 하청과 중간착취
—"기업이 비효율적 하청을 도입하는 또 하나의 이유"(〈한겨레〉, 2021년 8월 31일)

굳세어라, 소비자여!
—"굳세어라, 소비자여!"(〈경향신문〉, 2016년 5월 19일)

네 코앞의 일을 제대로 본다는 것
—"네 코앞의 일을 제대로 본다는 것"(〈한겨레〉, 2021년 7월 27일)

일자리의 진정한 가치
—"구름이 몰려오기 전에"(〈한겨레〉, 2019년 1월 15일)

일자리와 정치
—"일자리와 정치의 책임"(〈한겨레〉, 2019년 7월 9일)

세계주의를 경계한다
—"세계주의를 경계한다"(〈한겨레〉, 2019년 8월 6일)

4부 불평등의 상처: 코비드 시대의 풍경

바람 부는 영도다리에서 묻는다
—"영도다리에 서 있는 사람들"(《경향신문》, 2016년 4월 7일)

눈물을 믿지 않는 곳, 요르단에서 묻는다
—"눈물을 믿지 않는 사람들"(《경향신문》, 2016년 4월 28일)

차별하지 않는다는 네게 묻는다
—"차별의 깊은 그림자"(《경향신문》, 2016년 9월 29일)

유럽에서 소심하게 묻는다
—"재채기 예절과 마스크"(《한겨레》, 2021년 3월 9일)

추억의 성곽에서 묻는다
—"추억은 왜 쓸쓸한가"(《한겨레》, 2019년 6월 11일)

어버이날에 묻는다
—"어버이날에 돌아보다"(《한겨레》, 2019년 5월 14일)

매미가 뜨겁게 울던 여름날에 묻는다
—"매미가 울던 여름날의 '조그만 일'"(《한겨레》, 2020년 8월 4일)

샤워하며 은밀히 묻는다
—"샤워실의 찌질한 명상"(《한겨레》, 2019년 12월 24일)

떨리는 것들을 보며 묻는다
—"떨림에 대하여"(《한겨레》, 2022년 8월 30일)

마무리하는 글: 회복하는 인간, 회복하는 사회
—"회복하는 인간"(《한겨레》, 2020년 12월 29일)

참고문헌

저서와 논문을 인용한 곳이 많다. 칼럼은 보통 인용문헌을 명시하지 않지만, 혹 관심 있을 독자를 위해서 글에 인용된 주요 문헌을 아래에 정리해 두었다. 이 역시 중요한 것만 제한적으로 추렸다. 문헌과 관련해서 추가적인 설명이 필요한 경우에는 짧은 주석을 남겼다.

시작하는 글: 희망, 같이 가면 길이 된다

1   성석제, 2003, 《내 인생의 마지막 4.5초》, 도서출판 강.
2   노신, 2003, 《노신선집 I》, 여강출판사.

1부 우리시대 식인의 풍습: 일터의 죽음

3   한국안전보건공단 누리집, https://www.kosha.or.kr/kosha/in-

dex.do (2022년 1월 접속).

4   은유, 2019,《알지 못하는 아이의 죽음》, 돌베개.

5   김지환, "김훈, 산재사망, 통계숫자처럼 일상화… 충격되지 못하는 사회",〈경향신문〉, 2019년 9월 25일, https://m.khan.co.kr/national/labor/article/201909251121001

6   박지원, 2005,〈진정에 대해: 단성 현감 이후에게 답함〉,《연암집(상)》, 민족문화추진회.

2부 100년의 거친 꿈: 당당한 노동

7   Samuel Fleischacker, *A Short history of Distributive Justice*, Harvard University Press (2004).

8   A.V. Banerjee et al., 2017, "Debunking the stereotype of the lazy welfare recipient: evidence from cash transfer programs", *World Bank Research Observer 32*(2).

9   M. Ravallion, 2018, "Guaranteed employment or guaranteed income?", *World Development 115*.

10 B. Russell, 1943, *An Outline of Intellectual Rubbish: A Hilarious Catalogue of Organized and Individual Stupidity*, Routledge (reprinted in 2009).

11 A. Smith, 1776, *Wealth of Nations* (An inequity into the nature and causes of Wealth of Nations), Wordsworth Classics (reprinted in 2012). 해당 구절은 71쪽에서 인용했음.

12 이주노동자들의 화장실 문제는《깻잎 투쟁기》(우춘희, 2022, 교양인)에도 잘 설명되어 있다.

13 F. Jaumotte and C. O. Buitron, 2015, "Inequality and Labor Market Institutions", *IMF Staff Discussion Notes* No. 2015/014.

14 OECD, 2022, *OECD Employment Outlook 2022: Building Back More Inclusive Labour Markets*, OECD

15 E. Svarstad & F. Kostol, 2022 "Unions, collective agreements

and productivity: A firm-level analysis using Norwegian matched employer-employee panel data" *British Journal of Industrial Relations, 60*(2): pp. 255-277.

16   ILO, 2022, *Social Dialogue Report: Collective bargaining for an inclusive, sustainable and resilient recovery*, ILO.

17   N. Wiener, 1950, *The Human Use of Human Beings*, the Riverside Press.

3부 울타리 치기와 불평등: 사람, 경제 그리고 권력

18   M. Young, 1958, *The Rise of the Meritocracy*, Pelican Book.

19   T. More, 1516, *Utopia* (reprinted in 2003, Penguin Classics).

20   남보라, 박주희, 전훈잎, 2021, 《중간착취의 지옥도: 합법적인 착복의 세계와 떼인 돈이 흐르는 곳》, 글항아리.

21   M. Freidman, 1966, *An Economist's Protest: Columns in Political Economy*, T. Horton.

22   D. MacDonald and S. Barnes, 2021, "How businesses are surviving Covid-19: The resilience of firms and the role of government support", VoxEU (https://cepr.org/voxeu/columns/how-businesses-are-surviving-covid-19-resilience-firms-and-role-government-support).

23   G. Orwell, 1946, "In front of your nose" (reprinted in Essays, Everyman's Library, 2002).

24   J. Tirole, 2017, *Economics for the Common Good*, Princeton University Press.

25   D. G. Blanchflower, 2019, *Not Working: Where have all the good jobs gone?*, Princeton University Press.

26   P. Collier, 2018, *The Future of Capitalism: Facing the new anxieties*, Allen Lane.

27   D. Rodrik, 2018, *Straight Talk on Trade: Ideas for a sane world*

economy, Princeton University Press.

28 세계은행지표와 관련된 논란은 언론에도 상세하게 보도되었다. 가장 심도 높은 언론 분석은 다음과 같다.
https://theconversation.com/scandal-involving-world-banks-doing-business-index-exposes-problems-in-using-sportslike-rankings-to-guide-development-goals-169691

29 N.N. Taleb, 2007, *The Black Swan: The impact of the highly improbable*, Penguin Books.

30 A. Mian et al., 2022, "The Saving Glut of the Rich", *NBER Working Paper* 26941 (https://www.nber.org/papers/w26941).

31 T. Drechsel et al., 2022, "How income inequality affects job creation at small and large firms", VoxEU (https://cepr.org/voxeu/columns/how-income-inequality-affects-job-creation-small-and-large-firms).

32 L.P. da Silva et al., 2022, "Inequality hysteresis", VoxEU (https://cepr.org/voxeu/columns/inequality-hysteresis).

4부 불평등의 상처: 코비드 시대의 풍경

33 ILO, 2020, *ILO Monitor: COVID-19 and the world of work* (1st edition) https://www.ilo.org/global/about-the-ilo/WCMS_738753/lang—en/index.htm

34 ILO, 2020, *ILO Monitor: COVID-19 and the world of work* (2nd edition), https://www.ilo.org/global/topics/coronavirus/impacts-and-responses/WCMS_740877/lang—en/index.htm

35 ILO, 2021, *ILO Monitor: COVID-19 and the world of work* (7th edition), https://www.ilo.org/global/topics/coronavirus/impacts-and-responses/WCMS_767028/lang—en/index.htm

36 ILO, 2022, *ILO Monitor: COVID-19 and the world of work* (8th edition), https://www.ilo.org/global/topics/coronavirus/im-

pacts-and-responses/WCMS_824092/lang—en/index.htm

37   Oxfam, 2021, *Inequality Kills: The unparalleled action needed to combat unprecedented inequality in the wake of COVID-19*, https://policy-practice.oxfam.org/resources/inequality-kills-the-unparalleled-action-needed-to-combat-unprecedented-inequal-621341/

38   A. Sen, 1999, *Development as Freedom*, Oxford University Press.

5부 사방의 이웃을 두려워할 때: 경제학의 그늘

39   M. Twain, 1870, "Political economy" (reprinted in Mark Twain: The complete short stories, Everyman's library 2012).

40   김수영, 〈먼 곳에서부터〉.

41   김수영, 〈봄밤〉.

42   G. Akerlof, 2019, "What they were thinking then: The consequences for macroeconomics during the Past 60 Years", *Journal of Economic Perspectives 33*(4).

43   J.S. Mill, 1873, *The Autobiography of John Stuart Mill* (reprinted in 2008 Arc Manor). 본문 속 인용 부분은 모두 나의 번역이다.

44   A. Sen, 2021, *Home in the World: A memoir*, Allan Lane.

6부 이제 너에게 묻는다

45   E. Press, 2021, *Dirty Work: Essential jobs and the hidden toll of inequality*, Head of Zeus.

46   움베르트 에코, 1992,《세상의 바보들에게 웃으면서 화내는 방법》, 열린책들.

47   김광균, 〈영도다리-소월에게〉.

48   노래 '추억의 영도다리'.

49 B. Springsteen, 2016, *Born to Run*, Simon & Schuster.

50 유길준, 2004,《서유견문》, 서해문집.

51 박지원, 2004,《열하일기》, 보리출판사.

52 M. Twain, 2010, *Autography of Mark Twain* (edited by H.E. Smith), University of California Press.

53 Y.N. Harari, 2016, *Homo Deus: A brief history of tomorrow*, Vintage.

54 김훈, 2022,《하얼빈》, 문학동네.

55 송경동, 2022,《꿈꾸는 소리 하고 자빠졌네》, 창비.

56 조형근, 2022,《나는 글을 쓸 때만 정의롭다》, 창비.

마무리하는 글: 회복하는 인간, 회복하는 사회

57 오에 겐자부로, 2008,《회복하는 인간》, 고즈윈.

같이 가면 길이 된다

1판 1쇄 펴냄   2023년 4월   7일
1판 7쇄 펴냄   2024년 10월 22일

지은이   이상헌
발행인   김병준·고세규
편집   정혜지·김서영
디자인   박연미
마케팅   김유정·차현지
발행처   생각의힘

등록   2011. 10. 27. 제406-2011-000127호
주소   서울시 마포구 독막로6길 11, 우대빌딩 2, 3층
전화   02-6925-4183(편집), 02-6925-4188(영업)
팩스   02-6925-4182
전자우편   tpbook1@tpbook.co.kr
홈페이지   www.tpbook.co.kr

ISBN   979-11-90955-91-1   (03300)